JN175904

From Darwinism to Geopolitics:
The Modern Japanese Obsession with the Equilibrium Between Population, Resources, and Territory

叢書
21世紀の国際環境と日本
004

人口・資源・領土

近代日本の外交思想と国際政治学

HARUNA Nobuo
春名展生

千倉書房

人口・資源・領土　近代日本の外交思想と国際政治学

目次

序章　人口・資源・領土と国際関係——001

第一章　世界の統一か「生存競争」か——加藤弘之の展望——029

序章　人口・資源・領土と国際関係

1　過去と現在

古来、植民地は、本国から人口の一部を移転する領土、あるいは本国のために資源を供出する領土と位置づけられてきた。十六世紀はじめに著されたモアの『ユートピア』(*Utopia*)にも、そうした考え方が書き留められている。モアの描く理想的社会「ユートピア島」では、各世帯と各都市の定員が決められている。全島の人口が島の許容量を超過すれば、その分が「近隣の大陸」に送り出され、未開拓地に「植民地(コローニア)」を建設する計画が立てられていた。コローニアの原住民たちは、入植者の法に従う限りにおいて共存を許され、その条件を拒む場合は戦争によって駆逐される。もてあました土地の利用を拒むものに対しては開戦が認められる、と「ユートピア島」の住人たちは考えている[1]。

このような古典的な侵略の口実の是非を詮索(せんさく)するのが本書の趣旨ではない。ここでモアの『ユートピア』に言及したのは、人口が増えれば現有の領土では資源や土地が間に合わなくなると案ずる発想の普遍性を例証するためである。さらに古い例を挙げると、紀元前に書かれたとされる『韓非子(かんぴし)』にも、次のような訓話がある[2]。当時は五人の子をも厭わない風潮があったが、もし一人の男が本当に五人の子をもうければ、その遺産は二十五人の跡継ぎで分けられることになる。富の総量が増えるとは想定されていなかった時代にあって、手放しに子だくさんを喜ぶ風潮が戒められている。

江戸時代の日本でも、同じように将来を危ぶむ者がいた。十七世紀末から十八世紀初頭にかけて『経世秘策』を著した経世家の本多利明は、天下太平の下、これまでになかった勢いで日に日に人口が増えていく様子を憂えた。このままでは日本国中の荒野どころか「空山迄も、土地の限りは皆開発し、田畑となりて、農業耕作して百穀百菓出産せざればなら」ないと本多は訴える。それでも食料が足りず、飢える人々があらわれる事態が起こりえよう。そこで本多は、蝦夷（北海道）を中心とする「属島之開業」を提唱する[3]。外部から閉ざされた一定の領土内で人口が増えつづければ、いずれ人々の生活に必要な資源が足りなくなることは避けられない。

こうした不安は、開国後も長らく解消されなかった。国際的な通商に乗り出したとはいえ、まだ当時は今日のような自由貿易が確立していなかったからである。必要な時に輸入に頼れないとなると、いつまでも江戸時代の不安は払拭されない。本多と同じ苦悩を近代に持ち込んだ日本の知識人たちは、新たな社会環境と知的背景の下、どのような思索をめぐらしたのであろうか。

本書はそうした知的営為の軌跡をたどる試みである。当時の総合雑誌にあたれば、そこに日本の「過剰人口」を憂慮する言説を見出すことはたやすい。この事実自体は周知であるにもかかわらず[4]、その社会的および思想的な背景が十分に顧みられてこなかったのは、その憂慮が単なる事実の誤認として看過されてきたからであろう。終戦直後、戦争の原因を日本の人口増加に帰そうとする学生たちを前にして、哲学者の古在由重は「スターリン主義も、絶対主義も知らないでよいから、太平洋戦争の原因を本気で勉強しなさい」

とたしなめたという。古在に同調する法社会学者の戒能通孝も、「われわれは存外むつかしい理屈を知っているけれども、自分の問題を知らない傾きがある」と論評している[5]。このように戦後の日本では、「過剰人口」の観念を取るに足りない謬説として片づける風潮があった。

戦前の日本に、実際どれほどの「過剰人口」が存在したかを問うことに大きな意味はない。そもそも適正な人口規模は、国土や資源の賦存量など、一定の指標にもとづいて一義的に定まるものではないため、その見極めは限りなく難しい。江戸時代後期に訪れた人口の停滞を国土の飽和と判断するには、生産力や流通の仕組みから生活様式までを複合的に組み合わせた「文明」の概念を持ち出すほかない[6]。たとえ「過剰人口」の観念が虚構であったとしても、幅広い人々に共有され意識され、そのなかに政策立案の現場と接点のある者までいたとすれば、「過剰人口」論は真理に勝るとも劣らぬ歴史的意義をもつだろう。

原則的に貿易が自由化された現代にあっては、個々の国々ではなく地球全体を一単位として人口と資源、そして土地の不均衡が論じられる。それを象徴するのが、一九七二年に出版されて世界的な反響を呼んだ『成長の限界』(*The Limits to Growth*)である。地球を一つの単位とする「世界システム」の行く末を展望した同書は、人口の増加に応じた食料の生産と資源の利用、それに付随する環境の汚染が現状の勢いでつづけば、来る一〇〇年のうちに人類の生存に限界が訪れると警鐘を鳴らした。この著書には、先述した『韓非子』の教えも引用されている[7]。

しかし、経済がグローバル化した現代においても、大規模な気象変動による凶作などを契機に農産物の輸出が停止される事態は起こり得る。人の移動も、さまざまな理由で頻繁に遮られる。国境がある限り、人口の「過剰」と資源の不足は世界各国に一様に降りかかるのではなく、一部の国々のみを窮地に陥れるであろう。要するに「成長の限界」は、まず特定の国々を襲うのである。それゆえ、今日の「地球的問題」[8]が、いつしか古典的な「国際問題」に逆戻りしないとは限らない。食料や資源の不足を一方的な版図の拡張によって補う動機は依然として失われていないのである。この現状を確認したうえで、一定の国土と増える人口の矛盾と格闘した先人の経験を振り返りたい。

2 進化論

本書にかかわる先行研究を探すにあたり、のちに日本国際政治学会の初代理事長となる神川彦松(かみかわひこまつ)の一文を紹介したい。明治生まれの神川が執筆した文章はいかにも古めかしいが、そこには人口・資源・領土の不均衡が国際関係に及ぼす影響が簡潔に記述されているとともに、その背後にある思想的な源泉が隠見する。

人口増加は必然に、土地と労働力と資本との増大を要求する。土地と労働力と資本とをヨリ以上に、増大しやうとせば政治集団は、たゞ従前の領土を超えて外部に対して膨脹するの外はない。こゝにおいて必然に、政治集団と政治集団との対立及び闘争を生ぜざるをえない[9]。

人口が増えてなお「労働力」が不足するとは、一見矛盾のようである。しかし、ここでいう「土地と労働力と資本」とは、単に経済学的な生産の三要素を指すにすぎないと解するのが妥当であろう。要するに神川は、政治集団の人口が増えると、その扶養に要する生産が従来の領土内では完結しなくなる点を指摘しているのである。

神川の回顧によれば、日本は「過剰の人口を養うには、面積狭小にすぎ、資源貧困にすぎる」ため、ある時期「対外的に膨脹発展の政策をとらざるをえなかった」という[10]。ただし、この述懐は純粋な観察によって導き出されたものではなさそうである。なぜなら神川は、以前から次のような理論的な仮定を提示していたからである。あらゆる政治集団には、一般の生物が「自然淘汰、適者生存の鉄則に支配されながら、絶えず生長発展しやうとする」のと同じく、四囲にもまれながら「無限に増殖し、繁栄し、膨脹しやうとする根本的衝動」が備わっている。このように考える神川は、「国際政治進化の自然的根本動力は、政治集団の人口の増加である」と言いきる[11]。

この文章には、「自然淘汰」や「適者生存」、あるいは「進化」等の用語がちりばめられているため、ダーウィン進化論の影響が容易に見て取れよう。そこで本書では、進化論を手がかりとして主題の思想が伝播する様子を掘り起こす。その具体的な叙述に先立ち、「社会科学」(当時は存在しない概念ながら、本書では自然科学との対比で便宜的に「社会科学」の呼称を用いる)の分野に持ち込まれた進化論の史的展開に関する研究の蓄積を簡単に整理しておきたい。そこから浮かび上がるのは、本書に登場する五人の知識人たちが生きた時代の知的風土と、そのなかで彼らが放つ個性である。

今日でこそ進化論は生物学の領分に属するが、ダーウィンの『種の起源』(*The Origin of Species*)(一八五九年)が出版された十九世紀後半、その影響は多種多様な分野に波及していた。日本でも、生物学者モースによって紹介された進化の理論は、自然科学より先に社会科学の方面に普及した[12]。そもそも「進化論」という呼称を考案したのは、社会学者を自任していた加藤弘之であった[13]。また、モースの画期的な講演が『動物進化論』の表題で出版された一八八三年には、ダーウィンではなくスペンサーを参照しつつ、社会学者の有賀長雄(ありがながお)が『社会進化論』(一八八三年)を刊行している。モースの講話を訳出した生物学者の石川千代松は、日本社会についても盛んに発言している[14]。

こうした背景があるため、かねてより自然科学のみならず社会科学の分野についても、進化論の受容による影響の解明が進められてきた[15]。古くから進化論の濫用(らんよう)として悪名高いのは、野放図な市場経済の下で暴利をむさぼる富者や、小国の独立を踏みにじる大国を「適者」として賞賛する言説である。それこそ「社会進化論」(Social Darwinism)の典型として長く非難されてきた[16]。

しかし後続の研究においては、実在の「社会進化論者」は意外と少なく、それは架空の敵として仕立て上げられていたにすぎないと指摘されている[17]。つまり、貧困の拡大や侵略の横行に異を唱えた人々が、人為的な歯止めなくして生じた惨状を説明するために「生存競争」や「適者生存」の概念を引き合いに出していたという。あるいは「社会進化論」とは正反対に、他者の打倒ではなく、むしろ他者との協力が「生存競争」のなかで有利に働くと主張した人々の存在も明らかにされた[18]。そもそもダーウィンやスペンサーも、人間の社会に関するかぎり、むしろ「生存競争」の抑制を説いていたのではないかと解釈する見解もある。このような新たに知られた進化論の利用は、その政治的な属性にちなんで「改革的進化論」(Reform Darwinism)[19]と命名されている。典型的な「社会進化論」の不正義を暴き立てるよりも、こちらの対照的な系譜を掘り起こす研究が今日まで続いている[20]。

たしかにダーウィンやスペンサーの著作は、多義的な解釈を許容する。たとえばダーウィンは、「利己的で争いを好む人々は結束せず、そして結束なくしては何も成し遂げられない」と指摘している。逆に言うと、協調性に富む人々こそ、かえって「生存競争」を勝ち残るのである[21]。同じくスペンサーも、人類間の闘争とは常に「社会的な人間による反社会的な人間の征服」に帰してきたと主張している[22]。この一見矛盾した論理が成り立つのは、同じ「生存競争」でも、団体内と団体間とでは適応に要する能力が違うためである。団体内の次元では同胞を蹴落としてこそ活路が開ける一方、この処世が団体間の次元では自滅を招く。内部で足を引っ張り合うばかりでは、手を取り合って外部の脅威に立ち向かえないからである。このような推論に従い、競争を控えて協力に励む気質が、新たに「適者」の要件として浮かび上がる。ここに「改革的進化論」の起源が見出せよう。

二つの対極的な類型により、社会科学的な進化論は網羅される観がある。しかし、本節の冒頭に引用した進化論の用法は、すでに知られている「社会進化論」と「改革的進化論」のいずれにも当てはまりにくい。この例では、単に政治集団の人口増加が「対立及び闘争」を引き起こすと指摘されているだけで、何が「適者」の条件であり、何が「進化」に相当するのかは判然としないからである。そもそも「進化論」と呼ぶのがふさわしいのかさえ分からない。

とはいえ、この説とダーウィンの進化論が相通ずることは否めない。ダーウィンの学説においても、個体数の増加が決定的な意義をもつからである。マルサスの『人口の原理』(*An Essay on the Principle of Population*)(一七九八年)に示唆を受けて進化の仕組みを考えついたダーウィンは、生存競争を「マルサスの原理を全動植物界に適用したもの」と率直に表現している[23]。そのマルサスは、周知のとおり、人口が「制限せられなければ幾何級数的に増加する」一方で、生活資料は「等差級数的にしか増加しない」ため[24]、人口が障碍なく伸びれば食料の調達が追いつかなくなると主張していた。これを自然の与件と考え、絶え間ない食料の争奪を生物界の常態と見なしたのがダーウィンである。進化とは、この生存競争を通じて特定の性質が生き残る仕組みを指す[25]。ダーウィンの進化論を人類の文脈に移し替えれば、そこで「生存競争」の原因として浮かび上がるのは、人口・資源・領土の不均衡となろう。本節冒頭で引用した神川の説は、それゆえにダーウィンの進化論と何も矛盾しない。

これまで研究されてきた「社会進化論」や「改革的進化論」とは、特定の人物や集団を必然的な「生存競争」の必然的な「適者」に祭り上げる思想であった。一方で「社会進化論」とは、自由放任の経済や無政府状態の国際関係を勝ち抜いた者を「適者」として擁護する論理であり、それは強者による放縦の弁明に帰したと批判されてきた。逆に「改革的進化論」のほうは、他者の排除よりも取り込みに励む者こそ「適者」に当たると主張する立場を指す。しかし双方とも、進化論より「適者生存」の論理を借用している点で変わりはない[26]。ここに、先に引用した神川の行論との決定的な相違がある。神川は進化論を、人口の増加を「生存競争」に導く図式として参照しているにすぎず、その先が特定されていない以上、何が「適者」に当たるのかも問われない。

このような違いが生じるのは、第一に両者で立論の方向が異なるからであろう。一方で従来から知られる「社会進化論」や「改革的進化論」は、貧困の発生や小国の消滅など、既定の帰結を前提に置き、その原因の究明へと向かう。そこから「適者」の性質が見出される。他方、神川は人口の増加という原因を与件に据え、それが国際関係上に引き起こす帰結に思索をめぐらしている。比較を単純にすれば、後者は「生存競争」の原因から結果を見やり、前者は逆に結果から原因を探る。

さらに相違を指摘すると、前者の「社会進化論」と「改革的進化論」が問うのは「生存競争」の勝敗を決した要因であり、そもそも何が「生存競争」を惹起したのかではない。ゆえに人口の増加は視野に入らない。この齟齬(そご)には思想的な起源の不一致が見え隠れする。神川の一文はダーウィン進化論の延長線上にあるが、これまで一般に社会科学的な進化論の開祖として重視されてきたのはスペンサーであった。こころみに『広辞苑』を引くと、「社会進化」は「ダーウィンの生物進化論をスペンサーが展開した社会理論」と定義されている[27]。ともに生存競争と適者生存の組み合わせによって進化の仕組みを説明した二人であるが、マルサスの命題に対しては対照的な反応を示していた。それを与件として受け継いだダーウィンとは逆に、スペンサーの進化論は、それ自体がマルサスへの反論とも読める[28]。スペンサーは「現在と直近の未来だけに目を向けるならば」マルサスは正しいと認めつつ、その克服にこそ人間の進化を見出した。生活の圧迫が「知性」の発達を促し、それが「繁殖力」の減退を招くため、「人口の圧力と付随する諸悪は、最終的には完全に消滅する」とスペンサーはいう[29]。スペンサーの説を受け入れるならば、国土の面積や資源の賦存量と人口規模の不均衡など、少しも恐れるに足りない。

しかし本書で注目する進化論は、マルサスの仮説を理論的に克服したスペンサーではなく、それを忠実に受け継いだダーウィンの系譜につらなる[30]。それは「生存競争」の先を見通すことにも、社会の「適者」を割り出すことにも役立たなかったが、人口増加への憂慮をかき立てる触媒として知識人の思考に染み込んだのではなかったか。このような進化論の働きは、先行研究のなかでは指摘されてこなかった。本書ではその実情を検証したい。

3 地政学

同じく進化論に起源をもちながら、古典的な「社会進化論」や「改革的進化論」と比べ、より専門分化を遂げた思想の系譜がある。一つは優生学である[31]。それは、学者の判断にもとづく「適者」を人為的に増殖するとともに、反対の「不適者」を抹殺する思想であった。

この思想がナチの暴虐を招来したと見られているため、とくにドイツに焦点を当てて優生学の淵源を探る研究が少なくない。そこから浮かび上がるのは、ドイツにダーウィンの進化論を紹介したヘッケルの存在である。たしかにヘッケルが設立した「一元論同盟」(Monistenbund)とナチの間には、人的な連続性が見出される[32]。具体的な起源を絞り込まないまでも[33]、進化論を用いた人道的な価値の毀損が優生学の台頭につながったことは十分考えられる[34]。

日本でも、モースによって持ち込まれた進化論は、早々から優生学的な発想をかき立てた。イギリスの『ネイチャー』誌を手本として一八八一年に創刊された『東洋学芸雑誌』では、加藤弘之の論文「人為淘汰ニヨリテ人才ヲ得ルノ術ヲ論ス」[35]が初号の巻頭を飾っている。加藤が論じているのは、本来は「生存競争」に起因する「自然淘汰」を人為的に操作して「優等」な人材を創出する方法である。

しかし加藤は、優生学の実現性は乏しいと考えていた。その実践には、まず「体質心性共ニ優等ニ属スル男女」を選抜して結婚させる必要があるが、それを「開明自由ノ世界」で強制するのは難しいからである。優生学を広く教育しつつ、国民の自発的な実践に託すほかない。さらに根本的な問題として、心身の優劣を「測定スルノ術」が考案されていないとも加藤は指摘する[36]。

のちに加藤は、同じ『東洋学芸雑誌』上で「社会ニ起レル人為淘汰ノ一大疑問」を読者に投げかけている[37]。先述のヘッケルは、虚弱な嬰児を殺害したスパルタの慣わしをたたえ、逆に病弱な人々までが医療の進歩によって子孫を残す現状を憂えていた。この考え方に対する賛否を読者に問うた加藤本人は、もちろんヘッケルに賛同していない。スパルタの「殺児淘汰」は、腕力が重みをもつ「野蛮未開」の世には適合していても、知力が重視される「開明社会」にはそぐわないと加藤は批判する。たとえ体力が劣っていても、知力に富む者が子孫を残すのは有益であり、しかも病弱な人々の救済は、社会の「協同合一」を保つ「互ニ相愛シ相助クルノ情」を養うためにも望ましい[38]。

この問答と相前後して高橋義雄の『日本人種改良論』（一八八四年）が出版されるなど、加藤の不信感をよそに日本でも着実に優生学は浸透していった[39]。しかし本書が焦点を当てる思想上の系譜には優生学の影が薄い。高橋が西洋人との混血による「人種改良」を提唱したように、日本では人種的な劣等感が底流にあった[40]。さらに根本的な問題として、人口・資源・領土の不均衡を憂慮する思想と、人口の人為的な制御につながりやすい優生学とは、そもそも論理的に両立しにくい。東京帝国大学文学部で社会学講座を担任していた建部遯吾（たけべとんご）は、人口の質よりも量が国家の強みになると考え、優生学を「人口消極策」[41]と呼んで否定した。それゆえにこそ、建部は「地球の面積には限り有りて、人口の増殖は限り無い」矛盾を意識せずにはいられなかったのである[42]。

優生学のほかにも、進化論より派生して独自の体系を築くに至った思想はある。とくに本書と関連するのは地政学である。両大戦間期のドイツで、ヴェルサイユ条約の打破と領土の拡張を正当化する理論として台頭した地政学とは、そのころ『地理学評論』（*Zeitschrift fur Geopolitik*）を主宰していたハウスホーファーによれば、自らの「生活空間」を獲得するために「生存闘争」に臨む国家に対し、政策の「科学的基礎」を供与する知の体系であるという[43]。この定義自体にもダーウィンの影響が見て取れるが、そもそも「空間をめぐる闘争」という進化論の地理学的な翻案を定式化したのは、十九世紀後半に生物学者として学究生活を開始させたラッツェルであった[44]。ラッツェルが最初に出版した著書の表題、すなわち『有機界の存在と生成』（*Sein und Werden der organischen Welt*）（一八六九年）は、いかにもダーウィンの感化を思わせる。

ラッツェルの「生活空間」とは、特定の集団が生存するのに要する空間を指す。これが戦間期のドイツでは経済的な自給自足に必要な土地と解釈され、ドイツの領土的な拡張を正当化する概念として濫用された。このような思想状況をアメリカから観察していた同時代人は、ドイツの地政学を「国民的自給自足の教義」[45]と形容している。

世界恐慌の下で貿易が滞ったため、ドイツと同じく「空間なき国民」[46]の悲哀が痛感された一九三〇年代の日本では、この思想が燎原(りょうげん)の火のように拡散した。ハウスホーファーの『太平洋地政学』(*Geopolitik des pazifischen Ozeans*)(一九二四年)をはじめ、関連する図書が次々と翻訳され、日米開戦の直前には日本地政学協会が設立されている。このような思想ないしは学問の輸入については、その諸相が先行研究によって明らかにされている[47]。しかしながら、日本でドイツの地政学が急速に普及した理由は、はたして同時代的な学問の輸入のみに帰せられるのであろうか。

移民を送り出す国情を背景としてダーウィンの進化論が流入した事情はドイツと共通するだけに、一九三〇年代以前の日本で、すでにラッツェルに類する理論が形成されていたとしても驚くにはあたらない。実際にもラッツェルの『政治地理学』(*Politische Geographie*)(一八九七年)が刊行されたのと同じころ、進化論の影響をのぞかせつつ、「国家と土地」の関係について考察した記事が雑誌『太陽』に掲載されている。この記事の著者が主張するには、国民が「生存の幸福」を得るには「天然物」の恵みが欠かせないが、それを産出する「土地の分量に制限ある」にもかかわらず、人口ばかりは「年々増殖」するため、国家は「当然の職分」として土地の使用に干渉しなければならない[48]。

ラッツェルの『政治地理学』自体、早くに日本に持ち込まれている。それを「政治学参考書」の一つとして紹介したのは、人類も「生存競争」から逃れられないと自身も考えていた政治学者の小野塚喜平次(おのづかきへいじ)であった[49]。その小野塚の門弟であった前出の神川彦松が、太平洋戦争の直前に創立された地政学協会の評議員と顧問を兼務しているのは、単なる偶然ではなかろう。ドイツ地政学が日本に入り込む前から、それが根を張るための知的な素地が自生的に形成されていたのではなかろうか。それも本書のなかで確認していきたい。

4　国際政治学

戦後の神川彦松は、一九五六年の創立から十二年間にわたって日本国際政治学会の理事長を務めている。第一節で引いた文章の出典は、『国際政治学概論』(一九五〇年)であった。どうやら日本における国際政治学の成立は、狭くて資源の乏しい国土と大人口との不釣合いを憂える思想の興隆と結びつきがあるように思われる。本章劈頭の諸事例が端的に示すとおり、元来の領土では人口を養えないと認識されると、外部の資源や土地に活路が見出されやすいため、それは少しも不思議ではなかろう。しかし、国際政治学の成り立ちに関する従来の研究では、このような思想的な系譜との接続は指摘されてこなかった。以下では、本書の叙述から浮かび上がる国際政治学の成立史と、先行研究が描く学説史との違いを書き留めておく。

これまで国際政治学は、洋の東西を問わず、第一次大戦への反省として一九二〇年代に誕生したと考えられてきた。たしかに日本でも、学術的な用語として「国際政治」が定着し、大学の講義として国際政治学が始まったのは第一次大戦後である。神川はまさにその時期の主役の一人であった。一九二〇年代のなかばから、神川は「国際政治学概論」や「国際政治学」と題した講義を東京帝国大学法学部で開いている[50]。神川のほかにも、早稲田大学では信夫淳平が「国際政治論」を講じていた[51]。しかし、一九五六年に信夫が退任した際、その講座の後任として招かれたのは神川であった[52]。信夫としては自分の門弟を後継に立てたかったかもしれないし、実際に有力な候補者もいた。一九三八年から太平洋戦争中まで、信夫のあとを受けて「国際政治論」を担当した川原篤である[53]。ところが、この「信夫淳平門下の国際政治専攻壮年教授」[54]は、一九四四年六月に出征したまま不帰の客となってしまう[55]。結果的に信夫の学統は、神川に回収されることとなった[56]。

信夫、神川とともに、東京帝国大学法学部教授の蠟山政道も草創期の国際政治学者として知られる[57]。たしかに蠟山も、国際関係の学問的な探求を試み、その成果として『国際政治と国際行政』(一九二八年)などの著作を出版している。しかし蠟山は、教育者としては行政学の担当であり[58]、なおかつ国際政治学の独立には若干の留保を提起していた。国際政治学が「一箇の特殊科学」として従来の政治学から「独立」する意義を自問した蠟山は、吟味を重ねるも全面的な肯定には至らなかった。政治学の中心にある「国家概念」が「国際社会の政治的秩序の統一的説明」にも役立つのであれば、あえて「政治学の外に国際政治学を独立せしむべき必要はない」からである[59]。蠟山が国際政治学の「任務」に据えたのは、まず独自の領分を画定する作業であった。

こうした事情から、蠟山や信夫と比べ、神川が草創期の国際政治学に占める比重は大きなものとなった。その神川は、英米の学者と同じく、一九二〇年代には国際連盟を賛美する「理想主義」を唱えていたと見られている[60]。しかし、それは神川の半面でしかない。すでに指摘したとおり、神川の師にあたる小野塚喜平次は、政治学に進化論を持ち込み、後進にラッツェルを紹介していた。のちに日本地政学協会の幹部に就任した神川は、その教えを受け継いでいたと考えられる。このような学統をさかのぼれば、これまでは顧みられてこなかった国際政治学の前史が浮かび上がろう。

近年になって英米では、国際政治学の起源を第一次大戦後の「理想主義」に見出す通説の誤りが指摘されている[61]。国際政治学が政治学より派生したアメリカの場合、その萌芽は政治学の発祥にまでさかのぼる。そのため、十九世紀なかばよりコロンビア大学で教鞭をとっていたリーバーなどが、国際政治学の先駆けとして注目されるに至った[62]。しかし日本の場合、国際政治学の前史は相貌を異にするであろう。神川へと至る進化論と地政学の系譜を始原にまでさかのぼると、政治学を経て社会学に行き着くからである。

神川の前には、小野塚と同年生まれで社会学者の建部遯吾が、たとえば「外政問題研究法」[63]などの論文を外交専門雑誌に発表していた。また建部は、自ら編集した『社会学論叢』の第一巻として『戦争論』(一九〇六年)を著している。前節で言及したように、世界の人口が地球の容量を超える将来を見通していた建部は、小野塚と同じく「生物進化の理法は当然人をも包括す」[64]と考えていた。なお、小野塚や建部とは違い、スペンサーに傾倒した社会学者の有賀長雄も、のちに国際法学者に転じ、日清戦争後に雑誌『外交時報』を創刊している。マルサスからダーウィンを経て地政学に向かう系譜のほかにも、社会学の分派が国際関係に視線を伸ばしていたようである。

5 本論のまえに

本書の主題となる思想は、ダーウィンの進化論を媒介として近代日本に入り込み、のちにドイツ発の地政学と一体となって「十五年戦争」の時代を駆け抜けた。国際政治学が成立した過程は、この本流から分岐した支線にあたる。全五章にわたる本論では、このような伸びと広がりをもった思想の展開を、具体的な人物の思索を手がかりに描き出す。序章を締めくくるにあたり、本論の焦点を絞り込みたい。

第一節で示したとおり、進化論には多様な出所と用法があり、ダーウィンの進化論を地政学の方向へと導く路線は、その一つにすぎない。本書では、まず進化論が受容された時期にまでさかのぼり、多様な前途が開かれていたなかで、どのようにして地政学へと向かう経路が切り開かれたのかを探ってゆく。そのためには、別の方角に向かっていた思想をも視野に入れることが望ましい。そこではじめの二章では、国際関係の理解に進化論の概念や論理を持ち込みつつも、人口の増加を恐れる発想とは対峙する関係にあった者に目を向け、その知的格闘を通じて、本題の思想が立ち現れる姿を間接的に浮かび上がらせたい。

次に後続の三章では、ダーウィンの進化論を通じて人口・資源・領土の均衡を保つ難しさに不安を募らせ、そこから地政学へと思索をめぐらせた人物を採りあげる。この思想こそ本書の主題をなすだろう。その展開と、そこから国際政治学が分化する経緯についても詳細な考察を加えたい。本書では以上の方針にそって、すでに名前を挙げた五人の近代知識人の事績をたどってゆく。以下、各章の紹介を兼ね、この五人に注目する意義を再確認する。

まず第一章は、加藤弘之にあてられる。「進化論」という言葉を作った当人ゆえに、加藤は進化論の受容をめぐって必ず言及される人物である[65]。しかし実際のところ、進化論の使い手として加藤が関心を集めてきた場面は限られる。それは加藤が「進化主義」を振りかざして自由民権運動を論駁した『人権新説』(一八八二年)の出版である。じつは以後の加藤は、同じ「進化主義」を根拠に将来的な世界国家の成立を展望していた。本書では、これまで看過されてきた『人権新説』後の加藤に注目する。そこで加藤は、持説とは異質な進化論と対面している。それこそ、人口・資源・領土の必然的な不均衡を説き、それゆえに将来の楽観を許さないダーウィン進化論の一分枝であった。

つづく第二章では、有賀長雄に焦点を当てる。大学でスペンサーの哲学を学び、それに依拠して『社会進化論』を著した有賀は、故あって社会学を断念したのち、一転して「国際関係の講究」に取り組み、一時の中断を挟みつつも一九九〇年代までつづいた『外交時報』誌を創刊する。社会学と「国際関係の講究」との間には明確な断絶があるため、その前後の連続性はこれまで顧みられてこなかった。しかし本書は、そこにこそ注目したい。転身後もスペンサー哲学の影響がつづいていた事実に気づくと、有賀が日露戦争の前に開戦の是非をめぐって戸水寛人と繰り広げた論争には、異質な進化論間の相克が刻み込まれていることがわかる。加藤と同様、有賀も国土に比した人口の「過剰」を根拠に開戦を説く思想と格闘したのである。第二章でも第一章につづき、その論敵の見地に立って、限りある領土のうえで人口ばかりが増える状況への不安が増幅する様子を描き出す。

第三章以降、人口と国土の不釣り合いに危機感を募らせた人々の思想を正面から取り上げる。まず第三章では建部遯吾に注目する。有賀と論争を交えた戸水とともに、早い時期から日露開戦を訴える運動に加わった建部は、「地球の面積には限り有りて、人口の増殖は限り無い」矛盾を理由に国際的な「生存競争」の必然を説いた。しかも建部は、不可避な国際競争に備え、さらなる人口の増加と、それを可能にする領土の拡大を求めたのである。同じ発想にもとづき、建部は早くから資源を確保する必要性にも思い至っていた。のちに資源局長官となった松井春生は、『日本資源政策』(一九三八年)を執筆するにあたって建部の教えが頼りになったと回顧している[66]。

第四章では、小野塚喜平次に目を向ける。一般には民主主義の早熟な提唱者として、あるいは吉野作造や南原繁の師として知られる小野塚であるが、その門下からは一九三〇年代にドイツ地政学に引き寄せられた者も少なからず出ている。その系譜もまた、まぎれもなく小野塚の思想の一面から導かれたものであった。日本の狭い領土では増えつづける人口を養いきれなくなると案じた小野塚は、建部と同じく、日露開戦を訴えた戸水と行動をともにしている。ドイツ地政学に共鳴した後進の遍歴を考えると、小野塚がラッツェルより受けた影響も注目されよう。自身の政治学体系に「領土ノ政治的観察」を据えるほど、小野塚は地理的な条件の政治的な意味を重視していた。

その一方で、小野塚は早くから同時代の国際関係にひそむ危うさも感じ取っていた。その思いが第一次大戦の勃発で高じ、ウィルソンの「国際連盟」構想に共鳴した小野塚は、大戦が終わると東京帝国大学法学部内で「国際政治学講座」の設置を提案した。この創意を引き継いだのが、第五章の主人公となる神川彦松である。晩年は憲法改正の強硬論で知られるが、その一方、一九二〇年代の神川には国際連盟の意義について熱弁をふるいながら教壇を転げ落ちたという逸話もある。他方で、やはり小野塚ゆずりと言うべきか、神川は人口には国土の容量を超えて増える傾向があると考えていた。それでも一九二〇年代には、その不安をかき消すだけの十分な期待があった。国際的な調整によって個別国家の「過剰人口」を解消するという国際連盟の役割を思い描けたからである。しかし一九三〇年代に入って国際情勢が一変すると、神川は構想の改変を迫られる。第五章では、流転する時代背景と重ね合わせながら、その姿を描き出したい。

さらに付言するならば、第五章を通じて、第一次大戦後に立ち上がった当初の国際政治学が負っていた使命の輪郭が浮かび上がることになるだろう。やや結論めくが、当時の国際政治学に託されたのは、局所的に発生する人口・資源・領土の不均衡を国際関係の危機に発展させない仕組みの考案であった。終章ではこのような学問の出自をたどり、本論全体の総括をおこなう。

註

1——トマス・モア（澤田昭夫訳）『改版ユートピア』中央公論社、一九九三年、一四二-一四三頁。
2——韓非（金谷治訳注）『韓非子』岩波書店、一九九四年、一六八-一六九頁。

3——塚本晃弘・蔵並省自校注『本多利明　海保青陵　日本思想大系44』岩波書店、一九七〇年、一二頁。

4——近年では田所昌幸が指摘している。田所昌幸「人口論の変遷」『法学研究』八四巻一号(二〇一一年)、六八－七〇頁。

5——戒能通孝「現代史の忠実な追究——支配者の愚劣さが力強く描かれぬ憾み——」『日本読書新聞』七四四号(一九五四年)、二頁、市原亮平「日本人口論小史——その特質と原型に関する周辺的考察——」『関西大学経済論集』四巻七・八号(一九五五年)、六八六頁。

6——鬼頭宏『文明としての江戸システム』講談社、二〇〇二年。

7——ドネラ・H・メドウズほか(大来佐武郎監訳)『成長の限界——ローマ・クラブ「人類の危機」レポート——』ダイヤモンド社、一九七二年、三頁。

8——中村研一の定義では、「地球的問題」とは「一国の枠内や国家を中心とした権力関係の観点からでは、取り組みが困難な問題群」を指す(中村研一『地球的問題の政治学』岩波書店、二〇一〇年、vi頁)。そこには「人口」や「資源枯渇」が含まれる。

9——神川彦松『国際政治学概論』(一九五〇年)、神川彦松『神川彦松全集』一巻、勁草書房、一九六六年、四三六－四三七頁。以下、本書を通じて、引用文は原文のとおりに書き写す(そのため、たとえば満州が「満洲」と表記される場合と「満州」と表記される場合が出てくる)。ただし漢字に関しては、新漢字のある場合には、それを使用する。また典拠の表記については、全集や選集の類を用いる場合、表題の後ろに括弧つきで原論文ないしは原著書の初出年を記す。

10——神川彦松「日本民族、日本民族主義概説」(一九五六年)神川彦松『神川彦松全集』七巻、勁草書房、一九六九年、六八四頁。

11——神川、前掲『国際政治学概論』、四三五－四三六頁。

12——舩山信一『明治哲学史研究』(一九五九年)、『舩山信一著作集』六巻、こぶし書房、一九九九年、三三二頁、渡辺正雄『日本人と近代科学』岩波書店、一九七六年、一〇六－一二〇頁。

13——武田時昌「加藤弘之の進化学事始」阪上孝編『変異するダーウィニズム——進化論と社会』京都大学学術出版会、二〇〇三年、二六七頁。この事実は、新村出編『広辞苑』三版、岩波書店、一九八三年、一二三四頁にも明記されている。

14——斎藤光「個体としての生物、個体としての社会——石川千代松における進化と人間社会」、阪上、前掲『変異するダーウィニズム』、三六〇‐四〇八頁。

15——生物学の外にまで視線を伸ばし、進化論の展開を包括的に概観した著作として、ピーター・J・ボウラー（鈴木善次ほか訳）『進化思想の歴史』上下巻、朝日新聞社、一九八七年。

16——Hofstadter, Richard, *Social Darwinism in American Thought*, Rev. ed., Boston: Beacon Press, 1955. ホフスタッターは、進化論が南北戦争後の「金ぴか時代」(Gilded Age) には富豪の用に供し、米西戦争のころからは対外的な勢力の拡張を後押ししたと主張している。

17——Bannister, Robert C., *Social Darwinism: Science and Myth in Anglo-American Social Thought*, Philadelphia: Temple University Press, 1979, p. 11.

18——Clark, Linda L., *Social Darwinism in France*, Alabama: The University of Alabama Press, 1984, p.3.

19——しばしば「Reform Darwinism」は「修正ダーウィニズム」(たとえば、北垣徹「社会ダーウィニズムとは何だったのか——19世紀後半、フランス——」阪上孝・上野成利編『ダーウィン以後の人文・社会科学』京都大学人文科学研究所、二〇〇一年、八六頁) と日本語に訳されるが、それが保守主義者の「社会進化論」に対置されていた事情を汲むには、原語「reform」の訳として「修正」よりも「改革」を当てたほうが適切ではなかろうか。このような疑問から、本研究では「Reform Darwinism」を「改革的進化論」と訳す。ある簡潔な定義を引用すれば、「改革的進化論」とは「社会進化論者に対抗して、あるいは個人的ないしは集団的な競争を賛美する一切の思想体系に対抗して、進化論を持ち出す試み」(Rogers, James Allen, "Darwinism and Social Darwinism," *Journal of the History of Ideas*, Vol. 33, No. 2 (1972), p. 267) である。

20——現在でも「社会ダーウィニズム研究というのは、基本的にこの路線」を離れてはいない (北垣徹「社会ダーウィニズムとは何だったのか——19世紀後半、フランス——」阪上孝・上野成利編『ダーウィン以後の人文・社会科学』京都大学人文科学研究所、二〇〇一年、八六頁)。一般に社会科学系進化論の研究史は、既述したホフスタッター (注一六) の先駆的な告発から「改革的進化論」への転換として描かれている。Bannister, *Social Darwinism*, p. xi-xxxi (new preface, 1988); Clark, *Social Darwinism in France*, pp. 1-3; Crook, Paul, *Darwinism, war and history: The debate over the biology of war from the 'Origin of Species' to the First World War*, Cambridge: Cambridge University Press, 1994, pp. 200-206; 北垣、前掲論文、八五－八七頁、および同「社会ダーウィニズムという思想」『現代思想』三七巻五号(二〇〇九年)、一七九－一八〇頁など。

21——Darwin, Charles, *The Descent of Man, and Selection in Relation to Sex*, Vol. 1, London: John Murray, 1871, pp. 162-163. 厳密には「平和の生物学」(peace biology)、広義には「改革的進化論」の起源としてダーウィンの学説を詳細に検討している研究としては、Crook, *Darwinism, war and history*, pp. 6-28.

22——Spencer, Herbert, *Social Statics, or, the Conditions Essential to Human Happiness Specified, and the First of Them Developed*, New York: D. Appleton, 1880, p. 455.

23——ダーウィン(八杉龍一訳)『種の起源』上巻、岩波書店、一九九〇年、一五頁。

24——ロバート・マルサス(高野岩三郎・大内兵衛訳)『初版人口の原理』改版、岩波書店、一九六二年、三〇頁。

25——「どの種でも生存していかれるよりずっと多くの個体がうまれ、したがって頻繁に生存闘争がおこるので、なんらかの点でたとえわずかでも有利な変異をする生物は、複雑でまたときに変化する生活条件のもとで生存の機会によりめぐまれ、こうして、自然に選択される」(ダーウィン、前掲書、一五頁)。

26——前述のバニスター(注一七)は、「とくに進化論的な概念である生存競争、自然選択、適者生存」(Bannister, *Social Darwinism*, p. 7)に焦点を当てたと明記している。同じくクラーク(注一八)も、社会進化論を「自然選択と生存競争というダーウィンの理論を人間社会の進化に適用する試み」(Clark, *Social Darwinism in France*, p. 1)と定義している。

27——新村、前掲書、一一〇九頁。ほかにも、猪口孝ほか編『政治学辞典』(弘文堂、二〇〇〇年)を開くと、「社会進化論」は「スペンサーHerbert Spencerによって提唱され、社会学の世界に市民権を得た理論」と説明されている(四五九頁)。あるいは、大学教育社編『現代政治学辞典』(ブレーン出版、一九九一年)によると、ダーウィンの「自然淘汰」概念が「スペンサーによって「(最)適者生存」(survival of the fittest)として人間社会の進化の原理に転化された」という(四二五頁)。

28——マルサスの命題を軸にして浮かび上がるダーウィンとスペンサーの対照については、Young, Robert M., "Malthus and the Evolutionists: the Common Context of Biological and Social Theory," *Past and Present*, No. 43 (1969), pp. 109-

145.

なお晩年のスペンサーは、マルサスの軽視を後悔していた。「自然的な要因の働きで種が発展するという確信を以前から抱いていながら、上述の一節に潜む真理が人間ばかりか一切の動物にも当てはまることを見逃すとは、いかにも不思議でならない」(Spencer, Herbert, *An Autobiography*, Vol. 1, London: Williams and Norgate, 1904, p. 389)。

29——Spencer, Herbert, "A Theory of Population, Deduced from the General Law of Animal Fertility," *Westminster Review*, No. 57 (1852), pp. 498-500.

30——ダーウィンの進化論は、もとをただせばマルサスの仮説に行き着くため、それは後者の系譜を跡づける研究の対象ともなりえよう。しかし、生物学に入り込んで以後の展開については、マルサス思想の研究者は追跡を断念しているのが実情である。ほかに「類書がない」(ⅰ頁)と自負する永井義雄・柳田芳伸編『マルサス人口論の国際的展開』(昭和堂、二〇一〇年)の執筆陣も、「問題の焦点が拡散しすぎる」ために進化論は「主対象からはずした」と断っている(ⅳ頁)。

なお、市原亮平が『関西大学経済論集』誌上で一九五五年から一九五九年にかけて連載した「日本人口論史」の論考は(開始は、市原、前掲「日本人口論小史——その特質と原型に関する周辺的考察——」、六八四-七一四頁)、「社会ダーウィニズム」と「マルサシズム」とを一体と見なす点で、一見すると本研究の視角と一致する。しかし、市原はマルサスとダーウィンの原理的な収斂にさかのぼって「社会ダーウィニズム」と「マルサシズム」を統合する系譜を構成しているのではなく、単に両者が「軍・封・帝国主義」の擁護をめぐって軌を一にした「イデオロギー的「共軛性」」(市原亮平「日本人口論小史(Ⅱ)社会有機体説、社会ダーウィニズムの日本イデオロギー化〔1〕」『関西大学経済論集』五巻三号(一九五五年)、三〇一頁)に注目しているにすぎない。そのため、スペンサーがマルサスと同列に並べられている。

31——優生学を「社会進化論」(Social Darwinism)の本流と見なす向きもある(Hawkins, Mike, Social Darw*inism in European and American Thought, 1860-1945: Nature as Model and Nature as Threat*, Cambridge: Cambridge University Press, 1997, p. 6-7)。ただしボウラーは、「選択」の機能よりも遺伝の仕組みに全面的に依拠する優生学は、進化論の間接的な敷衍に過ぎないと位置づけている(ボウラー、前掲書、四七三-四七四頁)。

32——Gasman, Daniel, *The Scientific Origins of National Socialism*, New Brunswick: Transaction Publishers, 2004.

33——ケリーは、ガスマンが「ほとんど読まれていない」著作を穿鑿してヘッケルにナチズムの責任を押しつけていると厳しく批判する(Kelly, Alfred, *Descent of Darwin: The Popularization of Darwinism in Germany, 1860-1914*, Chapel Hill: University of North Carolina Press, 1981, pp. 120-121)。ケリーが主張するには、「広く公表されていない活動や、ほとんど読まれていない二流の著書」に「真のヘッケル」像を求めるのは不毛な探索である(p. 114)。しかしケリーも認めるように、ヘッケルは強烈な人種主義を抱くとともに優生学に好意的であり(p. 116)、その思想が、近い支持者以外には「ほとんど読まれていない」著作を通じて後代に継承された可能性は否めまい。

34——Zmarzlik, Hans-Gunter, "Social Darwinism in Germany, Seen as a Historical Problem," Hajo Holborn ed., *Republic to Reich: The Making of the Nazi Revolution*, New York: Pantheon Books, 1972, pp. 435-474; Richard Weikart, *From Darwin to Hitler: Evolutionary Ethics, Eugenics, and Racism in Germany*, New York: Palgrave Macmillan, 2004.

35——加藤弘之「人為淘汰ニヨリテ人才ヲ得ルノ術ヲ論ス」『東洋学芸雑誌』一号(一八八一年)、一-一二頁。

36——加藤弘之「人為淘汰ニヨリテ人才ヲ得ルノ術ヲ論ス(前号ノ続)」『東洋学芸雑誌』二号(一八八一年)、一一-一七頁。

37——加藤弘之「社会ニ起レル人為淘汰ノ一大疑問」『東洋学芸雑誌』二九号(一八八四年)、二六九-二七〇頁。これまで進化論の急速かつ独特な受容を映し出した資料として初期の『東洋学芸雑誌』が挙げられてきたが(渡辺、前掲書、一〇九-一一〇頁)、そこには加藤一人による「人為淘汰」に関する諸論考や、加藤の問いかけに対する数々の回答が含まれていると思われる。進化論が社会科学的な方面に急激に浸透したのは誤りではないにしても、この資料からは実情が誇張されて読み取られかねない。

38——加藤弘之「社会ニ起レル人為淘汰ノ疑問ノ答弁」『東洋学芸雑誌』三二号(一八八四年)、三四-三五頁。

39——概観としては、鈴木善次『日本の優生学——その思想と運動の軌跡』三共出版、一九八三年、戦後への継承については、松原洋子「日本——戦後の優生保護法という名の断種法」米本昌平ほか『優生学と人間社会——生命科学の世紀はどこへ向かうのか』講談社、二〇〇〇年、一六九-二三六頁。

40——高橋の構想に対して、加藤は優等を判断する難しさなどを指摘するとともに、そもそも混血は人種の「改良」ではなく、むしろ新人種の生成に等しいと反論した。鈴木、前掲書、三四-三八頁。

41——建部遯吾『食糧問題』同文舘、一九二五年、一三六頁。

42——建部遯吾『世界列国の大勢』四版、同文舘、一九一四年、八八三頁。

43——ハウスホーファー（佐藤荘一郎訳）『太平洋地政学』岩波書店、一九四二年、一頁。ドイツ地政学については、たとえばDorpalen, Andreas, *The World of General Haushofer: Geopolitics in Action*, New York: Farrar and Rinehart, 1942; Mattern, Johannes, *Geopolitik: Doctrine of National Self-sufficiency and Empire*, Baltimore: Johns Hopkins Press, 1942; Strausz-Hupé, Robert, *Geopolitics: The Struggle for Space and Power*, New York: G. P. Putnam's Sons, 1942; Murphy, David Thomas, *The Heroic Earth: Geopolitical Thought in Weimar Germany, 1918-1933*, Kent: The Kent State University Press, 1997など。邦語では、飯塚浩二「ゲオポリティクの基本的性格」『飯塚浩二著作集』六巻、平凡社、一九七五年、一八〇－二二一頁など、飯塚浩二による一連の研究がある。また邦語の同時代的な紹介としては、石橋五郎「政治地理学と地政学」『地学雑誌』五〇〇号（一九三〇年）、六一一－六一四頁、江澤讓爾「地政学の基本問題」『思想』二二一号（一九四〇年）、七六－九〇頁、小川琢治「人文地理学の一科としての政治地理学」『地球』九巻四号（一九二八年）、二三九－二四七頁、小原敬士「ゲオポリティクの発展とその現代的課題」『思想』二二一号（一九四〇年）、六二－七六頁、吉村正「ゲオポリティークの起原、発達及本質」『早稲田政治経済学雑誌』三〇号（一九三三年）、一一五－一二九頁および三二号（一九三三年）、一二九－一五八頁、渡辺光「所謂地政学の内容と将来性」『知性』昭和十七年九月号、四四－五〇頁など。

44——ラッツェルについては、ヨハネス・シュタインメツラー（山野正彦・松本博之訳）『ラッツェルの人類地理学』地人書房、一九八三年、一〇五頁、Wanklyn Harriet, *Friedrich Ratzel: A Bibliographical Memoir and Bibliography*, Cambridge: Cambridge University Press, 1961; Woodruff D. Smith, "Friedrich Ratzel and the Origins of Lebensraum," *German Studies Review*, Vol. 3, No. 1 (1980), pp. 51-68.

45——Mattern, *Geopolitik*.

46——阿部市五郎『地政治学入門』古今書院、一九三三年、三頁。

47——ドイツ地政学が日本で見せた展開については、竹内啓一「日本におけるゲオポリティクと地理学」『一橋論叢』七二巻二号（一九七四年）、一六九－一九一頁、波多野澄雄「「東亜新秩序」と地政学」三輪公忠編『日本の一九三〇年代——国の内と外から』創流社、一九八〇年、一七－四〇頁、久武哲也「ハワイは小さな満州国——日本地政学の系譜」『現代思想』二七巻三号（一九九九年）、一九六－二〇四頁および二八巻一号（二〇〇〇年）、六〇－八二頁、福間良明「「大東亜」空間の生産――地政学における空間認識の動態性とナショナリティの再構築――」『政治経済史学』四四〇号（二〇〇三年）、一－二五頁および四四一号（二〇〇三年）、一五－三一頁などがある。

48――澤村真「国家と土地」『太陽』四巻八号（一八九八年）、一一－一二頁。

49――小野塚喜平次『政治学大綱』下巻、博文館、一九〇三年、一三頁。

50――東京大学百年史編集委員会編『東京大学百年史　部局史一』東京大学、一九八六年、一九二頁。

51――第二次大戦前では、信夫は一九二八年度から一九三七年度まで「国際政治論」を担当している。『早稲田大学学報』三九九号（一九二八年）、九頁、四二三号（一九三〇年）、一三頁、四三五号（一九三一年）、一六頁、四四七号（一九三二年）、一五頁、四五九号（一九三三年）、一五頁、四七一号（一九三四年）、一六頁、四八三号（一九三五年）、一五頁、四九五号（一九三六年）、二八頁、五〇七号（一九三七年）、二三頁。

52――森住能昌「思い出すままに――恩師神川彦松先生のこと――」『神川彦松全集月報』七号（一九六九年）、五頁。

53――『早稲田大学学報』五一九号（一九三八年）、二〇頁、五三一号（一九三九年）、一八頁、五四三号（一九四〇年）、一七頁、五五五号（一九四一年）、一八頁、五六七号（一九四二年）、一〇頁。一九四四年度の政治経済学科「学科配当表」でも「国際政治論」の担当は川原篤と記されている。早稲田大学大学史編集所編『早稲田大学百年史』四巻、早稲田大学出版部、一九九二年、六四頁。

54――早稲田大学大学史編集所編『早稲田大学百年史』三巻、早稲田大学出版部、一九八七年、一一〇五頁。

55――熱帯性マラリアに感染した川原は、一九四五年一月に漢口の陸軍病院で病死した。早稲田大学大学史編集所、前掲『早稲田大学百年史』四巻、一五七頁、一八二頁。

56――早稲田大学出身の森住能昌が神川を「恩師」と呼ぶ所以である。森住、前掲論文、五頁。

57――川田侃・二宮三郎「日本における国際政治学の発達」『国際政治』九号（一九五九年）、一二〇頁。

58――日本で行政学の定礎にあたって最大の貢献を果たした人物として蠟山の業績を振り返った著作に、田口富久治「蠟山行政学の一考察」『年報行政研究』一七号（一九八三年）、一一九頁-一七六頁。

59――蠟山政道「国際政治学の指導原理」『国際法外交雑誌』二三巻四号（一九二四年）、三六八－三七四頁。当時は国際連盟を世界の政府に見立て、国際社会全体を一つの国家になぞらえる発想があった。詳しくは、本書の第四章第四節参照。

60——二宮三郎「戦後日本における国際政治学の動向」『国際政治』二五号（一九六三年）、一一八頁、Kawata, Tadashi, and Saburo Ninomiya, "The Development of the Study of International Relations in Japan," *Development Economies*, No. 2 (1964), p. 200. このような評価は、英米の経験からの類推に負う面が大きいと思われる。ただ、「国際政治学」と呼ばれる新たな分野の立ち上げにあたって、イギリスの動向が参照された可能性はあろう。ウェールズ大学アベリストウィス校（University of Wales, Aberystwyth）における「ウッドロー・ウィルソン講座」（Woodrow Wilson Chair）の設置は、すぐに日本に伝えられている。著者不明「ウェールス大学の国際政治学講座」『東洋学芸雑誌』四四九号（一九一九年）、五三頁。

61——Osiander, Andreas, "Rereading Early Twentieth-Century International Relations Theory: Idealism Revisited," *International Studies Quarterly*, Vol. 42, No. 3 (1998), pp. 409-432; Schmidt, Brian C., "Lessons from the Past: Reassessing the Interwar Disciplinary History of International Relations," *International Studies Quarterly*, Vol. 42, No. 3 (1998), pp. 433-459; Wilson, Peter, "The Myth of the 'First Great Debate'," *Review of International Studies*, Vol. 24, Special Edition (1998), pp. 1-15; Ashworth, Lucian M., "Did the Realist-Idealist Great Debate Really Happen? Revisionist History of International Relations," *International Relations*, Vol. 16, No. 1 (2002), pp. 33-51; Quirk Joel, and Darshan Vigneswaran, "The Construction of an Edifice: The Story of a First Great Debate," *Review of International Studies*, Vol. 31, No. 1 (2005), pp. 89-107.

62——Schmidt, Brian C., *The Political Discourse of Anarchy: A Disciplinary History of International Relations*, Albany: State University of New York Press, 1998, pp. 44, 47-52; David Clinton, "Francis Lieber, Imperialism, and Internationalism," David Long and Brian C. Schmidt, Imperialism and Internationalism in the Discipline of International Relations, Albany: State University of New York Press, 2005, 23-42.

日本でも明治初期には、リーバーの著作が政治学の図書として読まれていた。たとえば東京専門学校（現早稲田大学）の「政治学ノ部」では、一八八二年－一八八三年度に「リーベル氏政理論」（*Manual of Political Ethics* か）と「リーベル氏自由論」（*On Civil Liberty and Self-government* か）が参考文献として挙げられていた（早稲田大学大学史編集所編『東京専門学校校則・学科配当資料』早稲田大学出版部、一九七八年、一七頁）。しかし、のちになると、リーバーは戦争法の専門家として知られるようになる。信夫がリーバーを引いているのも戦時国際法の文脈であった（信夫淳平「従軍所感と国際法」『国際法外交雑誌』四二巻七号（一九四三年）、六七〇－六七一頁）。

63――建部遯吾「外政問題研究法」『外交』二巻一〇号（一九一六年）、一一八一－一二一〇頁。

64――建部遯吾『社会学序説』五版、金港堂書籍、一九一八年、三〇九頁。

65――日本の進化論ないしは社会進化論を表題に掲げながら、実際には加藤の思想に終始した論考としては、堀松武一「わが国における社会進化論および社会有機体説の発展――加藤弘之を中心として――」『東京学芸大学紀要1部門』二九巻（一九七八年）、一五－二九頁、鵜浦裕「近代日本における社会ダーウィニズムの受容と展開」柴谷篤弘・長野敬・養老孟司編『講座進化②進化思想と社会』東京大学出版会、一九九一年、一一九－一五二頁、田中浩「明治前期におけるヨーロッパ政治思想の受容状況――「社会契約論」（天賦人権論）から「社会進化論」（政治的保守主義）へ」『近代日本と自由主義』岩波書店、一九九三年、五四－一〇〇頁などがある。

66――松井春生ほか「日本行政の回顧（その一）」『行政と経営』四号（一九六一年）、二八頁。

第一章 世界の統一か「生存競争」か——加藤弘之の展望

はじめに

はじめ天賦人権説を唱えながら、のちにその論難に転じるという変節で悪名高い加藤弘之については、すでに膨大な研究の蓄積がある。にもかかわらず、不思議なことに加藤のとある著作だけが、ほとんど顧みられていない[1]。その『二百年後の吾人（ごじん）』のなかで、加藤はマルサスの理論を引き、二十五年ごとに人口が「等比的」な増加を繰り返す一方、食料は「等差的」に漸増すると仮定して将来の日本を展望している。日清戦争が始まり、同書が出版された明治二十七年（一八九四年）の時点で四千万の人口が四千万石の米を分け合うとして、それぞれの増加率を当てはめると、明治「百二十七年」には「弐億石」の米を「六億四千万」の人々が奪い合うという試算がはじき出される[2]。

もちろん加藤も、マルサスの警告が過言にすぎないことは重々承知している。しかし、たとえ二十五年で倍増する仮定が誇張であるにしても、人口が勢いよく増している事実は否めない。およそ十年で人口が「百分の八」増加する現状を単純に延長してみても、世界の人口は「西暦弐千七十二年」に「弐拾兆七千弐百五拾九億九千四百万人」に達すると加藤はいう。この数字は大きすぎるように思われるが、加藤はマルサスの予言どおりに「食料の大欠乏」の到来は避けられないと結論づけた[3]。

人口の増加に食料の供給が追いつかなくなると、その危機はまず価格に反映される。食物だけでなく木材、鉱物、石炭等の日用品も不足するため高騰を免れまい。日本の不足を輸入で補おうにも「外国にても亦均く欠乏を生ず」であろうし、たとえ外国には余剰があっても、それを日本に運び込むと輸送費のために「非常の高価」とならざるをえない[4]。その結果、日本では累々と「貧民」が増え、付随して「社会党共産党虚無党の類」が台頭するに至るであろうと加藤は悲嘆に暮れる[5]。

今日、世界全体で見れば食料の需給は逼迫しつつあり、投機の対象となった穀物の市場が乱高下を繰り返している。加藤の未来予測にいくばくかの先見性を見出しても過大な評価とは言えまい。しかし当時の加藤にとって、『二百年後の吾人』の出版は不本意な仕事であった。そこには自分の研究成果など何一つなく、同書は「所謂受売に過」ぎないと加藤は序文につづっている[6]。

それまでの加藤は、来る百年、二百年間を「最も多望の時」[7]と見なしていた。幕末の天保期に生まれ、文明開化の様子を目の当たりにしてきた加藤が、科学技術の飛躍的な発展に期待していたことは驚くに当たらない。しかし加藤が望んでいたのは物質的な進歩ばかりではない。一八八二年に『人権新説』を上梓して以来、加藤は世界各国が一つの連邦を組むに至るという展望に執心していた。加藤は『二百年後の吾人』のなかでも、打ち砕かれた希望の一つとして「世界強大国か相合して一大連邦となる」[8]未来を挙げている。一般には自由民権思想への駁論で知られる『人権新説』ではあるが、そのなかで加藤は「不倫丁利氏」が提起した「宇内大共同」の見通しに賛意を表明していた[9]。

世界統一の仮説は、一八九三年に出版された『強者の権利の競争』にも引き継がれている。そこで加藤は、すでに「宇内統一国建設ノ準備時代」の様相を呈する現状に鑑み、もはや「宇内統一国」の成立を必然と「断定スル」のも無理ではないとまで言いきった[10]。この記述を世界的に高名な社会学者グンプロヴィッツに咎められても[11]、加藤は強気を通した。日清戦争の勃発で持論の撤回を迫られたのではないかと勘ぐられた加藤は、逆にグンプロヴィッツの近視眼を責めつつ、ややムキになって「毫も余の意見の変ずる理由あらざるは言ふ迄もなきことにあらずや」と反発している[12]。しかしながら『強者の権利の競争』を刊行した翌年、加藤はそれまでの持説を大きくひるがえす『二百年後の吾人』を出版する。

なぜ加藤は『二百年後の吾人』を著したのであろうか。この問いに答えるべく、本章で解明を試みるのは、進化論の受容をめぐって加藤が抱え込んだ葛藤である。これまでは看過されてきたが、じつは加藤自身、長年にわたって進化論を頼みとするうちに「多少所説を異にした点もないではない」[13]と自覚していた。その紆余曲折を、本章は描き出すことになる[14]。

少しばかり結論を先取りして、ここで簡単に『強者の権利の競争』と『二百年後の吾人』の関係を整理しておこう。まず前者に開陳されているのは、世界国家の仮説とは齟齬をきたすダーウィンの理論には頼らず、独自の「生存競争」概念を練り上げる思索の果てにたどり着いた加藤の新境地であった。それを捨てて翌年に出版された後者は、言うなればダーウィンの学説に有利な時勢に屈した加藤の敗北宣言だったのである。

以下、加藤が世界国家に関心を抱くに至った経緯を押さえたうえで、その仮説を進化論の系として位置づけようと格闘する姿を描写する。つづいて加藤の挫折とその後を叙述したい。なお、挫折の主因が加藤と時流の齟齬に見出せるため、本章の記述は加藤本人を越え、その周辺にも及ぶ。そこから次章以降の論点も浮き彫りになろう。

1 世界国家論争

一八八一年(明治一四年)に旧東京大学の初代総理に就任する加藤が、啓蒙思想家としての地位を確立する途次で受けたブルンチュリの影響については、すでに大部分が明らかにされている[15]。生地のチューリッヒで急進派の訴える徹底した民主化を封ずるべく、教授職のかたわら自由保守党を立ち上げたブルンチュリは、一八四七年の分離同盟戦争で志を絶たれてドイツに移るに及び、そこに残る中世的な遺制の清算を求めて自由主義的な改革を唱えるに転じた[16]。この経歴が物語る二面のうち、丹波出石という小藩の出身者として当初は自由民権論に共鳴していた加藤は、ブルンチュリの自由主義的な一面を摂取して『真政大意』(一八七〇年)と『国体新論』(一八七四年)を世に問うたと考えられている[17]。もっとも加藤は、当時からブルンチュリの保守的な一面にも共感を寄せていたとみえ、そのルソー批判に同調する訳注を『国法汎論』(*Allgemeinen Statsrechts*)(一八七二年)の翻訳に挟んでいる[18]。この保守的な萌芽が自由民権運動の高潮に刺激されて一気に開花し、前二著(『真政大意』、『国体新論』)の絶版処分を経て『人権新説』の出版に至ったという[19]。

加藤がブルンチュリから学んだのは「保守漸進二党ノ利、守旧急進二党ノ害」[20]ばかりではない。すでに指摘したとおり、加藤が『人権新説』において紹介したのは世界統一の仮説であった。加藤自身が抄訳した『国法汎論』でも、ブルンチュリは「人類にとって世界国家(Weltreich)は進歩の理想である」[21]と説くばかりか、そこに向かって「止め処もなく進む時間そのものが、諸国民を相互に近づけ、人類共同体の意識を呼び覚ます」[22]と述べ、実現の見通しを楽観していた。

今日となっては夢物語のようでも、当時、世界国家への言及は特異なものではなかった。加藤も指摘しているように、カントの『永遠平和のために』(*Zum Ewigen Frieden*)(一七九五年)が世に出て以降、将来、世界国家が登場するか否かは「学者間の一大問題」であった[23]。加藤の整理に従うと、ドイツ語圏で肯定説をとった主な学者としては、ブルンチュリのほかにコルプ[24]やモール[25]がいた。そのモールの著書には、世界の主だった「平和本」(Friedens-Literatur)が列挙され[26]、そこには英米両国で耳目を集めたラッドの国際議会案などが含まれている[27]。ただ、加藤の評では、並みいる論者のなかでもブルンチュリの説が「最モ尽セリ」とされていた[28]。

引きつづき加藤の分類に従えば、世界国家の否定説をとった人物には、すでに言及したグンプロヴィッツのほか、「井子ー氏〔Vinet〕ラッソン氏〔Lasson〕ロウレン氏〔Laurent〕及び今日有名なる碩学ウント氏〔Wundt〕」などがいた[29]。一部の学者の説は加藤以外にも知られていて[30]、とくにグンプロヴィッツの立場は邦訳書にも表れていた[31]。加藤は世界的な一大論争の渦中に身を投じたため、敵陣のグンプロヴィッツに「宇内統一国」の展望を咎められたのであろう。

加藤が強く支持したブルンチュリも、一つの国際的な論争を仕掛けていた。国家統一に向かうドイツにあって国際法の造詣を深め、折しも普墺戦争の勃発した年に『文明諸国の近代的戦争権』(*Das moderne Kriegsrecht der civilisierten Staaten*)(一八七〇年)を出版したブルンチュリは、その後、一八七三年に万国国際法学会(Institut du Droit International)の創立にかかわった[32]。その機関誌『国際法および比較法雑誌』(*Revue de droit international et de législation comparée*)上、ブルンチュリはロリマーが発表した「国際政府」案に異議を唱えた。

ロリマーの構想では、二院制の立法府にくわえて行政府、司法府、そして財務府が置かれていた[33]。そして「局あるいは省」(Bureau or Ministry)と呼ばれた行政府は、厳密に国際的な事案に管轄を制限される一方、個別国家の影響を排する工夫を施されていた。立法府の議員から選抜される行政府の構成員は、出身国ではなく財務府から報酬を支払われる仕組みになっていたのである。

このような行政府の独立を嫌い、大国の縛りを再確保したのがブルンチュリである[34]。ブルンチュリが対案として出した「国家連合としての欧州」構想では、独仏露墺伊英の六大国に特権的な地位を与えた二院制の国際立法機関が描かれている。各国代表から成る「評議会」では六大国が二票ずつをもち、個人から成る「元老院」にも六大国は他国に倍する議員数を送り込む。一国の独立や自由にかかわる重大な案件をめぐる決定には「評議会」の賛成多数と「元老院」の同意を要するが、強制をともなう例外的な場合には六大国に執行が委ねられる。ロリマーに言わせれば、これは『欧州協調』への逆戻り」[35]にほかならない。

ブルンチュリの論争を承知していたのかは定かでないが、「宇内統一国」が成立しても現存する各国は消滅しないと強調するあたりを見ると[36]、加藤は国家主権を尊重するブルンチュリの思想を正しく汲んでいたようである。しかし、ブルンチュリの計画を進化論に依拠して再構成する試みは、奇しくもロリマーの国際法体系と相貌が似た「宇内統一国」像に帰結した。

一般にロリマーは「文明」の度合いに応じた国際法の差別的適用を主張した国際法学者として知られる[37]。ロリマーは人類を「文明人類」(civilised humanity)、「野蛮人類」(barbarous humanity)、そして「未開人類」(savage humanity)に分け、それぞれの段階に対応する異なった承認の様式を欧州諸国のために提示した。たとえば中国や日本などの「野蛮」諸国は、たとえ欧州諸国と外交関係を結んではいても、その国内法は尊重されず、欧州諸国の治外法権を保障した「部分的政治承認」(partial political recognition)を受けるにとどまる[38]。このような論理によって、ロリマーは現存する「不平等条約」の意義を説明したのである。

2 世界国家と進化論

加藤の場合は、世界国家のなかにまで「開明人種」と「野蛮人種」の差別を持ち込んでいる。前述の『人権新説』から引用すれば、たとえ法律上で諸国民の平等が規定されても、欧米人と「日本支那等」わずかな「開明人種」のみが実質的な「優者」の座につき、ほかは支配に服す「劣者」の地位にとどまるという[39]。

差別の根拠は「開明人種」と「野蛮人種」が向き合う「生存競争」の相違に帰せられている[40]。力が伯仲した「開明国」の間では、膠着した「権力競争」の打開策として統合が浮かび上がる一方、心身ともに差がある「文明人民」と「野蛮人民」との間では、「権力競争」にくわえて「動植物世界ニ均シキ生存競争」が起こると加藤は説明する[41]。そして加藤は、二種の競争に相異なる典拠を示している。前者の解説として引かれた「西布列氏」[42]は、人類の進歩に即して「生存競争」の性格が身体的な戦闘から心理的な闘争に転化する独自の理論を打ち出していた[43]。

しかし後者については、加藤は「達賓氏」を参照している。欧州人の来訪以降、原住民の人口が激減したハワイを実例として挙げ、加藤はダーウィンの説明を復唱した。つまり、欧州人の持ち込んだ病気や飲食物、さらには生活習慣に「野蛮人種」が耐えられず、夭折や不妊が引き起こされたという[44]。

以上をまとめると、一方で「開明人種」の場合は、いずれも単独では相互間の「権力競争」を勝ち抜けられないために「宇内統一国」への合流が主体的に選択され、他方で「野蛮人種」の場合は、大部分が「動植物世界ニ均シキ生存競争」に敗れて淘汰された末に「宇内統一国」に取り込まれるのである。たしかに全体として進化論の語彙が貫かれた説明ではあるが、つぶさに見ると、いくつもの論理的な綻びが浮かび上がるであろう。まず加藤自身が懸念したのは、このような世界国家の成立が通常の国家と経緯を異にしている点である。

加藤が考えるに、国家が成立する経路は二つしかない。第一に、共通の外敵を迎え撃つために二以上の部族が「已むを得ず相合同するの結果」であり、第二には、強大な部族が周辺の弱小部族を「征服して之を併合するの結果」である[45]。しかしどちらの場合も、同時代の国際関係には当てはまりそうにない。当の加藤も、とくに世界国家の場合に限って「此二因に依らずして全く他因に出るものなるべし」[46]とは考えられないものかと自問する始末であった。

くわえて、「開明人種」と「野蛮人種」とで違った経路が想定され、それぞれに別の典拠が付されているのも、一貫性の破綻を示唆する。加藤は「野蛮人種」が「動植物世界ニ均シキ生存競争」にさらされると書いたが、同じ『人権新説』上で生物界における「生存競争」の起因として挙げられているのは次の二点である。第一に、動植物が「自己ノ食餌」としてほかの動植物を捕食する場合と、第二に、増えつづける動植物を養うには「滋養トナルヘキ物種ノ数」が足りないという事情である[47]。序章でもふれたとおり、ダーウィンはマルサスの著書から手がかりをつかんで「生存競争」の概念を考案していたのであり、それを加藤も継承したのであろう。

しかし、ここでも一つの疑問が浮かび上がる。というのも、「開明人種」も人口が増す以上、個体数の増加に起因する生物界の摂理が「野蛮人種」のみに妥当する理由はないからである。なぜ「開明人種」のみが生き残った世界は「動植物世界ニ均シキ生存競争」を逃れられるのであろうか。加藤がスペンサーの哲学に通じていたのであれば、この詰問を言いぬけられたかもしれない。生物界の事例をもとに知力と繁殖力に反比例の関係を見出したスペンサーは、人間の「進化」が出生率の低下を招くと主張していたからである[48]。

この論理に頼れば、「開明人種」だけの世界では人口は増えないと極論することも可能であろう。しかし加藤は、自説に矛盾を見出していたと思しい。詳細は次節に譲るが、のちに出版される『強者の権利の競争』のなかでは、「動植物世界ニ均シキ生存競争」が省かれているからである。

ところで、加藤が引用したダーウィンの『人間の由来』(*The descent of Man and selection in relation to sex*)(一八七一年)を通読すると、そこには「生存競争」以外にも人類の統合を促す仕組みが示唆されている。それは個体間ではなく、集団間の「生存競争」に起源をもつ。集団間の「生存競争」では、同胞を思いやり、同胞と助け合う性質を備えた構成員を多く抱える集団ほど優位に立つであろう。ダーウィンは、「高度の愛郷心、忠誠、恭順、勇気、そして同情を備えているために、相互に援助し合い、共通善のために自ら犠牲となる心構えを常に持つ構成員を多く抱える部族が、大概の部族を打ち負かすのは疑いない」[49]と言いきる。このような「自然選択」が繰り返されれば、時間の経過とともに地球全体で右記の性質に富む人々の比率が増すであろう。この論理をダーウィンは明快に表現している。

> 歴史を通じて世界中の至る所で部族の入れ替わりがあった。そして道徳が成功の一要素であっただけに、どこでも道徳の基準は高まり、道徳の備わった人の数は増す傾向にある[50]。

このようにして助け合いを好む人々で世界が満たされれば、それこそ単一の国家が立ち上がる条件となるかもしれない。そこまで直截には論じないダーウィンも、人々の同情が及ぶ範囲には本来的に際限がないとは指摘している[51]。

より踏み込んで世界の統一に論及したのはスペンサーであった。スペンサーもダーウィンと同様、集団間の「生存競争」を通じて団結力に富む人々が増えると考えていた。人類の歴史を振り返れば「一民族による他民族の征服とは、主として社会的な人々による非社会的な人々の征服であった」[52]とスペンサーは書いている。そして、平和的な職業に従事する人々が増えた同時代の状況を念頭に、人類社会が「軍事型社会」(militant type of society) から「産業的社会」(industrial type of society) へと進化していると主張したスペンサーは、さらに「その趨勢は国民間の仕切りを取り壊し、それらを共通の組織に束ねる方向に赴く」と大胆に見通した。その統合は「単一政府の下でなければ、政府間連邦の下に」形成されるという[53]。

ダーウィンもスペンサーも、このように「生存競争」の論理に即しつつ、人類が世界国家の創設に至る経路を導き出した。その基軸となる助け合いの習性は、もともと「生存競争」を勝ち抜く手段として発生しながら、当初の目的を失ったあとも持続すると暗に想定されている。さもなければ、競争相手をもたない世界国家は存立しえない。この習性に「相互扶助」の名称を与えたのがクロポトキンである。シベリア東部で身を寄せ合って厳冬をしのぐ鳥の群れに普遍的な生存の秘訣を見出したクロポトキンは、ほかにも傍証を博引しつつ、「個人的闘争をできるだけ少なくして、相互扶助的習慣をもっとも多く発達させている動物の種は、必ずその個体の数ももっとも多く、もっとも繁盛し、かつもっとも進歩に適している」[54]と論じた。これは右に紹介したダーウィンの学説とは矛盾せず、クロポトキンの著書を数多く紹介した大杉栄は、その主張は「新説ではなく、むしろダーウィニズムの正解もしくは補充である」[55]と評している。クロポトキン自身も、ダーウィン本人に近い支持者から「それこそ本当のダーウィニズムなんだ」[56]と激励されたと明かしていた。

素直にダーウィンの『人間の由来』を読んでいれば、加藤も「相互扶助」の論理に気づいたであろう。それを加藤が看過したのは[57]、実際にそれを繙く前に蓄えていた予備知識によって、視野が狭められていたせいではなかろうか。

3 ダーウィンぬきの進化論

本人の自伝によると、加藤は「英国の開化史の大家バックルの著書」を通じて自然科学に目覚め、それ以降「ダーキンの進化論やスペンサーやヘッケル其他の進化哲学の類」を耽読するに至ったという[58]。ただ、この回想は漠然としすぎていて、加藤が具体的に何を求めてダーウィンに手をのばしたのかが判然としない[59]。

そもそも加藤は、なぜバックルに目を向けたのであろうか。その理由を探るべく、バックルの『英国開化史』(*History of Civilization in England*)(一八五七年－一八六一年)が明示的に引用された未完の原稿『日本之開化』を開くと、加藤が「気候地味食物物産」と「開化」の関係について手がかりを求め、バックルにたどり着いた様子が読み取れる。初期の「開化」と気候や土壌との関係に関する限り、類書のなかで『英国開化史』が「最モ精密ニシテ且ツ古来未発ノ卓見モ少ラサル」書物に当たると加藤は絶賛した。ついに完成しなかった『日本之開化』は、その要旨の書き抜きで締めくくられている。そこに敷衍されているのは、「開化」の出発を告げる「富裕」の蓄積が「中正」な気候ないしは「良好」な土壌を要するという命題である[60]。

たしかに『日本之開化』にはバックルの原書に対応する箇所が散見される[61]。しかし加藤が筆を擱いて以降の原書の記述を読み進めると、気候や土壌と富の関係は新たな段階に入り、両者の媒介変数として新たに投入された人口が局面の転換にかかわってくる。気候と地味が良好で食物が豊富であれば、必然的に起こる人口の増加によって賃金の水準は低く抑えられるのである。この論理を定式化して、バックルは「暑い国では賃金が低く、寒い国では賃金が高くなるという強く不変の傾向がある」[62]と主張する。さらには具体例としてアイルランドを挙げ、安価で栄養価の高いジャガイモを主食とするために人口が概ね「年率三％」で伸び、結果的にイギリスと較べて貧しくなったとバックルは指摘する[63]。

『日本之開化』に書き出されていないが、これを加藤が読み込んでいなかったとは考えられない。すでに加藤が抄訳していたブルンチュリの『国法汎論』には、肥沃な土壌が人口の増加を促し、結果として貧富の格差をもたらす仕組みが、バックルの学説として紹介されているのである[64]。このような『英国開化史』の後続部分を知っていながら、あえて加藤が記述しなかったのは、どのような理由によるのであろうか。

ブルンチュリはバックルを参照してはいるが、じつは二人は、人口が社会に及ぼす影響について対極的な見方をとっていた。一方のブルンチュリは、加藤が記したように「マルチュス（マルサス）氏の論ヲ非トシカレイ氏ノ論ヲ是トス」[65]る立場であった。ここで「カレイ氏」とは、マルサスとは対照的に人口の増加があってこそ食料の生産も伸びると主張したアメリカ人経済学者のケアリーを指す[66]。他方バックルは、これまでの記述からも察せられるとおり、マルサスの考え方を踏襲していた。マルサスの『人口の原理』を評したバックルは、それを「人口という重要な主題について書かれた最良の文献」[67]とたたえている。

この人口をめぐる対立に加藤は困惑したであろう。加藤が常々知見を仰いでいた当時のドイツでは、マルサスの仮説をめぐって賛否両論が飛び交っていたからである[68]。しばしば加藤が引用した文献でも、たとえばモールの『国家学の歴史と文献』（*Die Geschichte und Literatur der Staatswissenschaften*）（一八五五年）には、「人口統計」、「自然的人口法則の探求」、そして「人口政策」の三章から成る「人口論の歴史と文献」の部が設けられていた。そこでモールは、「マルサスの先駆者、彼本人の業績、彼の支持論者、対抗論者、そして批判者」[69]を整理している。

加藤が『日本之開化』で頻繁に引用したゲルストナーの『国家行政の基礎理論』(*Die Grundlehren der Staatsverwaltung*)でも、第二巻が全体として『人口論』(*Die Bevölkerungslehre*)(一八六四年)にあてられ、モールの著書と同様に「人口統計」、「人口生理学」、「人口政策」の三部構成がとられている。この第一部から、加藤は数々の抜き書きを「ゲルストネル氏人口スタチスチック」の名で読書備忘録の『疑堂備忘』(一八七七年-一八八〇年)に書きつけていた。じつはブルンチュリも、一八七五年に『国法汎論』の続編として刊行した『学問としての政策』(*Politik als Wissenschaft*)のなかで「人口の量と増減」に一章を割いている。それを読んだ加藤は、同じく『疑堂備忘』に「人口論ノ事委シクブルンチリースターツレーレの三巻百四十五丁ニアリ」[70]と記帳した。

『疑堂備忘』には、加藤が人口増加の社会的な効果について思案していた様子が表れている。この帳面は『日本之開化』の執筆に先立つ「明治十年十月三十日」より書き込みが始まるが、早々から人口に関係した記述が目立つ。右記の洋書にくわえ、国内の文献では『洋々社談』に掲載された「木村正辞ノ古昔人口ノ話」と横山由清の未定稿「歴代人口概計表」が書き留められている[71]。後者から加藤が抜粋したのは、横山が「弘仁延享寛延宝暦明治ノ人口」を比較して推計した日本の人口増加率である。それによると、日本の人口は「大約五十年間ニ全数ノ九分ノ一」増え、「三百三十年ニシテ二倍」、「千零九十五年ニシテ十倍」、そして「二千百九十年ニシテ殆ト百倍」に達したという。これを一々書き出したのは、額面どおりにマルサスの仮定を検証するためであろうか。

はじめて『疑堂備忘』上にダーウィンの名が刻まれたのも、じつに人口に関連する文脈であった。それは、前節で論及したハワイの問題である。欧州人の来訪を境にハワイの人口が急減した原因を探るべく、加藤はダーウィンに当たったようである。加藤は「サンドキツチ島」(ハワイ)の事情を解説する文献として「ダルビンアグ（ママ（プ））スタムシグ（ママ（ン））デスメンシェン」(*Abstammung des Menschen*)、すなわち『人間の由来』の独語版を挙げている[72]。

以上をまとめると、加藤はブルンチュリの引用に導かれてバックルの『英国開化史』を手にとり、先鋭化した人口に対する疑問を追究する過程で、ついにダーウィンに遭遇したのである。このような遍歴を経て『人間の由来』にたどり着いているため、加藤は前節末で指摘した「相互扶助」の論理には気を留めなかったのであろう。他方でダーウィンとマルサスの関係については、それを知るや、加藤は手抜かりなく『疑堂備忘』に記録している。

しかし加藤は、ダーウィンが「マルチュスの民口論」を読んで「其セレクチオンテオリーを発明した」と知って[73]、いよいよ苦悩を深めたのではなかろうか。というのも、加藤はマルサスの理論を支持していなかったからである。そこには格別に頼りにしたブルンチュリの影響もあろう。一夫多妻制の下では人口が増えないという仮説をゲルストナーの著書から抜き出しつつ、翻って「一男数妻」を「我邦ノ開化ヲ妨ケタル者」の一つに挙げているのは[74]、ブルンチュリが支持したケアリーの論理と合致する。日本は人口が増えなかったからこそ「開化」が遅れたと加藤は考えていたのである。

ほかにも『疑堂備忘』の書きつけからは、加藤がマルサスへの反論を探し求めていた様子が読み取れる。たとえば加藤は、ゲルストナーの著書にはマルサスが「全ク当レリトス可ラサルノ論」[75]があると記録しているが、ゲルストナー自身はマルサスに賛同する立場であった。マルサスの『人口の原理』を指し、ゲルストナーは「偉大な科学と世の中を動かす真理は突如として歴史の水平線上に現れるのではなく、それは微かな薄明かりとして始まり、徐々に昏迷の夜から太陽のように高く浮かび上がる」[76]と表現している。

しかしマルサスの仮説を疑う一方、加藤はダーウィンの「生存競争」概念には大いに説得力を見出していた。それを端的に物語るのが『人権新説』の出版である。その表紙には、「優勝劣敗是天理矣」と墨書きされている。板挟みに陥った加藤にとって、マルサスの仮説を払拭した「生存競争」概念の再定式化は格好の打開策だったはずである。それは、世界統一の論理から、整合性を欠く生物界の類推を清算する手段にもなる。

そのような思索の成果をまとめた著書が、本章の冒頭でふれた『強者の権利の競争』ではなかろうか[77]。十年前に『人権新説』のなかで「彼有名ナル達賓(ダーウィン)氏ノ功」[78]をたたえていた加藤が、この著書の序言では「独逸国有名ノ史学家へるわるど氏」のほか、グンプロヴィッツ、イェーリング、シェフレおよびスペンサーの名前しか挙げていない[79]。これは単なる書き落としではなかろう。じつは全編を通してダーウィンは登場しない。ダーウィン進化論の根幹にあるマルサスの仮説にも、当然ながら出る幕がなかった。

まず加藤は、人間の需要が動物と同じではないと指摘して、人類の営為を動植物の「生存競争」から切り離している。そのうえで加藤は、考察の焦点を「権力ノ競争即チ強者ノ権利ノ競争」に絞り込む。ここに本書の題名が由来する。それは人間がかかわる無数の競争のなかで「最モ多ク且(か)ツ盛ナルモノ」であると加藤はいう。それどころか、争奪対象の「権力」は「他日万般需要ヲ取得スルノ源因トナル」場合もあれば、逆に「既ニ取得セル万般需要ノ結果トシテ生スル」場合もあるため、一切の競争が「権力ノ競争」の概念に包括されるのである[80]。

結果として『強者の権利の競争』では、『人権新説』に見られた「権力競争」と「動植物世界ニ均シキ生存競争」の並存は解消され、いずれの国にとっても世界国家に組み込まれる仕組みが「権力」と「利己心」の相乗効果に一本化された。一方で「文明各国」は、利害の共有と勢力の均衡ゆえ「已ムヲ得サルノ道理ヨリ」統一国家の建設に突き進む。そして他方で「野蛮未開国」は、とても「開化国」の勢力には及ばないため、あるいは「殖民地」となるか、あるいは個々の人民が「開化民ノ為メニ使役セラル丶」身分となり、結局は世界国家に合流する[81]。ここには「動植物世界ニ均シキ生存競争」が入り込む余地がない。

ただ、それでも世界統一の論理には疑問が残る。というのも、国家間の勢力が拮抗して傍若無人な利益の追求が抑えられる状況と世界国家の成立とは、必ずしも単線的には結びつかないからである。国家の統合が手詰まりを打開する唯一の選択肢ではない。それにもかかわらず、欧州諸国が「已ムヲ得サルノ道理ヨリ」統一に向かうと言い張るあたりは、いかにも論理の破綻を取り繕っているような印象を与える。そこを衝かれると、さすがの加藤も「余は殆ど五里霧中に彷徨するの感なき能はず」と認め、結論を出せるまで「更に研究を積まんと欲す」と弁明するほかなかった[82]。

しかし同時代の国際情勢が加藤に味方した。かさむ軍事費の負担に苦しむ欧米諸国が集って開催されたハーグ万国平和会議(一八九九年)は、まさに各国が「権力ノ均一ト及ヒ利害ノ共同トニ迫ラレテ已ムヲ得ス」統合に向かう兆候と見なせた。それゆえに加藤は、提唱者のロシア皇帝を「後世宇内統一国創建の緒を開ける者」[83]とたたえている。逆に世界大戦の勃発は加藤を窮地に陥れる。大戦の最中に執筆された『新常識論』(一九一四年)のなかで、加藤は「世界の平和が唱へられて居る所へ世界の大騒乱が始まる」のは「実に不思議と云はなければならぬ」と漏らしている[84]。しかし自分なりの回答を紡ぎ出す間もなく、加藤は他界する。

4 人口問題とダーウィン進化論

一八八二年に『人権新説』が世に出たころであれば、人間社会に「生存競争」の概念を持ち込むにあたり、その前提にあったマルサスの仮説を省いても、その説得力に影響はなかったであろう。一八八一年に創刊され、進化論に関連した記事の多さで知られる『東洋学芸雑誌』[85]を試みに開くと、あらゆる有機物は「度学連数ニテ増加スルノ傾向」を帯びていると主張する論文もあれば[86]、マルサスの命題を真っ向から否認する論説もある。

後者の例としては、哲学を専攻する井上哲次郎が、「人口ノ増殖ハ懼ル、ニ足ラス」と書いている。その小論によると、社会の「開明」と出生数は「反対ノ進路ヲ取ル」ため、今後とも「人口ハ決シテ格別ニ増殖スル者ニ非ス」[87]という。井上も明示したとおり、これは第二節で既述した「スペンセル」(スペンサー)の説に由来する。

ほかにも、のちに台湾銀行頭取などを歴任する添田寿一が、人間は「完全」に近づくにつれて「生殖力ハ非常ニ減スルノ傾向アリ」[88]と論じ、井上と同様に「人口過分」の恐れを否定した。添田は生物の活動を「神経系」、「生殖系」、「消化系」、「運血系」、「筋肉系」と五つの分野に分け、もし一つが他を「超越」するに至れば他は「衰頽」に向かうと説明していた[89]。これはイギリス人バジョットの説を想起させる。バジョットによれば、女性の身体には一定量の力しかなく、その力が一方面に用いられれば、ほかの方面には使えなくなる[90]。したがって、女性が高い教育を受けて頭脳を使いすぎれば、それだけ出生力が衰えるという。添田の文章を読んだ井上は、「科学ノ法ニ由リテマルソス氏ヲ抵排シ、殆ド余蘊ナシ、何等ノ快文ゾ」[91]と感想を寄せている。

しかし『強者の権利の競争』の出版までに思潮は一変した。転機は一八八〇年代の後半であろうか。そのころから日本の人口規模を「過剰」と評する意見が現れる。そのような状況はマルサスの仮説に説得力を与えたであろう。たとえば一八八七年一月、加藤も所属していた東京学士会院で、日本の「人数年々に増加する」ため、いずれは「移住の運動」に励まなければならなくなると杉亨二が講演している。外国に移民を送り出さなければ「土地は次第に狭くなり、一つの職業をば大勢かゝりて共争ひに争ふように成」り、しまいには「同志食ひとも倒れ」に陥ると杉は警鐘を鳴らす[92]。

ほかにも、一八八九年末の『東京経済雑誌』には、「嗚呼此の遊民を奈何すべきや」の表題で、移民を奨励する記事が掲載されている[93]。それによると、「遊民」が目立ち始めたのは一八八四年から八五年にかけ、不景気が「其の極」に達したころであった。当時は衣食すらままならない「貧民の徒」が多く、窮乏のあまり、刑務所に入って衣食をみたそうと「故(ことさ)らに罪を犯すもの」すら現れたという。

一過性の不況に際しても起こり得るであろうが、記事の著者は、これをより長期的な危機の現れと見た。要するに日本では、資本の不足による高金利ゆえに起業が難しく、おまけに「土地の狭小なる割合に人口の多く繁殖したる」ため、生活の破綻に陥る者が後を絶たないという。いずれの問題についても早期の解決が望めないため、結局「海外に出稼し移住するに如かさるなり」と記事は結ばれている。

実際にも一八八五年からハワイに向けて移民の送り出しが始まっていたが、その意義に早くから注目したのが地理学者の志賀重昂(しがしげたか)である。出世作となった『南洋時事』を著すに先立ち、海軍の練習艦に乗って南太平洋を周遊した志賀は、その際に友人の福島武治が「日本移住人民ノ監督官」を務めるハワイ諸島のカウアイ島に立ち寄った[94]。そこで志賀は、移民の「虐使苛遇」ばかりを伝える新聞報道とは反する実情を目にして、「一見百聞ニ若(し)カズノ感」にとらわれたという。

このように移民の悲哀を否定したうえで、志賀は人口と国土の不均衡を根拠に移民の必要性を説く。まず志賀は、五十年後の人口を推計した。現状の増加数、年間「四拾余万」を単純に積算すれば、五十年間の増加は「二千百余万」程度になる。ただ、実際には人口が「利息算術ノ重利法」のように増すため、増加分を仮に「二千五百万」と計算すれば、五十年後の総人口は約「六千二百万」と計算される。しかし日本の面積は「僅カニ二万五千方里」にすぎないため、それだけの国土で「豈ニ能ク六千二百万ノ蒼生ヲ衣食セシムルコトヲ得ンヤ」という疑問に突き当たる。たとえ衣食は足りても、せいぜい「労々役々トシテ朝三暮四ノ生計ヲ是レ営ム」以上の生活は望めないと志賀はいう。そこで打開策として浮上したのが移民であった[95]。

とりわけ注目されるのは、志賀の思想的背景である。志賀は知人に「予は平生よりダーウィン先生を欽慕(きんぼ)する者である」と明かしている。南洋の航海にも「先生の著述［博物学者世界周航記］一本」を抱えて出かけたという[96]。マルサスの理論を下敷きにして考案されたダーウィンの「生存競争」概念は、一定の国土で人口のみが増える危うさを説明するのに役立ったであろう。後述するように、来る危機を端的に「生存競争」と表現する者も少なくなかった。

各地で米騒動が勃発した一八九〇年の恐慌を経て、人口の「過剰」を憂う風潮は一段と強まる。一八九一年春に「婦女労働者増加の奇顕象」を報じた『東京日日新聞』の記事は、その原因を表層と深層に分けて解説した。まず表層的には、夫の収入のみでは家計が成り立たないため、いわば「惨酷なる無形強制」によって婦人が就労を迫られている実情が原因にある。しかし深層にまで踏み込むと、事態は「我国の人口が土地に比較して過剰したるの結果」として再認識される。この分析を踏まえ、婦人労働者の増加は、「最も困難の域」にまで至った「社会上の生存競争」の現れと表現されている[97]。人口が「過剰」に達して「生存競争」の発生に至るとは、まさにダーウィンが提起した進化の図式にほかならない。

同じ記事には、「殖民政庁を拡張するか人口制限法を立てるか」と提言する「経済家」の談が引用されているが[98]、たしかに一八九〇年代に入ってから移民を奨励する運動が勢いを増す。記事が出て間もなく設立された東邦協会は、地理、商況、兵制、歴史などと並んで「殖民」の研究を活動の目的に掲げている[99]。当初の評議員に名を連ねたのは大井憲太郎、陸実（くがみのる）（羯南）、杉浦重剛、星亨、三宅雄二郎らにくわえ、まだ二十代の志賀であった[100]。折よく外相に就任した会員の榎本武揚は、移民の送り出し先として、メキシコ、フィリピン、ニュー・カレドニア、ニュー・ヘブライズ、オーストラリア、フィジー、マレー半島、そしてタイの実地調査に乗り出している[101]。

同年夏には、榎本の意見を問うたうえ[102]、同じく会員の板垣退助や星亨らを発起人とする海外移住同志会が立ち上がった。その設立趣意書では、有限な国土のうえで増えつづける人口を養う限界が指摘され、打開策として移民事業の推進が説かれている。その論理構成が志賀の主張とも、後続する板垣の論説や殖民協会の設立趣意書とも重なるため、一つの典型として趣意書の一部を抜き出したい。

> 今や我国は人口処分の大問題に上れり。蓋し（けだし）限りある国土の面積を以て限りなき人口の繁殖を致す。一国経済の上政治の上困弊到らざらんことを欲すと雖も（いえども）豈に（あに）其得べけんや。而て（しかし）我国人口の繁殖は実に毎年廿三万以上に達す。全国の地積僅かに二万五千万里（ママ）に充たず。而して既に四千万の人口を有せり。若し試に年々廿三万人重積法の増殖に従ひ爾後幾十年の後を想像せよ。衰亡生活の惨状得て言ふべからざるものあらん[103]

ちなみに、海外移住同志会の発足を報じた同日の『大阪朝日新聞』では、論説にも「植民問題」が取り上げられていた。その著者が言うには、人口の増加に富の生産が追いつかない国にとって海外植民地の獲得は避けがたい。そして日本も、すでに海を渡る「冒険者、出稼人」が後を絶たない以上、「海外に向ひて一大植民地を拓くも、亦遠きにあらざるべき歟」と著者は問いかける[104]。たしかに遠からずして日本は植民地を領有するに至る。

翌春には自由党の『党報』に板垣の名で「殖民論」が発表される。この論文でも、海外移住同志会の趣意書と同じく、「有限の土地に無限の人口繁殖せば」富が遍く行き渡らないため、夥しい数の「貧民」が国中にあふれる将来に警鐘が鳴らされている。ただ、人口の増加数は「毎年凡四十万人乃至五十万人」と大幅に上方修正され、それを受けて「人口の稠密と繁殖とに於て我国は世界第一に位す」ると板垣は誇張する。移民事業についても「亦宜しく世界第一に位せんことを勉むべし」と最後まで威勢がよい[105]。

さらに翌一八九三年には、外相を退任した榎本武揚が自ら会長に座って殖民協会を結成した。その評議員には近衛篤麿、小村寿太郎、田口卯吉らと並び、またしても杉浦、三宅、星にくわえて志賀が名を連ねている。会員名簿には板垣の名も見える。それだけに、殖民協会の設立趣意書には、板垣の「殖民論」や海外移住同志会との重複が目立つ。現状でも「毎年凡四十万乃至五十万」の人口が増え、それゆえに七十数年も経てば人口は「八千万人即ち二倍の多きに達す」るという予測は、板垣の説を受け継いでいる。そして、「其限りあるの土地に其限り無き人口繁殖せは」富が枯渇して「貧民」の堆積を招くという論法は、志賀以来の伝統につらなる[106]。

加藤の『二百年後の吾人』と同じく、日清開戦の年に出版された竹越与三郎の『支那論』にも、人口の増加に対する危機感が率直につづられている。竹越は日本が「已に人口充溢の点に達した」と見ていたが、今後も相変わらず「鼠算的」な増加がつづくと見通し、十年後の人口は「四千五百四十二万人」、六十二年後は「正しく二倍」となり、さらに八十三年後には「一億万」に達すると予測した。そこで竹越は「資本と労力を輸出し、使用する場」となる「大なる日本」の建設に活路を見出す。国外に勢力を伸ばすのは、増えた国民の「内に溢れて相争はんとする活力を外に洩ら」すためである。それなくしては「国内の安排、調和、整理」が保てないと竹越はいう[107]。端的に「生存競争」の語が使われていないものの、人口が増えれば国民が相争うという想定は、見事にダーウィンの論理と重なる。

同年末には、竹越と同じ民友社に所属する徳富蘇峰が『大日本膨脹論』を世に問うた。ここにも竹越と同じ人口の将来予測が掲載されている。そして人口を水にたとえた徳富は、「水湧けば溢れ、溢れば流る。人口の運行亦た此の如し」[108]と移民の必然を表現した。さらに徳富の叙述で興味深いのは、文字どおり国外にあふれた日中両国の人々が、世界各地で生きるための競争を繰り広げているという認識である。その様子を小気味よく表した徳富の文章を抜粋しよう。

朝鮮に於て、布哇(ハワイ)に於て、桑港(サンフランシスコ)に於て、浦塩斯徳(ウラジオストツク)に於て、濠洲に於て、支那人は我が国民の倔強なる好敵手たるにあらずや。サカレン島に於ては、支那人は一尾の鯉すら、日本人の漁業者と争ひつゝあり、濠洲に於ては、支那人は一箱のマッチすら、日本人の売込者と争ひつゝあり[109]。

たしかに当時、新聞紙上でも「日支両国の出稼人が職を外国市場に争ふ」[110]様子が報道されていたが、この現象を人口の増加と結びつけると、地球を舞台とした壮大な「生存競争」の構図が浮かび上がる。

以上のような言説が飛び交うなか、人口を度外視した「権力競争」の概念を頼りに人類史を読み解く加藤の『強者の権利の競争』は、はたして十分な説得力をもちえたであろうか。この逆境を加味すれば、加藤が明くる年に『二百年後の吾人』を上梓した理由も見えてこよう。要するに『二百年後の吾人』とは、時代の逆風に耐えきれなくなった加藤が、マルサスの仮説と正面から向き合った対話の記録であった。

一年前の『強者の権利の競争』とは違い、たしかに『二百年後の吾人』では、「生存競争」の概念が正しくもマルサス理論の系として位置づけられている。つまり「生存競争」とは、ダーウィンが「偶然にマルサスの人口増殖論を読」み、さらには人類と有機物の別を廃して考え出した過程であり、その結果が「進化」にほかならないのである[11]。何の変哲もない通説の確認にすぎないが、加藤にとっては、それは再思三考の末につかんだ悟りの放擲(ほうてき)を意味した。

マルサスとダーウィンへの回帰にともない、加藤が『強者の権利の競争』のなかで披露した楽観的な見通しは脆くも崩れ去る。まず加藤は、『人権新説』のなかで提示した世界国家の成り立ちにひそむ矛盾に自分で気づくに至った。第二節で指摘したとおり、「優等人種」のみが残った世界が生物的な「生存競争」を免れる理由はないのである。本人の言葉に即して加藤の再考を再現すると、たとえ「野蛮人種」が「滅滅する」にしても、残った「優等人種」は逆に「益増加する」に違いないため、その増殖分に見合うだけ食料が増産されなければ、増えた人口は「生存し得へきの術」をもたないと『二百年後の吾人』には明記されている[12]。

いつまでも人口の増加がつづくとなると、人口を顧慮せずに描かれた世界国家の展望も揺らいでくる。『二百年後の吾人』のなかで改めて将来の世界に思索をめぐらせた加藤は、もはや「極めて悲惨なる生存競争の修羅場」を予見するほかなかった。多くの知識人が訴えていた移民の振興も、破局の回避には役立たない。移民の送り出しは一つの国にとっては「是」であっても、世界人口の増加を抑制するうえでは「何の用をもなさ」ないからである。おぞましい未来の到来を阻む手段があるとすれば、それは堕胎の容認くらいであろうか。ほかに名案がない以上、いつかは「堕胎を公許するの時機」が来ざるをえないのではないかと加藤は不安を募らせた[13]。

ここに至ると、グンプロヴィッツの批判をも跳ね返した持ち前の強気は、すっかり鳴りをひそめる。明るい未来への希望がくじかれ、人類が「永く快楽なる生存を遂くること能はすして衰頽に向ふ」と知り、加藤は「実に悲歎に堪へさること」と漏らした[114]。その無念が、自著の紹介とは思えないほどの冷淡な序文に込められている。

おわりに

以上の考察を整理すれば、相前後して上梓された『強者の権利の競争』と『二百年後の吾人』とは、マルサスの命題を汲むか否かによって描き分けられた二つの未来像であったと考えられよう。どちらが加藤の持説に即していたのかは繰り返すまでもない。加藤自身、『二百年後の吾人』を「受売」と評している。それでも加藤があえて『二百年後の吾人』を著したのは、そのころに至って、マルサスの仮説を等閑に付したままではいられないと感じたからである。

以後の加藤は、『強者の権利の競争』のなかで提起した「権力競争」の概念に手を加え始める。その端緒となったのは、一九〇三年に刊行された『道徳法律進化の理』の第三版である。そのなかで加藤は、「生存競争及び進化」の原因を個体間の「優劣強弱の懸隔」のみに帰せず、それに「生存需要の欠乏」を加えた。そこに付された注では、ダーウィンが「トーマスローベルト、マルタス(ママ)(マルサス)の人口増加と食物増加との不平均論」を読んだおかげで進化の仕組みを考案したと確認されている[115]。

さらに加藤は、第一に「生存需要」の不足、第二に生物同士の捕食、そして第三に個体間の「優劣強弱の等差」を自然界の「三大矛盾」と位置づけ、その絡み合いとして世界の「活劇」を説明し尽くす境地を切り開いた。この新たな見地は、翌年に出版された『進化学より観察したる日露の運命』や一九〇六年の『自然界の矛盾と進化』など、以後の著書に引き継がれている[116]。

日露開戦を受けて著された『進化学より観察したる日露の運命』では、「マルサス氏……といふ人の人口論」[117]を加味して国際関係の来歴と行く末を再考した成果が披露されている。それによると、まず原始時代では、人類の「生存競争」が動物と同様の「食料の争奪」に始まり、やがて「住地の争奪」に至ったという。しかし開化が緒につくと、もはや「野蛮人民」のように「唯食料や住地ばかり」を争うわけではなくなる。転機をもたらすのは天然資源や工業製品の交易である[118]。

このように人類史をたどりなおす加藤は、しかし、ここから先はマルサスの理論を顧みなくなる。そして将来の展望が、結局は『人権新説』以来の軌道に回帰するのである。すなわち、「文明各国」が「一大団体」を結成し、そのまま「世界の統一国」の建設に至る展望である[119]。

しかし、日露戦争の最中にマルサスの仮説を論理的に克服する試みは、いよいよ加藤の孤立を際立たせた。というのも、日露開戦のころは『強者の権利の競争』が出版された当時と同じく、日本の人口を「過剰」と訴える者が少なくなかったからである。そのような主張は、戦争に乗じた版図の拡大を追求する根拠として提起されていた。

もちろん移民の放出が唱えられていた当時からも国土の拡張を望む声は上がっていた。たとえば前出の徳富蘇峰は、現状でも日本人は「六畳の部屋に二人の同居を要するが如き究屈なる国土」に閉じ込められているのに、この先「年々四十余万人」の割合で人口が増えつづければ、いずれ「人上人を住せしむるの外なきに到らむ」と国土の不足を巧みに表現した。解決策は新たな土地の獲得しかない。まず徳富は、

「二百五十三方里」、すなわち「近江国」の面積に等しい土地の入手を求めた。しかし人口は増えつづける以上、版図も拡大しつづける必要がある。今後の六十年間に「日本国の面積を二倍する」のでなければ、現状における人口と面積の比率は保てないという[120]。

一見すると時流に反して人口の増加は恐れるに足りないと主張した経済学者の河上肇も、じつは「版図の拡張」と「殖民地の獲得」に活路を見出していた[121]。当時の河上は、『貧乏物語』を著し、共産党に入る前であった。国土が現状のままでは食料の増産が人口の増加に追いつかなくなるにしても、国の領域は「他国を征服すること」、あるいは「殖民地を獲得すること」によって広げられると河上は指摘している。なるほど「人口の増殖や断じて憂ふるに足らず」と言いきれたわけである[122]。

北清事変後の満州をめぐって日露間の対立が深まるなか、このような考え方を開戦論争の前線に引きずり出したのが、いわゆる「七博士」を率いて開戦を訴えた東京帝国大学教授の戸水寛人(とみずひろんど)である。戸水の運動はロシアが占領を開始して間もない一九〇〇年秋に始まり、その当時は「六教授」[123]の集団であったが、そのなかで中村進午と松崎蔵之助が、人口増加への対応策として大陸への進出を説いていた。

まず中村は、日本の人口が増えれば「生存条件と云ふものは段々たくさんになつて来る」ため、この「生存条件」を確保するには「大陸に土地を持つと云ふこと」が必要になると主張した。逆に、日本が中国に「手を出さすに居る」と、日本は「自滅するのである、経済上で自滅するのです」と中村は危機感を煽る[124]。そして松崎も、日本は土地が狭いために「なか〳〵将来増加すべき多数の国民を養ふことはむつかしい」し、さらに「経済上の潜勢力を、蓄へて置きまする余地は殆とありますまい」と憂慮している。なお、松崎は領土の拡張を求めなかったが、日本人にとって「生活又は安心立命の地」となるような勢力範囲の確保は望んでいた[125]。

翌春からは戸水も、二人と同じ論理を展開する。前年に「六教授」の一人として意見を発表した際、「満州を取つたら宜からうと思ふ」[126]とは述べても人口の移転には言及しなかった戸水が、まず一九〇一年三月に東亜同文会で、日本の人口は「年ニ五十万人モ殖ヘル」ため、好都合な場所に移民を送り出すか、さもなければ「領土ヲ拡張スル」ほかないと語った[127]。同年同月号の『倫理界』誌上に掲載された論考でも、戸水は日本の人口が「年々五十万人も殖える」ため、「此余つた人口を植付けると云ふ点から見ても、領土拡張と云ふことが必要なのである」と書いている[128]。

さらに「六教授」の一人であった寺尾亨も、戸水の新たな論法を踏襲した。まず寺尾は、戸水と同じく、日本の人口増加率は「実に非常なる者にして、之を世界列国の中に求むるも他実に其比を見ず」と仰々しく書く。つづいて寺尾は、これほど人口が増えるのに国土が「蕞爾たる小島国」にすぎなければ、大きな人口を「如何そ能く尽く収容することを得んや」と問いかけた。最後は戸水と口をそろえ、日本が国外に「発展拡張の道」を求めるのは「実に已むを得さるに出つるなり」と答えている[129]。

日露開戦のころには、第四節で紹介した添田寿一も以前の認識を放棄していた。かつて人口は「過分」にならないと論じていた添田が、どの国でも人口が勢いよく増すために国外に「其吐け口」を求めるしかなく、それゆえに「領土の拡張を努むること実に已むを得ざるなり」[130]と主張するに転じたのである。しかも、日本にとっては韓国こそ「人口の吐口原料採取地として最も適当なるものなり」[131]と具体的に提言するあたりは、あたかも戸水と共闘を組んでいたかのような言動である[132]。このような主張が横行していたからこそ、反戦を掲げた『平民新聞』は、日本社会に「貧民」が多いのは「世界富財の額に比して人口の多きに過ぐるが為め」ではなく、単に「富財分配の方法が其公平を失するに由る」にすぎないと反論を試みたのであろう[133]。

奇しくも開戦と同じ年に生物学者の丘浅次郎によって『進化論講話』が出版されたのも、加藤の持説には不利に働いたであろう。長年にわたって読まれつづけた同書のなかで、丘は「自然淘汰説は詰まりマルサスの「人口論」を広く動植物界に当て嵌めた様なものである」と平易に解説する。さらに丘は「人口の増加の急劇なるべきことは、随つて生存のために競争が起らざるを得ぬといふだけは、誰も真理と認めねばならぬ」[134]と強調している。しかも次のように言い放つにあたり、丘は加藤を意識していたのではなかろうか。

世の中には戦争といふものを全廃したいとか、文明が進めば世界中が一国になつて仕舞ふとかいふ様な考を持つて居る人もあるが、此等は生物学上到底出来ぬことで、利害の相反する団体が並び存して居る以上は其間に或る種類の戦争が起るのは決して避けることは出来ぬ[135]。

註

1——市原亮平「日本人口論小史——その特質と原型に関する周辺的考察——」『関西大学経済論集』四巻七・八号(一九五五年)、六八四-七一四頁は、加藤の『二百年後の吾人』に言及した稀少な例であるが、市原が加藤に与えた評価は本章の理解とは相容れない。市原はマルサスの仮説が国家有機体説と結びついて日本の対外進出を後押ししたと想定し、この図式に即した事例として加藤の『二百年後の吾人』を挙げる(同前、七一一頁)。しかし本文で示すようにマルサスへの不本意な同調を露わにした加藤を「まったくマルサス信奉者になりきり」(同前、七一一頁)と評するのは語弊があろう。それに加藤は「過剰人口」を根拠に版図の拡大など求めてはいない。移民の送り出しについてすら加藤は乗り気ではなかった。

そもそも加藤についてては「天賦人権主義」との格闘ばかりが関心を呼び、『二百年後の吾人』や後述する『強者の権利の競争』など、その後半生の著作をも射程に収めた研究は少ない。本文で後述する「宇内統一国」仮説と『二百年後の吾人』の関係に注目する本章は、その穴を埋める試みでもある。

2——加藤弘之『二百年後の吾人』哲学書院、一八九四年、四三－四五頁。

3——同前、五六－五八頁。

4——同前、七二－七三頁。

5——同前、九一－九二頁。

6——同前、緒言一頁。

7——同前、八三頁。

8——同前、八五頁。

9——加藤弘之『人権新説』(一八八二年)、明治文化研究会編『明治文化全集』二巻、日本評論社、一九六七年、三七八－三七九頁。

10——田畑忍編『強者の権利の競争』(一八九三年)日本評論社、一九四二年、三一一頁。

11——Gumplowicz, Ludwig, *Annals of the American Academy of Political and Social Science*, Vol. 5, No. 5 (1895), p. 768.

12——加藤弘之『道徳法律進化の理』博文館、一九〇〇年、一八四－一八五頁。

13——加藤弘之『学説乞丐袋』弘道館、一九一一年、小序二頁。

14——進化論の受容に焦点を当てた加藤の研究は、松本三之介「加藤弘之における進化論の受容」『社会科学論集』九号(一九六二年)、一－二四頁から最近の武田時昌「加藤弘之の進化学事始」阪上孝編『変異するダーウィニズム——進化論と社会』京都大学学術出版会、二〇〇三年、二六五－三一七頁まで少なくないが、いずれも加藤がダーウィンを含めた諸学者を無差別に引用する著書『人権新説』を終着点に据えている。しかし本章のように観察の射程を時間的に引き延ばせば、加藤がダーウィンの理論に抱いた違和感が浮かび上がる。そこが本章の焦点となる。

15——安世舟「明治初期におけるドイツ国家思想の受容に関する一考察——ブルンチュリと加藤弘之を中心として——」日本政治学会編『日本における西欧政治思想』岩波書店、一九七六年、一一三－一五六頁。

16——同前、一二〇－一三〇頁。Koskenniemi, Martti, *The Gentle Civilizer of Nations: The Rise and Fall of International Law 1870-1960*, Cambridge: Cambridge University Press, 2001, pp. 90-91.

17——安、前掲論文、一三二－一三八頁。

18——加藤弘之訳『国法汎論』（一八七一年）、明治文化研究会『明治文化全集』補巻（二）、日本評論社、一九七一年、二四頁。

19——安、前掲論文、一五四－一五五頁。

20——加藤、前掲『人権新説』、三八三頁。

21——Bluntschli, J. C., *Allgemeine Statslehre*, Stuttgart: Verlag der J. G. Cotta'schen Buchhandlung, 1875, S. 26.

22——ebd., S. 33.

23——加藤、前掲『道徳法律進化の理』、一七一頁。小野塚喜平次が『政治学大綱』上で「外交政策ハ国家的ナルヘシ」と主張する根拠を説明するにあたり、殊更に「現今人性発達ノ程度ハ尚ホ容易ニ世界統一ノ理論ヲ実行シ得ルノ機運ヲ示サヽルナリ」（小野塚喜平次『政治学大綱』下巻、博文館、一九〇三年、一五七頁）と指摘しているのも、このような論争を念頭に置いていたからであろうか。

24——加藤、前掲『人権新説』、三七八頁。

25——加藤、前掲『道徳法律進化の理』、一七二頁。

26——Mohl, Robert von, *Die Geschichte und Literatur der Staatswissenschaften: in Monographieen dargestellt*, Bd. I, Erlangen: Verlag von Ferdinand Enke, 1855, S. 440.

27——Hemleben, Sylvester John, *Plans for World Peace through Six Centuries*, Chicago: The University of Chicago Press, 1943, pp. 104-113; Suganami, Hidemi, *The Domestic Analogy and World Order Proposals*, Cambridge: Cambridge University Press, 1989, pp. 48-53.

28——加藤、前掲『人権新説』、三七八頁。

29——加藤、前掲『道徳法律進化の理』、一七三頁。「ウント氏」以外のローマ字表記は原文のとおり。

30——山形東根は「ブルンチュリー、モール、ウント、グムプロ井ツツ其他二三の有力なる学者の説」に言及している。山形東根「宇内統一国と現在国民」『社会』三巻六号（一九〇一年）、四九頁。

31——グムプロウキツツ「社会学と政治」『社会』三巻一二号（一九〇一年）、一二二－一二三頁。

32——ブルンチュリを含めた万国国際法学会の思想については、Koskenniemi, *The Gentle Civilizer of Nations*, chap. 1.

33——Lorimer, James, *The Institutes of the Law of Nations: A Treatise of the Jural Relations of Separate Political Communities*, Vol. 2, Edinburgh and London: William Blackwood and Sons, 1884, pp. 279-287.

34——ブルンチュリとロリマーの応酬については、Hemleben, *Plans for World Peace through Six Centuries*, pp. 116-124; Suganami, *The Domestic Analogy and World Order Proposals*, pp. 53-59.

35——*Ibid.*, p. 275. 現代では国際連盟および国際連合との共通点が指摘されている。Hinsley, F. H., *Power and the Pursuit of Peace: Theory and Practice in the History of Relations between States*, Cambridge: Cambridge University Press, 1967, p. 135; Brian C. Schmidt, *The Political Discourse of Anarchy: A Disciplinary History of International Relations*, Albany: State University of New York Press, 1998, p. 51.

なおブルンチュリの提案は、のちに「汎欧州」(Paneuropa)構想で名を揚げるクーデンホーフ・カレルギー(Richard Coudenhove-Kalergi)の関心をひく。木村毅「『国法汎論』解題」明治文化研究会編『明治文化全集』補巻(二)、日本評論社、一九七一年、二一頁。

36——加藤、前掲『道徳法律進化の理』、一七五頁。

37——Gong, Gerrit W., *The Standard of 'Civilization' in International Society*, Oxford: Clarendon Press, 1984, p. 49; 松井芳郎「伝統的国際法における国家責任法の性格——国家責任法の転換(一)——」『国際法外交雑誌』八九巻一号(一九九〇年)、二五-二六頁など。

38——Lorimer, *ibid.*, p. 101, pp. 216-219.

39——加藤、前掲『人権新説』、三八〇頁。

40——佐藤太久磨「加藤弘之の国際秩序構想と国家構想——「万国公法体制」の形成と明治国家——」『日本史研究』五五七号(二〇〇九年)、三五-三八頁は、加藤が、「利己」から「利他」が導き出される論理——徹底した「利己」の追求が限界に突き当たると「利他」に転じざるをえない——に思い至ったため、同時代に並存した「国際政治の帝国主義化」と「国際社会の組織化」の双方を収める一元的な図式を描き出せたと評価する。この説明は『強者の権利の競争』には当てはまるが、そのような論理は未だ『人権新説』では確立されていない。後者では「生存競争」の違いによって、国際関係の二面が描き分けられている。加藤が一貫した論理に即して国際関係の全面をとらえるに至る過程については、第三節で考察する。

41——加藤、前掲『人権新説』、三七九頁。

42——同前、三六四頁。

43——Kelly, Alfred, *Descent of Darwin: The Popularization of Darwinism in Germany, 1860-1914*, Chapel Hill: The University of North Carolina Press, 1981, p. 104.

44——加藤、前掲『人権新説』、三七九頁。

45——加藤、前掲『道徳法律進化の理』、一八一頁。

46——同前、一八二頁。

47——加藤、前掲『人権新説』、三五九－三六〇頁。

48——Spencer, Herbert, *The Principles of Biology*, Vol. 2, London: Williams and Norgate, 1867, p. 501.

49——Darwin, Charles R., *The Descent of Man*, London: John Murray, 1871, p. 166.

50——「あらゆる部族と人種に彼の同情が差し伸べられるのを阻むのは、人為的な障壁でしかない」。*Ibid.*

51——*Ibid.*, pp. 100-101.

52——Spencer, Herbert, *Social Statics, or, the Conditions Essential to Human Happiness Specified, and the First of Them Developed*, New York: D. Appleton and Co., 1880, p. 455.

53——Spencer, Herbert, *Principles of Sociology*, Vol. 2, New York: D. Appleton and Co., 1884, p. 615. なお、スペンサーは、欧州統合の先駆的な思想家の一人と見られている。遠藤乾編『原典ヨーロッパ統合史——史料と解説——』名古屋大学出版会、二〇〇八年、四九－五〇頁。

54——ピョートル・クロポトキン(大杉栄訳)『相互扶助論』(一九一七年)、大沢正直編『大杉栄全集』一〇巻、現代思潮社、一九六四年、二九八頁。

55——大杉栄「動物界の相互扶助」(一九一五年)大沢正直編『大杉栄全集』四巻、現代思潮社、一九六四年、七七頁。

56——クロポトキン、前掲『相互扶助論』、一一頁。

57——この評価は加藤の「宇内統一国」仮説に「相互扶助」的な発想を見出す酒井哲哉の解釈とは若干異なる(酒井哲哉「「植民政策学」から「国際関係論」へ——戦間期日本の国際秩序論をめぐる一考察」浅野豊美・松田利彦編『植民地帝国日本の法的展開』信山社、二〇〇四年、一四頁)。加藤が提起した国際統合の仕組みとは、力の拮抗による手詰まりが和解を誘発する論理であり、それは共通の敵に立ち向かうための連帯とは同じではないと考えられるからである。

58——加藤弘之『覆刻・加藤弘之自伝』(一九一三年)長陵書林、一九七九年、五七頁。『自然と倫理』(実業之日本社、一九一二年)の序文にも、同旨の思想遍歴がつづられている。

59——加藤本人が語るようにはバックルとダーウィンが単純に結びつかないという武田時昌の指摘に本章は同意する(武田、前掲論文、二七四頁)。ただ、バックルからダーウィンに至る経路の詳細については、本章では違った見解を提起したい。武田によれば、加藤はバックルの説を批判的に検証するために人種の相違が「開化」に与える影響に関心を寄せ、その関連でダーウィンの人口に関する記述に行き着いたという。しかし本章では、ブルンチュリとバックルの関係に注目し、そこにダーウィンにたどり着く疑問の浮上を見出す。詳細は本文を参照されたい。

60——加藤弘之『日本之開化』(一八七九年-一八八一年)、上田勝美・福島寛隆・吉田曠二編『加藤弘之文書』一巻、同朋舎出版、一九九〇年、三三三-三三五頁。

61——加藤が書いた一文、「蓋シ気候地味及食物ノ影響ヨリ生スル諸件中最先最要ノモノハ即富裕ナリ」(同前、三三四頁)は、バックルの著書にある次の文章と明瞭に対応する。「気候、食物、土壌によって人民が生み出す一切の結果のなかで、もっとも早く現れ、さまざまな意味でもっとも重要な結果は富の蓄積である」。Buckle, Henry Thomas, *History of Civilization in England*, London: Oxford University Press, 1903, p. 32.

62——*Ibid.*, p. 49.

63——*Ibid.*, pp. 50-51.

64——Bluntschli, a.a.O., S. 267.

65——加藤弘之『疑堂備忘』(一八七七年-一八八〇年)、上田ほか編、前掲書、一七〇頁。

66——Carey, H. C., *Principles of Social Science*, Philadelphia: J. B. Lippincott, 1868, pp. 103-104; 富田富士夫「アメリカ社会学における人口論」南亮三郎編『人口論史——人口学への道——』勁草書房、一九六〇年、二七九-二八〇頁。モールも『国家学の歴史と文献』上で言及するなど、ケアリーは当時のドイツでも知られていた。Mohl, a.a.O., Bd. III, 1858, S. 509.

67——Buckle, *History of Civilization in England*, pp. 64-65.

68――南亮三郎「ドイツ社会経済学における人口論」南編、前掲書、二〇七-二四一頁。

69――Mohl, a.a.O., Bd. II, 1858, S. 467.

70――加藤弘之『疑堂備忘』(一八七七年-一八八〇年)、上田ほか編、前掲書、一七〇頁。

71――同前、一六二-一六六頁。

72――同前、一七六頁。

73――同前、二〇九頁。

74――同前、一七一頁。

75――同前、一七〇頁。

76――Gerstner, L. Joseph, *Die Bevölkerungslehre*, Würzburg: Druck und Verlag der Stahel'schen Buch- und Kunsthandlung, 1864, S. 99.

77――一般に「転向」として多くの研究が集中するのは、加藤が『真政大意』および『国体新論』を絶版に処し、代わって『人権新説』を世に問うたあたりであり、このような『人権新説』と『強者の権利の競争』との不一致は指摘されてこなかった。なお石田雄(『明治政治思想史研究』未來社、一九五四年、七三-七七頁)は、社会進化論が現状を擁護するために自然法論を否定したあと、そのまま存続すれば一転して現状の相対化に陥るため、加藤は利己と利他の一致に議論を進めて現状の固定に向かったと主張する。しかし集団単位の「生存競争」を想定する以上は、必然的に個人の単位で利己と利他を調和させる必要が生じるため、このような転進は石田の指摘する政治的な意図なくしても起こりうる。本章第二節の後半参照。

78――加藤、前掲『人権新説』、三五九頁。

79――田畑、前掲『強者の権利の競争』、一二八頁。

80――同前、一三九-一四〇頁。

81――同前、三一三-三一四頁。

82――加藤、前掲『道徳法律進化の理』、一八三頁。

83――同前、一七九頁。

84――加藤弘之『新常識論』広文堂書店、一九一四年、五〇六頁。

85――序章でも指摘したとおり、この学術誌は進化論の急速かつ特異な普及を鮮明に伝える資料として注目されている。渡辺正雄「明治初期のダーウィニズム」芳賀徹・平川祐弘・亀井俊介・小堀桂一郎編『講座比較文学第五巻・西洋の衝撃と日本』東京大学出版会、一九七三年、八四‐八五頁、渡辺正雄『日本人と近代科学』岩波書店、一九七六年、一〇九‐一一〇頁。

86――著者不明「自然淘汰法及ヒ之ヲ人類ニ及ボシテハ如何ヲ論ス」『東洋学芸雑誌』四号(一八八一年)、六頁。

87――井上哲次郎「人口ノ増殖ハ懼ルヽニ足ラス」『東洋学芸雑誌』一二号(一八八二年)、四三頁。

88――添田寿一「人口概論　上篇」『東洋学芸雑誌』一三号(一八八二年)、九七頁。

89――同前、同所。

90――Bagehot, Walter, *Economic Studies*, London: Longmans, Green, and Co., 1880, p. 141.

91――同前、一〇〇頁。

92――世良太一編『杉先生講演集』横山雅男、一九〇二年、一五三頁、一五五頁。この資料をも紹介している吉田秀夫『日本人口論の史的研究』河出書房、一九四四年、岡林信夫「人口問題と移民論――明治日本の不安と欲望――」『同志社法学』六四巻八号(二〇一三年)、三三八三‐三三七五頁は、この時期の人口をめぐる議論に関して詳しい。なお、岡林によると、移民を送り出す必要性に言及はないものの、日本の「人口過多」を最初に指摘したのは、加藤や福沢諭吉らとともに明六社を結成した西村茂樹であったという。同前、三三八八‐三三八九頁。

93――「嗚呼此の遊民を奈何すべきや」『東京経済雑誌』五〇一号(一八八九年)、八一一‐八一二頁。

94――志賀重昂『南洋時事』(一八八七年)、志賀富士男編『志賀重昂全集』四巻、志賀重昂全集刊行会、一九二七年、九四頁。

95――同前、一〇二頁。

96――志賀重昂『世界山水図説』(一九一二年)、志賀富士男編『志賀重昂全集』三巻、志賀重昂全集刊行会、一九二七年、二九二‐二九三頁。

97――「婦女労働者増加の奇顕象」『東京日日新聞』一八九一年四月三〇日。

98――同前、同所。

99――「会事報告」『東邦協会報告』一号(一八九一年)、三六頁。

100——主な会員の推移については、安岡昭男「東邦協会についての基礎的研究」『法政大学文学部紀要』二二号（一九七六年）、六一－九八頁参照。

101——角山幸洋『榎本武揚とメキシコ殖民移住』同文舘、一九八六年、二四－二七頁。

102——「海外移住同志会の設立」『大阪朝日新聞』一八九一年七月一八日。うかがいを立てられた榎本は「今日移住の我国に必要なるはいふまでもなければ発起人にして果して十分に其責任を負ひ飽まで着実の方針を以て目的の貫徹を期し政府に於て信任を置くに足るものならば政府は必ず之を保護することを怠らざるべし」と返答したという。

103——同前。原文に読点を追加した。

104——同前。ただし『大阪朝日新聞』の記者は植民地の獲得を必ずしも提唱していたのではなく、その保有にかかる費用を勘案して「究乏なる国庫能く之が維持をなし得るの目途なくば軽々しく手を下す能はざなり」と指摘している。

105——板垣退助「殖民論」（一八九二年）板垣守正編『板垣退助全集』原書房、一九六九年、七七－七九頁。

106——『殖民協会報告』一号（一八九三年）、一〇四－一〇五頁、一一一頁。

107——竹越与三郎『支那論』民友社、一八九四年、二〇－二五頁。

108——徳富猪一郎『大日本膨脹論』民友社、一八九四年、一二頁。

109——同前、一六－一七頁。

110——「加奈太に於ける日本人と支那人の競争」『東京日日新聞』一八九一年四月二三日。バンクーバーに向けて横浜を出航したカナダ船「インプレスヲフインヂャ号」は、多くの中国人で「船室既に充満せり」として日本人の乗船を拒否したという。

111——加藤、前掲『二百年後の吾人』、五三頁。

112——同前、六六頁。

113——同前、八八－九二頁。

114——同前、八五頁。

115——加藤弘之『道徳法律進化の理』三版、博文館、一九〇三年、八頁。

116——加藤弘之『進化学より観察したる日露の運命』博文館、一九〇四年、一八－一九頁、加藤弘之『自然界の矛盾と

進化』金港堂書籍、一九〇六年、一一九－一五三頁。

117——加藤、前掲『進化学より観察したる日露の運命』、一五頁。

118——同前、二八頁、三三頁。

119——同前、四六－四七頁。

120——徳富、前掲書、一二頁。

121——河上肇「本邦に於ける人口増殖及び男女数の比例に関する所感」『社会学雑誌』四巻一二号（一九〇二年）、九二六－九二七頁。

122——同前、九二六頁。

123——その顔ぶれは富井政章、寺尾亨、金井延、松崎蔵之助、中村進午、戸水の六人。以後の入れ替わりについては、河合栄治郎『金井延の生涯と学蹟』日本評論社、一九三九年、一六八－一七三頁に要領よくまとめられている。

124——戸水寛人『回顧録』戸水寛人、一九〇四年、七三－七四頁。

125——同前、一三一頁。

126——同前、六〇頁。朝鮮についても、そこには「穀物が出来ると云ふばかりでなくて、鉱山もあるので、さう貧弱国で役に立たぬと云ふことはない」（同前、六三頁）と戸水は記している。

127——同前、三三四頁。

128——戸水寛人「侵略主義と道徳」『倫理界』二号（一九〇一年）、五－六頁。

129——寺尾亨「進取の国是と満洲問題」『東洋』二号（一九〇一年）、五九－六〇頁。

130——添田寿一「人生の奮闘」『太陽』一〇巻五号（一九〇四年）、七六頁。

131——添田寿一「清韓経営管見」『太陽』一〇巻一〇号（一九〇四年）、六六頁。

132——戸水ら「七博士」の意見を集めた蔵原惟昶編『日露開戦論纂』（旭商会、一九〇三年）を添田寿一は所有していた。東京大学経済学部図書館に所蔵されているのは、関東大震災後に添田が寄贈した一編である。

なお、日露戦争後の添田は、アメリカで強まりつつあった日本人移民の排斥を憂う渋沢栄一らと手を携え、その鎮静化を図る運動を展開している。一九一三年に渋沢が組織した日米同志会に加わった添田は、カリフォルニア州の外国人土地法を阻止すべく、その代表者として渡米している。一九一六年に同じく渋沢が立ち上げた日米関係委員会にも、添田は井上準之助や新渡戸稲造らとともに委員として参加している(片桐庸夫「渋沢栄一と国民外交——米国に於ける日本人移民排斥問題への対応を中心として——」『渋沢研究』一号(一九九〇年)、八-九頁)。ちなみに、二〇世紀に入ってから渋沢が精力的に取り組んだ民間外交の全体像については、木村昌人『渋沢栄一』中央公論社、一九九一年。

133——「社会党の戦争観」『平民新聞』四一号(一九〇四年)、一頁。

134——丘浅次郎『進化論講話』(一九〇四年)、筑波常治編『近代日本思想大系9丘浅次郎集』筑摩書房、一九七四年、五九頁。

135——同前、二六七頁。

第二章　門戸開放か植民地か——有賀長雄と日露開戦

はじめに

よほど鬱屈した思いがあったのだろう。有賀長雄(ありがながお)の七回忌を記念する雑誌上で、国際法学者の立作太郎(たちさくたろう)は故人との苦い思い出を吐露していた。立が評するところに従えば、有賀は己の学に自負心が強く、逆に「漫(みだり)に他人に許さな」い気質であった。そのため、他人の学力や議論を仮借なく批判し、時には「酷に失する評語」を加えることすらあった。日頃は温厚な立でさえ、有賀に「骨を刺すの評語」を突きつけられて憤りを覚えたという。立が有賀の挑発を受けて立った結果は、のちに「保護問題」[1]に代表される数々の論争となって世に現れた。

立の苛烈は止(や)まない。たしかに学者としては「立派なもの」と認められるが、有賀は他人の感情を汲むのが「極めて其不得意とする所」であった。それゆえ有賀は「人の非常識と認むる行動を為して毫(ごう)も怪しまなかつたことが屢々(しばしば)あつた」という。そして立は、有賀が「当時の学者仲間に於てあまり人望多き方では無かつた」と止(とど)めを刺す[2]。

辛辣（しんらつ）に過ぎる感もあるが、あながち的はずれではないのかもしれない。生前の有賀に「甚大の薫陶」を受けたと自認する国際法学者の信夫淳平が、それを裏書する。有賀は学問に対して「自負矜持」が強く、同学の士と自由な討論を繰り広げるには「何ほどか偏狭の性」をもっていた、と[3]。

もっとも、客観的な評価としては間違っていないにせよ、立個人が受けた不快な体験を単純に有賀の気質の問題に帰すのは当を得ていないように思われる。なぜなら、少なくとも立がヨーロッパ留学を終えて帰国する一九〇四年までは、二人の間に不協和音は生じていなかったからである。先の回想のなかでも、立は「一時は」有賀を「斯学の先達」として慕っていたと認めている。有賀も、そのころまでは立の前途を手放しで嘱望していた。有賀は自ら創刊した『外交時報』誌上で立の留学をも記事にしている。有賀は、頻繁に寄稿していた立を「社友」と呼び、その門出に際しては「時事の報道及材料の収集を依頼した」という[4]。日露戦争の勃発を受けて急遽、立が帰朝した際も、わざわざ新橋まで出向いて迎えた有賀は「今後に於ても亦（また）我が社の最も依する所なり」と期待を表明した。帰国した立を待ち受けていたのは『外交時報』ばかりではなかったが、有賀は難局下の一国民として、まさに「国家多端（たたん）の日」に欧州より「新鮮の知識と、多望なる前途」を持ち帰った立を、最大限の祝辞で持ち上げた[5]。

こうした過去の蜜月に目を向けると、二人が「保護問題」論争などで口角泡を飛ばすに至るには、何か決定的な転機があったのではないかと想像される。この疑問に導かれ、立の帰国から論戦の開始までの短い期間を振り返ると、日露戦争をおいてほかに諍いの種となりそうな事件は見当たらない。有賀が開戦の是非をめぐって論戦を繰り広げた相手と、帰国後の立が接触している。

立の帰国に先立つ一九〇三年の春から秋にかけ、開戦を望まなかった有賀は、自らが経営と編集を主導する『外交時報』誌上で強力な反論に直面していた。その難敵とは、一九〇三年六月に桂太郎や山県有朋など政府の要人に早期の日露開戦を促す建議書を差し出して世上を賑わせた、小野塚喜平次、金井延、高橋作衛、寺尾亨、富井政章、戸水寛人（以上、東京帝国大学）、そして中村進午（学習院）の「七博士」である。なかでも主軸をなした戸水と中村は、一九〇一年より有賀と「三人相携へて」『外交時報』の編集を分担していた[6]。そのために次節で詳述する論争が誌上で繰り広げられる[7]。

戸水らは意に沿わないポーツマス条約の締結に際しては、法律顧問として従軍していた有賀の不在につけ込み、戸水、中村、金井、寺尾の四人で「論説」の部を独占し、講和条約締結反対の論陣を張った[8]。編集に当たって蚊帳の外に置かれた有賀は、小さなコラムである「時事雑感」の欄に「僕は初より償金の当てに成らぬ事を委任統治論にも明言して居る」と書きつけ[9]、受忍を諭して一矢を報いるのが精一杯であった。

表立った非難は避けつつも、いかに有賀が「七博士」を警戒していたのかは、たとえば「夢」の表白に事寄せて描かれた開戦の筋書きに映し出されている。一九〇三年十一月の『外交時報』誌上で紹介された「夢」のなかで、開戦を求める「在野の志士」が社会を動かそうと「学生社会に手を着けた」結果、乗せられた学生たちが「優柔内閣に伴食する文相の管下に在りては、到底自由の運動をなし難し」と主張して一斉に退学し、さらには官界にいる先輩たちにも辞職を促し、ついには「大学出身者尽く辞職して亦一高等官を遺さゞる」省すら現れる[10]。いかにも全員が教員であった「七博士」を想起させる作り話である。

このとき留学中だった立については、開戦への賛否は判然としない[11]。しかし帰国した立は「七博士」と合流した。開戦前「七博士」と近衛篤麿らが会談を重ねた「南佐荘」に、立も遅ればせながら出入りし始めている。一九〇四年の年頭に近衛は他界していたが、松浦厚を中心にして新たに「城南会」が結成され、その会合にも立は頻繁に顔を出していた[12]。

立が国際法という専門から踏み出して社会政策学会に加わったのも[13]、「七博士」との接近を傍証しているのかもしれない。七人のなかにはこの学会とかかわる者が少なくなかったからである。社会政策学会の「事実上其会長」[14]を務めたのは金井であり、その趣意書を執筆したのは戸水であった。小野塚も設立に携わった古参の会員である。もともとドイツ法専攻の中村も、最初期の例会に傍聴者として参加していた[15]。小野塚の脱退後に入れ替わって「七博士」に加わった建部遯吾も、正式の会員である[16]。そして建部を含む新たな七人の論説から成る『日露開戦論纂』を編集した蔵原惟昶も、やはり会員であった。

有賀と立との疎隔は、結局のところ有賀と「七博士」の相克に原因を見出せるのではなかろうか。この読みが正しいとすると、次に問われるのは両者の対立点ということになろう。結論をやや先取りするならば、ここにはダーウィンとスペンサーの相違がかかわっているものと思われる。「七博士」の言説にダーウィンの論理が入り込んでいた様子については、すでに第一章の末でふれた。したがって本章では、有賀の思想に焦点を当てる。

学生時代にフェノロサの薫陶を受けてスペンサーに心酔した有賀が、はじめて日本で「進化論」を表題に冠した図書、すなわち『社会進化論』(一八八三年)を執筆した事実は広く知られている[17]。と同時に、外交および国際法の専門家として有賀が見せた華々しい活躍も語り継がれてきた[18]。しかしながら、欧州留学を挟んで時間的に隔たった二つの局面は截断されやすく、その思想的な一貫性は想定されてこなかった[19]。本章が検証するのは、有賀の「国際関係の講究」[20]にスペンサーの理論が持ち込まれていた可能性である。

まず第一節で日露開戦の是非をめぐって有賀と戸水の間で交わされた論争を跡づけ、双方の対照を通じて有賀の思想的な特徴を探る。そこにスペンサーの刻印を探る過程が第三節の課題となるが、それに先立つ第二節では留学前後の有賀を詳細に比較して、両者の連続性を浮かび上がらせる。

1 開戦論争

北清事変後、いつまでも満州に軍をとどめ置くロシアに日本が撤退を迫り、対立がつづいていた。ただ、ロシアは段階的な撤退を約し、第二次撤兵の期限が一九〇三年四月に迫っていた。ロシアの出方に注目が集まるなか、戸水寛人が撤兵は「真実に行はる可(べ)きに非ず」と見通した。それどころか、日露の開戦も避けられそうになく、それならば「戦争の速かに生ぜんことを望む」と戸水は気炎を吐いた[21]。

すると翌五月号の同じ『外交時報』誌で、今度は有賀が「戦機既に熟したるか」と問いかけた。有賀自身としては、現段階で開戦の是非を決めるのは「猶ほ早計なるを信ずるなり」と考えていた[22]。五月号でも再び即時の開戦を訴えた戸水は、まだ踏み切れない政府の姿勢を嘆き、「嗚呼是慎重の態度なるか、是宋襄の仁のみ」[23]と評した。そして翌六月号では、次のように息巻く。戸水は明言こそしていないが、以下は有賀の言葉を受けた反論ではなかろうか。

> 言ふこと勿(なか)れ、今日戦争の時期未た熟せずと。兵力を外にして我主張を貫ぬく可き方法一として有ることなし、嗚呼戦争なる哉(かな)。戦争なる哉[24]。

このやり取りのように、互いに論敵を明示しない静かな論争が、開戦に至るまでつづく。では、有賀と戸水の対立点は奈辺にあったのであろうか。

一九〇三年の秋に入り、日露交渉の難航が明らかになってくると、戸水は語気を強めて「政府果して戦意有るか」[25]と迫った。しかし有賀のほうは、もし政府が戦争を望んでいるのであれば「則ち速に戦へよ」と突き放す一方、戦争を望んでいない想定の下で考えつく打開策を滔々と語った[26]。駐露公使を通じた交渉を苦々しく見つめていた有賀は、それよりは「国家至重の威信を負へる者」を特派大使としてロシアに送り、全世界の眼前でニコライ二世と「正々堂々の談判」に当たらせるのが望ましいと考えていた。いつまでも交渉が動かない情勢に焦りを募らせた有賀は、しまいには「夢に遣露大使を送る」に至る。夢の中で大使に擬せられたのは樺山資紀（かばやますけのり）であった[27]。

そもそも戸水が開戦に固執したのは、いつまでもロシアが手を引かない満州ではなく、隣接する韓国を日本の進出先として確保するためであった。この欲求がロシアとの対決を要請するのは、ロシアが「若し満州を手に入るれば其次（そのつぎ）には必ず朝鮮に猿臂（えんぴ）を展（の）はさんと欲せん」[28]と予想されたからである。戸水は、ロシアが究極的に狙っているのは「韓国の併呑なり」[29]と言いきる。そこまで単刀直入ではないにしても、戸水とともに『外交時報』の編集を分担していた中村進午も、ロシアが外交官の術策を通じて巧みに韓国内で影響力を伸ばしていた様子を注意深く見つめていた[30]。

このような懸念から、戸水はロシアの満州撤退を望んでいた。しかし戸水は他方で、それが自発的に遂行されるとも考えていなかった。ロシアは「折角莫大の金を投じ東清鉄道を架設し」たのであり、それを今になって放棄するとは考えにくいからである[31]。となると、日本の選択肢は二つしかない。一つは「戦はすして露西亜に屈する」か、あるいは「此の屈辱を免れんと欲せば」戦争に打って出るしかない。戸水の答えは明快である。「屈辱か衝突か我は寧ろ衝突を選ばん」[32]。

戸水の議論には一つの前提がある。つまり戸水は、ロシアが満州に陣取っている限り、その影響力は必然的に韓国にも及び、しかも一たび韓国がロシアの影響下に入ると、そこに日本が進出する余地が閉ざされてしまうと考えている。それゆえ戸水には、いわゆる「満韓交換」方式の決着は受け入れられない。日露交渉に際して日本側が申し入れた交換の中身が明らかになると、戸水は協約にもとづいて韓国を「我掌中に収むる」のは「唯一時の姑息策たるに過ぎず」と厳しく批判した[33]。

これに対して有賀は、満韓交換は必ずしも「非難するものに非ず」と好意的に評価した。ここでは戸水と有賀の意見対立が鮮明になったが、それを取り繕うべく、有賀は自分が「戸水博士と相約し、態(わざ)と反対の地位に立ち両面より此の問題を研究せんとしたるの結果」にすぎないと弁明した。しかし、たとえ有賀の申し開きが事実であったとしても、すでに二人の論説には埋め合わせがたい意見の隔たりが隠見していた[34]。

そもそも有賀は、ロシアの支配が将棋倒しのように満州から韓国に波及するとは想定していないため、満州のみに目を向けている。そしてその満州についても、たとえロシアの勢力範囲に組み込まれようと、依然として日本に進出の余地が残されると楽観していた。たとえ満州に東清鉄道があろうとも、それを根拠にロシアが「其の管理に必要なるより以上の権力」を手にしないような取り決めを結びさえすれば、鉄道の存在自体は日本にも利益をもたらすと有賀は主張した。しかも有賀は、日本を含めて東清鉄道の恩恵を受ける国々は、ロシアの成功を手助けする姿勢こそ「文明国交の大義」にかなうと述べ、ロシアへの猜疑心をたしなめている[35]。このように満州で日露の利害が一致すると説く有賀の発想は、戸水とは根本的に相容れない。戸水は「露の利害と日本の利害とは全く正反対に出でり」[36]と断言していた。

ロシアの勢力下に置かれても、門戸開放の原則を梃子に日本は満州に乗り込めると考えていた有賀の対露戦略とは、欧米各国と協調してロシアを「門戸解放の前約に副(そ)はしめんこと」[37]であった。だからこそ有賀は、奉天や安東など、満州各地の開放を謳った日清通商条約と米清通商条約の成立(ともに一九〇四年一月)を

「対露外交の一勝利」[38]として祝福したのである。結局は開戦に至ったが、それまでの経緯を振り返り、有賀はロシアが門戸開放の原則に反して「満洲一切の富源を独占せんと欲し」たことが「実に日露開戦の一原因たり」と総括している[39]。

他方の戸水は、門戸開放の原則に少しも期待を抱いていなかった。たとえ一部の都市が外国人に開放されたとしても、どうせ「露西亜人は必日本人の事業に対して種々の妨害を与ふ」であろうから、そこに進出する利益は何もないという。戸水は名指しこそ避けたが、ロシアの門戸開放によって「我は得る所ありて何等損する所無けん」と説くような者は、あたかも「親露派の貿易論」を語っている、と痛烈に有賀を皮肉った[40]。

ここで戸水は古くからつづく「自由貿易論者と保護貿易論者」の論争に言及し[41]、そのなかに自分を位置づけた。戸水が見るに、当時は各国が「競ふて保護政策を取り」、逆に「自由貿易論は日を逐ふて空論の列に入らんとする」様相を呈していた。この情勢認識が当たっていれば、「世の政治家は務めて自国の殖民地を拡張せんことを欲す」るであろう。たしかに同時代のイギリスには、一九〇三年に関税改革同盟（Tariff Reform League）を立ち上げた「チエムバルレーン（チェンバレン）氏」[42]がいた。もはや時代の潮流は「関税戦争と殖民政策」であると判断した戸水は、日本も「低廉にして精巧なる物品」を製造しているだけでは貿易で成功を収めるのは覚束なく、もし貿易による富国を目指すのであれば、まずは「植民地を諸方に設けざる可らず」と気炎を揚げた。戸水は近傍の「朝鮮、満州、西比利亜（シベリア）」ばかりか、遠く「暹羅（シャム）、南洋、南米等」にまで視線をのばしている[43]。

日露開戦の是非をめぐる論争は、当初とは違う次元に突入した。今や争われているのは、国際的に自由な交易に頼るのか植民地を囲い込むのかという立国の方針である。既述したように戸水は、植民地を確保したうえで保護貿易を敷く「関税戦争と殖民政策」を時流と判断していた。対する有賀は、日露戦争後も相変わらず意気揚々と「満洲の実業戦争」を待ち構えていた。有賀の理解では、門戸開放とは「富源の開発を以て内外起業家の自由競争に放任するの義」であり、それを実現するには「絶対的無干渉主義」が政府に求められる[44]。

有賀が門戸開放を擁護する理由は、それが条約で規定されているためだけではなく、門戸開放の原則以外に「資本に乏しく、国土に慣れさる本邦人」が中国で欧米人と対抗する術をもたないからである。さらに有賀は、自由な競争の下であれば、日本人は現地の中国人に対して「全勝」を収められるとも付言する[45]。厳しい見方をすれば、ここには大きな矛盾が露呈しているように思われる。自由な競争の下で日本人が中国人よりも優位に立てると有賀が考えるのは、資本の面で日本人に分があるからではなかろうか。だとするならば、資本力で欧米人に劣る日本人は、彼らと互角に渡り合えるのであろうか。

この点を掘り下げると、有賀の主張は信仰の表白にすぎないように見えてくる。なぜ有賀は「自由競争」が日本にとって有利に働くと楽観したのであろうか。その理由は次節以降で探ることとして、ここでは自由競争の擁護が別の論争にもかかわっていた様子を確認して、本節を締めくくりたい。いかに有賀が自由競争、より厳密には門戸開放の確保に心を砕いていたのかが見て取れよう。

まず指摘されるのは、戦時中に有賀と中村との間に生じたと見られる亀裂である。有賀が戦時中に著した『満洲委任統治論』(一九〇五年)は、主権の所在と支配の主体を切り離した統治の様式を指す「委任統治」の概念を、日本で最初に紹介した著書として語り継がれている[46]。しかし命名を別にすれば、その仕組みは中村が一足先に提起していた。開戦後しばらくして、中村は早くも『外交時報』誌上に「満洲善後策」を発表したが、それは満州の主権を清国の手に残しつつ、日本に「彼地の行政政治を行はしむる」構想であった

［47］。そこには明快に委任統治の要点が書き出されている。戸水も中村の構想に賛同していたとみえ、自分でも「名義上満洲を支那に還附するも事実上満洲を以て日本の領土と為す可し」［48］と呼びかけた。

じつは有賀も、『満洲委任統治論』のなかで中村の「満洲善後策」に言及していた［49］。ただ有賀は、中村の提案を読み違えている。中村は自説の先例として、二国間の取り決めに基づく「蘇丹（スーダン）」方式と多国間の承認を得た「ボスニヤ、ヘルツェゴヴィナ」方式の二つを紹介したうえ、自分としては「寧ろ後者を希望する」と主張していた［50］。しかし有賀は、なぜか中村の選択を誤って反対に解し［51］、ボスニア方式の採用を自らの創見として語ったのである。表立った論争には発展しなかったものの、戦後ほどなくして中村が『外交時報』誌を去ったのは［52］、この一件に原因があったとみられる。

そこで、有賀が中村の著述を誤読した理由を考えてみると、直前まで戸水と交わされていた開戦の是非をめぐる論争が想起される。満洲の門戸開放を否定する戸水であれば、スーダン方式とボスニア方式の選択を迫られた場合には前者をとると推定されよう。多数国間の承認を要する統治よりも、二国間の取り決めで済む統治のほうが市場の壟断（ろうだん）を目論むには都合がよいからである。その戸水と歩調を合わせた「七博士」の一人だけに、有賀が中村に戸水のイメージを重ねたとしても驚くに当たるまい。それに、中村本人にも誤解を招く要因があった。自らの期待に反してスーダン方式が採用された場合、日清二国間の協定に「列国の云々することを許さず」［53］と壮語する中村は、いずれの選択肢を支持しているのかが分かりにくい。中村が実際には推奨していたボスニア方式は、まさに「列国の云々すること」が制度化されているからである。

中村の「満洲善後策」を引き合いに出しつつ、それよりも「更に的切なるもの」としてボスニア方式を指定した有賀は、満洲のなかで自由競争を保障する必要性を強調する。有賀は、満洲の統治にあたっては必ず「門戸開放の主義を実行すへく、一切特殊の利益を専占することを避けざるべからず」と力説している。休戦から講和に至る間の暫定的な占領に際しても、有賀は大連、奉天、大孤山、安東県を外国人に開放するように指示した[54]。門戸開放に反対した戸水からの類推で、有賀は中村の立場を早合点したのであろう。

次に再び門戸開放の保障が争点の一つとして浮上したのは、本章の冒頭でふれた「保護問題」をめぐる有賀と立作太郎の論争である。この論争に現実の日韓関係が影を落としていたのは間違いない。ただし初期のやり取りは、概念の正確さや論理の一貫性をめぐって交わされていた。韓国の支配に対する構想の違いが露呈するのは、二人の対決姿勢が鮮明になってからである。

はじめに自説を開陳した有賀は、国家間で保護関係が設定される原因に注目し、それを基準に保護国を四種に分けた[55]。これに対して立は、有賀の方法が「厳格なる学術上の著作」に求められる定義の確立を欠き、そのために「厳に謂へば保護国の名を与ふべからざるもの」までが研究に混入したと厳しく批判する[56]。たしかに立の指摘は当たっていよう。たとえば有賀の分類で「第三種保護国」とされた「印度の土人諸国」は、「保護国」と称してはいても「国際法上に謂ふ所の国には非さるなり」と有賀自身も認めていた。さらに「第四種保護国」と定義されたアフリカの植民地に至っては、それ自身が保護の対象ではなく、そこに「移住し、旅行する文明国人の身命財産」を本国政府が保護するために「保護国」と名づけられている。要するに、四つの類型間で「保護」の概念すら一貫していないのである[57]。

それでも有賀は、苦し紛れの反論に打って出る。まず有賀は、立に対する「忠告」と称して、最初に定義を立ててから論を進める手順こそ「一の弱点」であると逆に批判した。植民地を保護国に含めたことについても、有賀は論点をすり替え、国際法学の対象は国家に限定されず、植民地の国際関係も「十分に之を講究する必要あり」と主張した[58]。

この学問的な対論が、突如として政策論争に変貌するのは、論争が終わりに近づいたころのことであった。

立は自身の執拗な批判が「単に学問の研究の為」ではなく、じつは「我国の韓国に対する実際の政策に関係ある為め」に提起されていたと明かした。日本による韓国の扱いには、有賀の主張するような「学理上の牽束」は存在しないと婉曲に訴えるため、立は論争を仕掛けたというのである[59]。

たしかに有賀の議論には、保護国に対する本国の裁量に一定の「牽束」を加える政策的な含意があった。韓国を保護国とした日本が負う義務も、有賀が提起した保護国の定義に込められていた。韓国を含む「第二種保護国」とは、交通の要衝に位置するために「文明国交の列に加へ、以て各国と通商交通の道を開かしむる」必要があり、しかしながらも国土の解放を拒み、あるいは通商を保護する国際的な責任を遂行する能力を欠いているため、保護関係を設定された国々を指す。このような定義からして、日本には韓国を「世界列国の伴侶」として供する責任が必然的にともなうのである[60]。

その後の展開を見れば正しい判断を下したと言える立は、有賀と正反対の見解を述べていた。立の法解釈によると、日本は「利益上必要止むを得さる場合」であれば、韓国を「現今よりも一層列国との関係より遠からしむるの政策」を追求しても一向にかまわない[61]。

以上を要約するに、有賀が日本に求めていたのは、満州の場合と同じく、韓国の門戸開放であった。韓国を「世界列国の伴侶」に加えるのは「通商交通の道を開かしむ」ためであるならば、日本に具体的に求められているのは門戸開放の保障にほかならない。結局は立が予見したとおり、日本は「併合」によって韓国を欧米諸国から引き離したが、それでも有賀は「朝鮮開放の主義」を説き、逆に「利益壟断の主義」を戒めている。併合前は欧米諸国の反発を警戒していた有賀は、予想外の黙認が日本への信頼を映し出していると忖度した。つまり有賀の解釈によれば、欧米諸国が異議を差し挟まなかったのは、日本の施政下であれば韓国は「日本内地と均しく世界の交通に開放せられ」ると信じていたからである[62]。

2　シュタインとスペンサー

戸水寛人が有賀の信奉する「自由競争」に異議を呈したのは、いかにも社会政策学会員として似つかわしい。そもそも戸水自身が執筆した学会の趣意書には、「余輩は放任主義に反対す、何となれば極端なる利己心の発動と制限なき自由競争とは貧富の懸隔を甚だしくすればなり」[63]と明記されている。学会の発起人とされる法学者、桑田熊蔵も、自由放任の経済を痛烈に批判していた。桑田が言うには、国家の規制が弱くて「無政府の状態」に近い社会では「自然の勢」として「優勝劣敗弱肉強食」が横行し、大手を振る「優者強者」の裏で「劣者弱者」は生存すら危うくなる。その桑田は、「社会の法則は不平等なり、国家の法則は平等なり」と道破したシュタインの言葉を「千古不磨の格言」として奉じていた[64]。フランスの社会主義をドイツに紹介したシュタインこそ、社会政策学の開祖に位置する人物であった[65]。

ここで奇妙な関係が浮かび上がる。というのも、じつは有賀も「元とオストリーのスタインといふ人に就いて居た」[66]ことを鼻にかけていたからである。有賀も桑田と同様にシュタインの教えを復唱し、国家は「同等ヲ以テ基本トスル」が、反対に社会は「不同等ヲ以テ基本トスル」と口にしていた[67]。

卒業後も准助教授として旧東京大学に残り、『社会進化論』（一八八三年）を手始めに『宗教進化論』（一八八三年）、『族制進化論』（一八八四年）と『社会学』三部作を刊行した有賀は、わずか二年で学生の不祥事に引責して官途に転じた[68]。それでも欧州に留学する機会を手にした有賀は、その際に偶然にもシュタインからじかに国家学を教わる幸運に恵まれたのである[69]。帰国直後、憲法の発布にめぐり合わせた有賀は、当時のような「国家革新の時期」には国法学ほど「任重く、また有益なもの」はないと意気込み[70]、『国家学』(一八八九年)、『行政学』(一八九〇年)、『大臣責任論・国法学の一部・完』(一八九〇年)など、国家学関連の著書を次々に出版した。

このような鮮やかな転身を有賀が遂げているため、その思想を顧みる際には一般に留学の前後が截断され[71]、ようやく日清戦争後に至って始められた「国際関係の講究」は、国家学の延長線上に位置づけられている[72]。しかし、このような見方をとると、シュタインの教えとは相容れない「自由競争」の賛美が何に由来するのかが説明できない。そこで以下では、有賀がどれほどシュタインの影響を受けていたのかを見極めたい。

有賀自身が「就中(なかんずく)ブルンチュリー及ヒスタイン」[73]を頼りにしたと認める『国家学』のなかには、じつはシュタインの学説とは必ずしも調和しない記述がある。それは「国家ノ起原」が取り上げられた章で、その内容は有賀自身が指摘するとおり、直前の章で論じられた「国家ノ本義」とは「非常ニ齟齬スル」面がある[74]。一方で「国家ノ本義」として挙げられていたのは、国防や治安、あるいは「一同ノ生活ヲ豊富ニスルノ利益」など、国民の全体にかかわる利益の調整であった[75]。これは前述したシュタインの格言とも照応する。

他方で「国家ノ起原」に関連して有賀が引くのは、国家の起源を「一ノ民種ガ他ノ民種ヲ征服シタルノ日」に見出す学説である[76]。これを取り込むや、たちまち「事実ト理論ノ齟齬」が露呈する[77]。国家は「征服ノ結果」に由来するのであれば、それは本当に「人民一同ノ利益ヲ計ルノ機関」に発展しうるのであろうか。国家とは「勝者ニ於テ負者ヲ専制スル」装置にすぎないのではなかろうか。それならば、直前の章で解説した「国家ノ本義」とは「謬妄」の域を出ないのであろうかとも有賀は自問する。しかし「事実」として、多くの国々が「本義」をみたしつつあるのも否めない[78]。有賀は呻吟してみせる。

もともと有賀が受けたシュタインの講義には、国家の起源に関する説明がない。それを補うために有賀が参照したのは、前章でもふれたオーストリアの社会学者グンプロヴィッツである。のちに「国家と社会との関係」を主題に講演した際も、有賀は度々「グンプロウィツ」の名を挙げつつ、「国家の発達といふものは、なかなか面白いのである」と語っている[79]。シュタインに劣らず、グンプロヴィッツにも有賀は共感を覚えていたようである。グンプロヴィッツの何が有賀を魅了したのであろうか。

有賀が考えるには、グンプロヴィッツの学説はスペンサーと近い。要するに「スペンセル氏ノ社会学」が「グンプロウィツノ此ノ新説」を論証している(「確ムル」)という[80]。有賀は、グンプロヴィッツ自身がスペンサーを引用している箇所を見つけ出し、二つを『国家学』のなかで指摘している。

じつはスペンサーは、有賀が学生時代に傾倒した人物であった。卒業してほどなく出版された『社会進化論』を開くと、社会の発生と発達については「多くスペンセル氏の立論に拠れり」[81]と明記されている。この旧師を再訪するような感覚で、有賀はグンプロヴィッツの説に手をのばしたのではなかろうか。有賀がスペンサーの教えを手がかりに『社会進化論』のなかで描いたのも、孤立した「原人」の間から「征服」を契機に「社会」が立ち上がり、それが「国家」へと発展する過程であった。

このようなグンプロヴィッツとスペンサーの関係を勘案すると、いささか強引にも『国家学』のなかに組み入れられた「国家ノ起原」とは、学生時代の勉強と留学で獲得した知識とをつなぐ連結器として位置づけられていたと考えられよう。この理解を裏づけるように、有賀は国家の起源に関連して次のような注釈を加えている。

征服ニ因テ先ツ社会ノ発生スルハ既ニ「社会進化論」（明治二十年十月第二版発兌）ニ於テ十分証明シタルガ如クニシテ、此ノ社会ノ発展進化スル間ニ更ニ国家ト指ス所ノ関係ヲ生ズルニ至ルモノナリ[82]。

ここに留学前の研究成果が保全されている。有賀は留学を機にスペンサーの教えを放擲したのではない。むしろ有賀が試みたのは、「国家」が成立する前の「社会」についてはスペンサーの説明に委ね、それ以後はシュタインに傾聴する截然とした理論の使い分けである。このような分担の構想は、自らの学問遍歴を顧みた有賀の言葉でも確認される。学生時分に習得した社会学は「原人の中から社会が出来てきて、それから国家の体を為すに至るまでの所を研究するには極く宜い」にしても、つづけて「人民が社会のことを自覚して来て、いろいろ自分で工夫して、社会を動さうとするやうになりて来てから後のことを研究するには、どうも足りない」[83]感があり、それを悟り始めたころに有賀はシュタインに邂逅したという。このような研究の移行を裏書きするように、渡欧前に「社会と一個人との関係の進化」[84]を著していた有賀が、帰国後に「国家と社会との関係」[85]と題した論文を発表している。対象とする時代を異にするだけに、両論間に矛盾はない。

このように時間軸上の棲み分けが守られている限り、スペンサーとシュタインの学説は共存が可能である。しかし仕切りが取り払われると、両者は衝突を免れない。二人の政治的な立場が真っ向から対立するからである。一方で、製造業者の利益を代弁した『エコノミスト』誌の編集を通じて独自の思想をはぐくんだスペンサーは、「国家」の介入を徹底的に排した自由な「社会」を擁護していた[86]。次節で詳述するが、相争う諸個人の間から自律的に秩序ある社会が出現するスペンサーの進化論は、その信条に説得力を与えている。他方でシュタインは、自由な経済活動によって「社会」に現れた歪みを是正する「国家」の役割を力説していた。桑田が示した「国家」と「社会」の明快な対比は、このようなシュタインの教えに由来する。スペンサーとシュタインが対極に位置する平面上では、有賀はどちらに与したであろうか。

これまで有賀は、留学に出る前からシュタインに近い価値観の持ち主であったと考えられてきた。その根拠として指摘されているのは、有賀が『社会進化論』のなかで見せた個人の自由に対する不信である[87]。それは、個人の権利が法的に保障された国家の描写から読み取れるという。問題の記述によると、「法律一統の世」では人々が自己本位に考え、しまいには「自己の思想を以て行為を制するの原理となすに至る」ため、結果として「社会擾乱」が引き起こされる[88]。しかも有賀は、この部分がスペンサーの祖述ではなく、「著者一己の研究を以て建てたる見解」[89]にもとづくと認めていた。このような留学前からの思想が、スペンサーからシュタインへの乗り換えを容易にしたと説明されている。

しかし、たとえ真に「法律一統の世」を危ぶんでいたとしても、有賀は「社会擾乱」を押さえ込む強力な国家の出現を望んでいたのではない。有賀が「社会擾乱」を経て立ち現れる国家の姿として提示したのは、「道理一統の世」、すなわち自制の行き届いた世の中である。

> 各人道理の為めに其行為を制せらるゝと雖も、其道理は各人の心中に在る事にて、之に依て其行為を制するは、自分を以て自分を制するに異ならず[90]。

じつは有賀の展望は、スペンサーの思想と少しも矛盾していなかった。国家の介入を極度に嫌ったとはいえ、スペンサーは何も野放図な利己主義の跋扈（ばっこ）を望んでいたのではない。実現はしなかったものの、スペンサーは『社会学原理』(*Principles of Sociology*)（一八七四年－一八九六年）の刊行につづいて『道徳原理』(*Principles* of Morality）の執筆を構想していた。スペンサーは二つの著書を通じて、「個人的および社会的に正しい生活の規範の礎」を世に問うつもりでいたという[91]。無制約な個人の自由を危惧したのはスペンサーの誤読ではなく、むしろ精読の結果であった。

一八八四年に大学教授を奏任官に叙する決定が下った際、「スペンサー氏」より学んだという学問の自由を振りかざして反対をぶった有賀は、自分の言動に刺激された学生の乱暴に責任を問われ、ついには大学を追われた[92]。このような事実からも、いかに有賀がスペンサーの思想に感化されていたのかがうかがえよう。同じ思想は留学後の有賀にも息づいていた。日露開戦前に論争を交わした戸水寛人が、講和への反対によって政府の忌諱にふれ、休職に処せられた際、その経緯を自分の過去と重ね合わせた有賀は、学者が「天皇の政府に服従する為め学理を曲げて済むもので有ふか」と舌鋒鋭く政府を糾弾した[93]。

門弟の煙山専太郎が有賀の校閲を受け、一九〇二年に『近世無政府主義』を著したのも[94]、いくらかスペンサーの影響を感じさせる。徹底して政府の干渉を嫌うスペンサーの思想は、無政府主義と紙一重であった[95]。そのスペンサーに精通していたからこそ、有賀は煙山の先駆的な研究の指導を担えたのではなかろうか。

このようにスペンサーとシュタインの間に有賀を位置づけると、今まで考えられてきた以上にスペンサーに寄っていたのではなかろうか。しかもその地点は、留学の前後で大きく動いてはいないようである。有賀が社会政策学会に加入しなかったのも[96]、そのことを暗黙裡に物語っているのかもしれない。しかし、有賀が国際関係に期待した「自由競争」もスペンサーの思想に由来していたと判断するには、さらなる厳密な検証を要する。

3 闘争から協力へ

有賀は『国家学』のなかで、国家の起源を「征服」に見出した論者としてグンプロヴィッツとともにスペンサーを挙げている[97]。しかし実際にスペンサーが描いた進化の過程は、「征服」や「生存競争」の語感ほど殺伐とした闘争の反復ではない[98]。それを引き写しているだけに、有賀の『社会進化論』も荒々しくはない。そこに描き出されているのは、闘争が協力に置き換わり、その結果として集団の規模が「聚合」から国家へと漸次拡大する仕組みである。まず本節では、有賀が示した「生存競争」の情景に注目して『社会進化論』の内容を一瞥する。そのあとで、この進化の論理が国際関係の認識に持ち込まれていた可能性を検討したい[99]。

有賀の叙述は「原人」の時代から始まる。孤立して暮らす「原人」の間で、食料となる「果実禽獣」や住居となる「岩洞窟穴」が足りなくなると、その獲得をめぐる「烈き争闘」の発生が避けられない。その場合に「一人強き者ありても、弱き者十人の協合に勝つ事」が難しい以上、その闘争では「一人つゝ孤立して戦ふ者は負け、数人協合して戦ふ者は勝つ」のが必定である。したがって、「少しにても他人と協合せむとするの性質を稟けたる者」ほど敵や猛獣に襲われて命を落とすことが少なく、しかも多くの獲物を手にする見込みも大きい。そして「自然淘汰の理」に従えば、そのような人ほど「其生命を保存することを得る」とともに、自らの性質を「其子孫に遺伝することをも得る」であろう。逆に、「孤立して猛獣又は敵人と闘はむとする者」は徐々に減り、ついには子孫が絶えるに至る。協力して闘争する者の子孫が段々と増えれば、そのような人々が形成する「群」も段々と規模を広げ、ここに「後に社会となる者の萌芽」が出現するに至る[100]。

このように数的な優位が勝敗を決する「生存競争」の下では、孤軍奮闘を厭わない勇者よりも味方を求める臆病者が適者となる。戦わずして降伏する者も生き延びる。というのも、「力量の勝れたる者」と「劣りたる者」とが遭遇した場合、弱者が逃走ないしは抵抗を試みようものなら、必ずや強者の怒りを買って「忽ち斃さる」であろうが、逆に「降伏の状を表して媚ひ諂ふ」ならば、助命されることも少なくないからである。したがって、強者を前にして「降伏の状を表す性質」を備えた者ほど生き残る見込みが高く、そのために自己の性質を子孫に残しやすい。逆に、不敵で挑戦的な者は強者の目の敵にされ、いずれ子孫が絶える運命にある[101]。このように「生存競争」の反復を通じて「協力」と「降伏」を選択する者が増加するのであれば、それと反比例して「争闘」の機会そのものが減少する傾向をたどるであろう。同じ論理は第二次の「生存競争」にも妥当する。

数多の集団が並び立つ局面になると、増えた人口を支える「天然の果実洞窟」が不足して、いよいよ「生存競争」は激化する。孤立した「原人」の時代とは違い、今度は集団間の「生存競争」が繰り広げられるが、ここでも集団的な戦法に長けた方が勝利を収める。つまり、構成員が「みな各自の思ひ思ひに闘ふ」集団は滅び去り、構成員が「みな一人の指揮者の意に従ひ謀を合はせて闘ふ」集団は勝ち残るのである。そのため、内部に「中央の指揮者の命令に従はむとする性質を備へたる者」が多い集団は、反対に統制を欠いた集団を次々と打ち破り、その構成員を取り込んでは規模を広げていく[102]。

その結果、従順な者を多く抱え、したがって内部で「協力分労」が発達した「社会」が拡大を繰り返し、ついには周囲を取り込んで「人口数万、若しくは数百万を以て数へ」るに至る。要するに「社会は成熟して国家に成」るのである[103]。

以上の叙述から浮かび上がる「生存競争」の様子には、その言葉が醸す血腥さが少しも漂っていない。そこでは「聚合して協力分労するは勝ち、人々孤立して戦ふは負くる」[104]の定石が示すとおり、適者として生き残る資質は「争闘」の能力よりも「協力分労」の精神である。したがって、時代が進むにつれ、人間関係の基調が「争闘」から「協力分労」に切り替わるのが進化の順路となる。また、弱者は「生存競争」によって必ずしも抹消されず、強者の軍門に降れば「協力分労」の体系に組み込まれるにすぎない。有賀が観念する「生存競争」とは、必ずや克服を要する悪弊ではない。

このような「生存競争」の理解は、社会政策学会の面々が否定した「制限なき自由競争」とは齟齬をきたす観がある。ただ、ここに書き出された有賀の叙述は有史以前を対象とするため、両者は単純な比較にはなじまない。はたして先史の論理が現代の認識に入り込む余地があったのか、あらためて有賀の思考枠組みを検証する必要があろう。

前節で指摘したとおり、有賀はスペンサーとシュタイン、換言すれば社会学と国家学の射程を「国家」成立の前と後に区分していた。ただし、この使い分けが成り立つのは国内に視野を限る場合であり、国外に視点を移せば、同時代にも「国家」以前の関係が見て取れた。じつは有賀は、中央に鎮座する「かの権力者」を欠くという特徴が、政府が出現する前の「個人間の自然の関係」ばかりか、「国と国との集合」にも共通すると認識していた。二者の類似点は「予想外に大なるものあり」と指摘した有賀は、それゆえにこそ国家の集合を「国際社会」と呼んだのである[105]。一九〇九年から一九一五年にかけて東京帝国大学文学部社会学科の講師を務めた有賀が、「国際行政法の基としての社会学」や「クリミヤ戦争以後の外交関係」など、たびたび国際問題に題材を求めたのも[106]、国際関係を「社会」と重ねて見ていたからであろう。

このように確認してはじめて、第一節で強調した有賀の門戸解放ないしは「自由競争」への思い入れには、先史からの類推が働いていたと考えられるに至る。満州の市場を国際関係のように「内外企業家の自由競争に放任する」下でこそ、日本人が欧米人と「拮抗」しうると言い張った有賀は、競争に参入する各国の企業家間に自生的に「協力分労」の関係が成立すると予想していたのであろうか。

さらに、全世界を舞台とした欧米諸国間の競争にまで視線をのばした有賀の観察には、より鮮明に『社会進化論』との相似がうかがえる。欧米諸国の関係に協力の芽生えを見て取った有賀は、それが深まって「団結」の様相すら呈しつつあると主張した。この認識は、個人間の闘争が協力へと転じ、そこから社会が立ち上がる進化の順路と対応しているのではなかろうか。より詳細に有賀がとらえた国際関係の趨勢を検討しよう。

それまで対外的な勢力の拡張をめぐって鎬を削っていた欧米諸国が、対決から協力へと外交の舵を切る契機として有賀が指摘したのは、一八九八年のファショダ事件である。カイロからケープタウンまでアフリカを縦貫したいイギリスと、ジブチからダカールへと横断したいフランスが、現在の南スーダンに位置するファショダで鉢合わせする緊迫した事態で、結局はフランス側が身を引いたのである。有賀が解説するには、もはや「他を排して独り自国のみ利益を専行せむとする方針」を貫いていては無益な衝突を避けられないと悟るに至り、各国は「己れも利し人をも利する主義」に従って相互の利益を尊重するとともに、さらに進んで「相賛けて共進せむ」という意思まで抱くに至ったという[107]。

そこで有賀が見るには、「已(ママ(己))れに宜く人に宜きの主義」こそ「第廿世紀外交の大勢」に浮上したのである[108]。ロシアの満州占領をめぐって国際的な緊張が高まっていた一九〇二年当時も、有賀は「国際協同主義」を欧米諸国の思潮として読み取り[109]、第一次大戦の影が忍び寄りつつあった十年後も、有賀は「現在に於ける国際生活の趨勢に一致する」思想として「万邦協和説」を説いている[110]。そして有賀の理解では、門戸開放の取り決めこそ、そのような「自ら生存し他をも生存せしむる主義」[111]の産物にほかならなかった。欧米諸国が「既に国際団結を形成しつゝある」[112]と有賀が論じたのは、この着実な「国際協同主義」の発達と、それを具現した門戸開放の確立を根拠としている。

一連の過程を整理すると、「団結」の様相を呈するに至った欧米諸国の割拠と協調は、もともと勢力を拡張する競争の激化に端を発していた。ここに、『社会進化論』上に示された「進化」の図式が翻案されて再現されていると解するのは無理ではなかろう。なお、国際関係が統合に向かうという結論は、有賀が私淑したスペンサーも共有していた。第一章でもふれたように、各国の体制が「軍事型」(militant)から「産業型」(industrial)に転ずる趨勢は「国民間の仕切りを取り壊し、それらを共通の組織に束ねる方向に赴く」とスペンサーは展望していた[113]。

競争が協力を帰結するならば、それは何も恐れるに足りない。それどころか、自発的に競争に飛び込み、そこから発展する協力の輪に加わらなければ、かえって除け者として疎外されかねない。有賀による門戸開放の唱道には、このような焦慮もうかがえる。島国ゆえに「世界生活の激烈なる競争に与らず」に済み、しかも「此の競争の結果として如何なる新現象の列国間に顕はれつゝあるやに注意せず」にきた日本は、すすんで欧米諸国の仲間に加わらなければ、逆に「列強は我を格外に措き、寧ろ其の団結の力を以て我が利を割かむとす」と有賀は警鐘を鳴らしている[114]。ここに『社会進化論』から汲み取れる教訓の実践を見出すのは、深読みが過ぎるであろうか。

おわりに

前二節では、有賀が欧州留学でシュタインの洗礼を受けながらも、学生時分にスペンサーから受け継いだ「自由競争」の信奉を「国際関係の講究」のなかで先祖返り的に再生させていた様子を描いた。これを踏まえ、日露開戦の是非をめぐる舌戦を振り返ると、第一節の記述とは別の論点が浮かび上がる。それは冒頭で予告した相異なる進化論の相克である。ダーウィンが個体数の増殖を絶えざる「生存競争」の原因に位置づけていた一方、すでに第一章でふれたとおり、スペンサーは知力と繁殖力の反比例を仮定して、人口の増加から脅威を消し去った。この対立が有賀と「七博士」の応酬にも影を落としている。その様相を確認して、次章以降の焦点を浮かび上がらせたい。

すでに第一章でもふれたとおり、そもそも戸水寛人がロシアと戦ってまで韓国の獲得に固執したのは、日本の人口が「激甚なる」増加を遂げているにもかかわらず、領土は「狭小」なため、アジア大陸に「国民移住の地域」を設けなければならないと認識していたからである[115]。現状の増加がつづくだけでも近いうちに人口は倍になると誇張した戸水は、増加する人口を「何れの処に配置す可きぞ」と世に問うた[116]。戸水のほかにも、たとえば寺尾亨は、人口が勢いよく増加しているにもかかわらず、国土は「蕞爾たる小島国」にすぎなければ、増える人口を「如何ぞ能く尽く収容することを得んや」と危機感を煽っている[117]。

このように「七博士」の面々が人口と領土の矛盾を訴えた背景には、マルサスの命題とダーウィンの学説がひそんでいた。そのように考えられる根拠は、たとえば金井延(のぶる)の著述に見出せる。社会政策学の権威として君臨した金井は、貧困を引き起こす「生存競争」の裏に絶え間ない人口の増加を指摘している。金井の理解では、いくら衣食の生産を増やしても人口の増加には追いつかず、さらには土地も足りなくなるという「限アル供給ヲ以テ限ナキ人口ノ需要ニ応セムトス」る矛盾が「生存競争」を引き起こす。そして、この「生存競争」を通じて「外界ノ境遇ニ適スル者」が生き残り、逆に「適セザル者」は死に絶えるが、生存者のなかにも必然的に「優劣ノ差異」があり、富が「優者」の手に集中して「劣者」には回らないため、現状の「貧富懸隔」が生じたという[118]。これはマルサスの仮説に依拠したダーウィン進化論の翻案にほかならない[119]。

他方で金井は、スペンサーの理論にも一定の意義を認めていた。社会の進歩と軌を一にして「社会的分業」が発達する一般的な趨勢の説明として、金井は「スペンサーの論ずる社会進化の法則」を挙げている[120]。しかし人口の動態となると、金井はマルサスの仮説に軍配を上げ、スペンサーの反論をしりぞけた。すなわち金井は、マルサスの説いた「人口増加の法則」にはスペンサー等の批判によって否定された部分もあるとはいえ、それは「大体に於ては益々其確実なるを証明さるゝを得たり」と評価している[121]。そして、究極的には「人口増加の法則」に由来する貧困の発生を抑えるには、もっとも貧困に陥りやすい労働者の結婚を禁じ、海外移住を奨励して、その増加を抑制するのが「最モ救済策ノ得タルモノ」であると金井は考えていた[122]。このような発想に立ち、金井は戸水らに同調して「七博士」に名を連ねたのであろう。

第一節では有賀と戸水の対論を再構成したが、そこで人口が争点として登場しなかったのは、その問題について有賀が一言も戸水に反論していないからにほかならない。大学の先輩に当たる井上哲次郎が「スペンセル」を引きつつ、社会の「開明」が進むほど「人口ハ次第ニ減スル」と主張したのと同じく[123]、有賀も人口の増加に何も脅威を感じていなかったのであろうか。すでに何度かスペンサーの論理には言及しているが、より詳しく説明すると、進化を「均衡への前進」と観念していたスペンサーは、人口が増えれば、その分だけ苦境を克服するために知識と自制が発達すると主張していた。そのため、「人口の圧力と付随する諸悪は、最終的には完全に消滅する」はずであった[124]。この形而上学的な推論を信じない限り、人口の脅威を言い立てる戸水を前にスペンサーの思想は擁護しきれない。

ここに現れた沈黙と饒舌の対照にこそ、論争の帰趨が秘かに露呈しているのではなかろうか。華々しく火花を散らしたとはいえ、ついに戸水の急所を衝けなかった有賀は、人口の行く末を楽観するスペンサーの退勢を食い止められなかったからである。一八九〇年代以降の日本で人口を「過剰」と喧伝する言説が氾濫していた様子は、すでに第一章の第四節で紹介したとおりである。たとえば徳富蘇峰は、現状を「六畳の部屋に二人の同居を要する」状態と評し、国土が一定のままで人口だけが「年々四十万人」の増加をつづければ、「人上人を住せしむる」窮状に陥ると将来を憂え[125]、日清開戦の年に『大日本膨脹論』を上梓した。

日露開戦の前には、「七博士」のほかにも同様の主張を繰り広げる者がいた。たとえば中央大学教授の稲田周之助は、いかにも「七博士」を思わせる「主戦論者」を批判しつつも[126]、日本のような「土地狭小天産豊ならざるの国」で人口の増加がつづけば、国民同士の「生存競争」が激しさを増すばかりか、「生活上困難」も甚だしさを増すとは認めていた。しかも稲田は、その予防として「将来移植の地」を求め、そこで「米穀供給の源を開く」施策を提案している。おまけに、その候補地として「唯々朝鮮半島か」と問うに至ると、もはや稲田と「七博士」は判別がつかない[127]。このような知的動向に掉さす「七博士」に論戦を仕掛けた有賀は、したがって同時代の大勢に反旗を翻していた。

第一章では、有賀と同じく思潮の転換期に居合わせた加藤弘之が、直接の対決なくしてマルサスとダーウィンの学説に敗北する様子を描いた。通商で結ばれた欧州諸国に「一個ノ有機大体」に発展する傾向を見出し、その延長線上に「宇内統一国」の成立を見通すなど、有賀やスペンサーと同様に国際関係の将来を楽観していた加藤は[128]、十九世紀末になって一転して「二百年後の吾人」を悲観するに至った。背景にあったのは、増えた人口が地球上に「充満」して食料と住地が欠乏する「凡そ二百年後」の展望である[129]。争わずして屈した加藤とは違い、果敢にも戸水に噛みついた有賀も、しかし結局は勢いづくダーウィン進化論の落とし子たちに道をあけている。

加藤につづき、有賀をも踏み越えたダーウィン進化論の系譜が、その後に見せた展開を跡づけるには、章をあらためるのが適当であろう。つづく二章では、若くして「七博士」の運動に身を投じた二人の以後を追う。焦点が当たるのは、運動の途中で「七博士」の称号を返上した小野塚喜平次と、その小野塚と入れ替わって戸水らと合流した建部遯吾である[130]。この経緯にも見て取れる二人の一致と不一致を視野に収め、国際関係の文脈に取り込まれたダーウィン進化論の軌跡を広角に描きたい。

註

1――この論争については、田中慎一「保護国問題――有賀長雄・立作太郎の保護国論争――」『社会科学研究』二八巻二号(一九七六年)、一二六-一六二頁が詳しい。

2――立作太郎「有賀博士につき思ひ出づるまゝに」『外交時報』五四〇号(一九二七年)、一六-一七頁。

3――信夫淳平「有賀長雄博士の十三回忌に際し」『外交時報』六八五号(一九三三年)、一五頁。
ただし有賀の学識と人柄を高く評価する後進もいる。のちに建部遯吾の門弟として東京帝国大学文学部の講座を引き継いだ戸田貞三は、大学に入学した年には建部が海外に出ていたために有賀に社会学を学んだ。その戸田は有賀が「相当な学者で、人間としても仲々面白いところを持って」いたと評し、しかも「私たち学生は卒業する頃まで、よく遊びに行ったものでした」と懐かしんでいる(戸田貞三「学究生活の思い出」『思想』三五三号(一九五三年)、一三六七頁)。

なお信夫は、外務官僚を経て学者に転じているが、その際に学位論文の審査にあたったのが立作太郎であった。信夫の評語は立の追憶を下敷きにしていた可能性が否めない。

4——「立法学士の洋行」『外交時報』三六号(一九〇一年)、八四頁。

5——「立法学士を迎ふ」『外交時報』七五号(一九〇四年)、四六頁。

6——有賀長雄「外交時報の将来」『外交時報』四六号(一九〇一年)、七一頁、伊藤信哉『近代日本の外交論壇と外交史学——戦前期の『外交時報』と外交史教育』日本経済評論社、二〇一一年、一六-一七頁。

7——戦前期の『外交時報』誌については、伊藤、前掲書が詳しいが、この興味深い論争にはふれていない。

8——戸水寛人「屈辱の原因」、二七-三〇頁、中村進午「批准拒否の法理」、三一-三五頁、同「日英同盟と黄禍」、三六-三九頁、同「斉彬公に耻ぢよ」、四〇-四四頁、金井延「講和条約に就て」、四五-五八頁、寺尾亨「日英同盟の拡張に就て」、五九-六三頁。いずれも『外交時報』九五号(一九〇五年)所収。

9——有賀長雄「時事雑感」『外交時報』九五号(一九〇五年)、六六頁。

10——有賀長雄「夢に遣露大使を送る」『外交時報』七一号(一九〇三年)、六六-六七頁。

11——立については国際法の学説に焦点を絞った研究はあるが(明石欽司「立作太郎の国際法理論とその現実的意義——日本における国際法受容の一断面——」『法学研究』八五巻二号(二〇一二年)、一-三四頁)、専攻を超えた思想の全貌については、未だ検討に付されていない。

12——建部遯吾「熱河博士と開戦論と南佐荘との憶ひで」一又正雄・大平善梧編『時局関係国際法外交論文集』巌松堂書店、一九四〇年、七〇四-七〇七頁。

13——社会政策学会が出した論叢の第三巻に会員名簿が掲載されている。社会政策学会編『社会政策学会論叢第三冊・移民問題』同文舘、一九一〇年、三一四頁。

14——河合栄治郎『金井延の生涯と学蹟』日本評論社、一九三九年、二九四頁。

15——高野岩三郎『かっぱの屁』法政大学出版会、一九六一年、九六頁。高橋作衛も、「移民問題」を論題とした第三回大会(一九〇九年)で来賓として講演している。社会政策学会、前掲『社会政策学会論叢第三冊・移民問題』、九三−一〇二頁。

16——小野塚は、山県有朋や桂太郎首相などに意見書を送付した（一九〇三年六月）あとに「七博士」の面々と袂を分かち、その後に編まれた蔵原惟昶編『日露開戦論纂』（旭商会、一九〇三年）には建部が代わりに寄稿している。このような顔ぶれの変遷については、河合、前掲書、一六八−一七三頁に整理されている。

17——この図書を中心にして有賀の進化論を詳解した論文として、松本三之介「近代日本における社会進化論思想（三）——有賀長雄の社会進化論——」『駿河台法学』一六巻一号（二〇〇二年）、八七−一二四頁。

18——小林啓治『国際秩序の形成と近代日本』吉川弘文館、二〇〇二年、八二−九五頁、戸塚順子「近現代日本における国際法学者の帝国拡張論——有賀長雄と松下正寿の比較から」『ヒストリア』二〇八号（二〇〇八年）、一五七−一六七頁、松下佐知子「国際法学者の朝鮮・満洲統治構想——有賀長雄の場合——」『近きに在りて』四二号（二〇〇二年）、二〇−三八頁、同「日露戦後における満洲統治構想——有賀長雄『満洲委任統治論』の受容をめぐって——」『ヒストリア』二〇八号（二〇〇八年）、一三九−一五五頁など。

国際法学の学説史上でも、その草創期に活躍した有賀は決まって言及される人物である。ただし取り上げられる業績は、日清・日露両戦役後に日本の国際法遵守を国際的に宣伝するために仏語で書かれた著書に尽きると評しても過言ではない。一又正雄『日本の国際法学を築いた人々』日本国際問題研究所、一九七三年、六七−八〇頁、伊藤不二男「国際法」野田良之・碧海純一編『近代日本法思想史』有斐閣、一九七九年、四七二−四七三頁、Onuma, Yasuaki, "'Japanese International Law' in the Prewar Period," *Japanese Annual of International Law*, Vol. 29 (1986), pp. 35-36; 筒井若水・広部和也「学説百年史・国際法」『ジュリスト』四〇〇号（一九六八年）、二一八頁、横田喜三郎「わが国における国際法の研究」東京帝国大学『東京帝国大学学術大観　法学部・経済学部』東京帝国大学、一九四二年、二三八−二三九頁。

また国際政治学や外交史研究の学説史上では、最初期の外交史講義を東京専門学校（現早稲田大学）その他で担当した経歴が特筆されている。川田侃・二宮三郎「日本における国際政治学の発達」『国際政治』九号（一九五九年）、一一九頁、山影進「日本における国際政治研究の一〇〇年」国際法学会編『日本と国際法の一〇〇年〔1〕国際社会の法と政治』三省堂、二〇〇一年、二七三頁、伊藤、前掲書、一八二−一八三頁、一八四−一八五頁、一八八−一八九頁。

なお近年の外交史・政治史研究では、中華民国の設立初期に法制局顧問として招聘された当時の有賀に関心が寄せられている。熊達雲「有賀長雄と民国初期の北洋政権との関係について」『山梨学院大学法学論集』二九号（一九九三年）、七八－一〇八頁、同「有賀長雄と民国初期の北洋政権における憲法制定との関係について」『山梨学院大学法学論集』三〇号（一九九四年）、一－五〇頁、李廷江「民国初期における日本人顧問――袁世凱と法律顧問・有賀長雄――」『国際政治』一一五号（一九九七年）、一八〇－二〇一頁、松下佐知子「清末民国初期の日本人法律顧問――有賀長雄と副島義一の憲法構想と政治行動を中心として――」『史学雑誌』一一〇巻九号（二〇〇一年）、一六九九－一七二三頁、同「中国における『国家』の形成――有賀長雄の構想――」『日本歴史』六六五号（二〇〇三年）、六八－八四頁、曽田三郎「中華民国憲法の起草と外国人顧問」『近きに在りて』四九号（二〇〇六年）、三－一六頁、福田忠之「中華民国初期の政治過程と日本人顧問有賀長雄」『アジア文化交流研究』四号（二〇〇九年）、一一九－一三四頁。

19――なお立は、「史学の門より国際法に入れる」有賀の出自に「普通の国際法学者と異なる所」の起源を見出している（立作太郎「有賀博士の十三回忌に際して」『外交時報』六八五号（一九三三年）、一二頁）。ここで「史学」とは、有賀が大学を卒業して間もなく講じていた科目を指していよう。有賀は一八八二年に「哲学を以て大学文学部を卒業し、准助教授として予備門の学生に歴史を教へて居た」（有賀長雄「時事雑感」『外交時報』九五号（一九〇五年）、六七頁）という。有賀の学問遍歴を原点にまで遡り、国際関係の考察に動員された知的な備蓄を掘り起こす本章は、端なくも立の指摘を踏襲しているとも言えよう。

20――有賀長雄『国法学・上』東京専門学校出版部、一九〇一年、三頁。

21――戸水寛人「満州の撤兵と日本民族の奮起」『外交時報』六三号（一九〇三年）、五七頁。

22――有賀長雄「戦機既に熟したるか」『外交時報』六四号（一九〇三年）、八三頁。

23――戸水寛人「宋襄の仁」『外交時報』六四号（一九〇三年）、七四頁。

24――戸水寛人「満州の撤兵と満州の開放」『外交時報』六五号（一九〇三年）、六一頁。有賀は「戦機既に熟したるか」と問うた先の論文で、「戦機は或は明日に於て熟せん、然も今日に在りて未た熟せす」と論じていた。有賀、前掲「戦機既に熟したるか」、八一頁。

25――戸水寛人「政府果して戦意有るか」『外交時報』六八号（一九〇三年）、六三－六八頁。

26――有賀長雄「今日の事亦多言を要せず」『外交時報』六九号(一九〇三年)、一〇頁。
27――有賀、前掲「夢に遺露大使を送る」、六九‐七〇頁。
28――戸水、前掲「宋襄の仁」、七三頁。
29――戸水寛人「韓国に於ける日露の角逐」『外交時報』六二号(一九〇三年)、五〇頁。
30――中村進午「韓国に於ける露西亜」『外交時報』六五号(一九〇三年)、三六‐四一頁。
31――戸水、前掲「満州の撤兵と日本民族の奮起」、五九頁。
32――戸水、前掲「宋襄の仁」、七三‐七四頁。
33――戸水寛人「小村「ローゼン」協約の内容」『外交時報』七〇号(一九〇三年)、一二頁。
34――有賀長雄「所謂満韓交換の実相及批評」『外交時報』七〇号(一九〇三年)、一八‐二〇頁。
35――有賀、前掲「戦機既に熟したるか」、八一頁。
36――戸水寛人「露国に対する大覚悟」『日本人』一三一号(一九〇一年)、一二頁。
37――有賀、前掲「所謂満韓交換の実相及批評」、一九頁。
38――有賀長雄「対露外交の一勝利(日清及米清通商条約批准)」『外交時報』七三号(一九〇四年)、六〇‐六二頁。
39――有賀長雄『有賀博士陣中著述・満洲委任統治論』早稲田大学出版部、一九〇五年、九五‐九六頁。
40――戸水寛人「親露派の貿易論」『外交時報』六七号(一九〇三年)、四七‐五一頁。
41――同前、五〇頁。
42――なお、チェンバレンが植民地を維持する理由として過大な人口の扶養に言及していた点も、戸水の関心をひいたのかもしれない。チェンバレンは一八八八年五月に次のように語っている。「一部の人々が明らかに望んでいるように、イギリス帝国をたった一つづりの署名によってイギリス連合王国の規模へと縮小することは明日にでも可能である。しかし、そうなれば少なくとも人口の半数は餓死するであろう」(バーナード・センメル(野口建彦・野口照子訳)『社会帝国主義史』みすず書房、一九八二年、八八頁)。
43――戸水寛人「関税戦争と殖民政策」『外交時報』七八号(一九〇四年)、六一‐六五頁。
44――有賀長雄「満洲の実業戦争」『外交時報』九七号(一九〇五年)、四〇頁、四六頁。
45――同前、四四‐四五頁。

46——つとに有賀の発明を称揚した論考として、真鍋藤治「有賀博士と委任統治論」『外交時報』五四五号（一九二七年）、一〇八頁。有賀の構想を「満州国際管理論の系譜」に位置づけた論考として、等松春夫「満州国際間理論の系譜——リットン報告書の背後にあるもの——」『国際法外交雑誌』九九巻六号（二〇〇一年）、六八八－七二二頁。

47——中村進午「満洲善後策」『外交時報』七九号（一九〇四年）、四三頁。なお中村以前には、高橋作衛が満州の「緩衝地」化を提言している。そこでも満州は「依然清国ノ主権ニ属セシムルコト」（高橋作衛『満洲問題之解決』高橋作衛、一九〇四年、五三頁）が想定されていた。中村が「満洲を永久中立の地たらしめ、若くは永久中立の一独立国たらしめ」（中村、前掲「満洲善後策」、四二頁）る構想として批判しているのは、この高橋案ではなかろうか。高橋は「緩衝地ノ例」として「ジブラルタート西班牙トノ間ノ中立地帯」などを、また「緩衝国ノ例」として「白耳義国、亜富汗斯坦」を挙げている（高橋、前掲書、四三頁）。

48——戸水寛人「亜細亜東部の覇権」『外交時報』八三号（一九〇四年）、五三頁。

49——有賀、前掲『有賀博士陣中著述・満洲委任統治論』、一九〇五年、二六頁。

50——中村、前掲「満洲善後策」、四六頁。

51——「其の英吉利が埃及の一地方たるスーダンに対し、行ふ所は外交時報に於て之を記述し、中村博士、亦之を満洲に転用すべきの説あり」。有賀、前掲『有賀博士陣中著述・満洲委任統治論』、二六頁。

52——伊藤、前掲書、二三頁。

53——中村、前掲「満洲善後策」、四六頁。

54——有賀、前掲『有賀博士陣中著述・満洲委任統治論』、二六頁、二三頁、一八頁。

55——有賀長雄『保護国論』早稲田大学出版部、一九〇六年、一頁。

56——立作太郎「有賀博士の保護国論」『外交時報』一〇七号（一九〇六年）、九四頁。

57——有賀、前掲『保護国論』、一六四頁、一八二頁。

58——有賀長雄「保護国の類別論」『外交時報』一一〇号（一九〇七年）、五二－五四頁。

59——立作太郎「保護国論に関して有賀博士に答ふ」『国際法雑誌』五巻六号（一九〇七年）、三六頁。

60——有賀、前掲『保護国論』、一九〇六年、二頁。

61——立作太郎「保護国の類別論」『国際法雑誌』五巻四号（一九〇六年）、二八頁、および同、前掲「保護国論に関して有賀博士に答ふ」、三七頁。

62——有賀長雄「韓国併合所感」『外交時報』一五四号(一九一〇年)、七八頁。

63——社会政策学会編『社会政策学会論叢第一冊・工場法と労働問題』同文舘、一九〇八年、一頁。この文章は金井延や桑田熊蔵らが立案し、戸水が執筆したとされている。高野、前掲書、一〇七頁。

64——桑田熊蔵「社会政策に関する政策の自覚」『太陽』二五巻一三号(一九一九年)、一三三頁。

65——金井延「スタイン先生の一周忌」『六合雑誌』一三三号(一八九一年)、三六頁。

66——有賀長雄「国家と社会との関係」『社会』二巻一二号(一九〇〇年)、二〇一頁。

67——有賀長雄『増補国家学』牧野書房、一八八九年、二八頁。

68——有賀長雄「洋行談」『太陽』六巻一四号(一九〇〇年)、二二頁。

69——いわゆる「シュタイン詣で」に来ていた元老院議官・海江田信義の通訳が病に倒れ、折しも留学のためにパリにいた有賀が代役に呼ばれたという。同前、同所。有賀の受けた講義の内容は、海江田信義聴講『須太因氏講義筆記』(信山社、二〇〇六年、初出一八八九年)に記録されている。

70——有賀長雄『帝国憲法篇』弐書房、一八八九年、序。

71——蠟山政道『日本における近代政治学の発達』新泉社、一九六八年、一〇七-一〇九頁、石田雄『明治政治思想史研究』未來社、一九五四年、八六頁、山下重一『スペンサーと日本近代』御茶の水書房、一九八三年、一七五頁。社会学史のうえでも、有賀は留学を契機にスペンサーの影響から離脱したと見られている。高橋徹「日本における社会心理学の形成」高橋徹・富永健一・佐藤毅『今日の社会心理学I社会心理学の形成』培風館、一九六五年、斎藤正二『日本社会学成立史の研究』福村出版、一九七六年、二一一頁。

72——『満洲委任統治論』を中心に有賀の外交構想を研究してきた松下佐知子も(前掲「国際法学者の朝鮮・満洲統治構想——有賀長雄の場合——」、前掲「日露戦後における満洲統治構想——有賀長雄『満洲委任統治論』の受容をめぐって」)、留学後の有賀にしか目を向けていない。松下、前掲「中国における「国家」の形成」、同「一九〇〇年前後における法学者有賀長雄の国家構想——研究史の現状と課題——」『新しい歴史学のために』二七四号(二〇〇九年)、一九-三三頁。

73——有賀、前掲『増補国家学』、第一版小引三頁。

74——同前、二一頁。
75——同前、一一頁。
76——同前、一七頁。
77——松田宏一郎は、相矛盾する論理を前にした有賀の困惑が、自然と文明の断絶を「聖人」や「天」という飛び道具によって克服する手に頼れなくなった時代を象徴すると指摘している(松田宏一郎『江戸の知識から明治の政治へ』ぺりかん社、二〇〇八年、二三六頁)。
78——同前、二一頁。
79——有賀長雄「国家と社会との関係」『社会』二巻一二号(一九〇〇年)、二〇五頁。
80——有賀、前掲『増補国家学』、二〇頁。たしかにグンプロヴィッツは、スペンサーが国家の起源に関して自分と同じ説をとっていると認識していた。グムプロ井ツチ「国家論」『社会学雑誌』五号(一九〇三年)、三〇〇頁。
81——有賀、前掲『増補社会進化論』、凡例二頁。
82——有賀、前掲『増補国家学』、二二頁。
83——有賀長雄「歴史に於ける社会政策」『日本社会学研究所論集』八編(発行年不明)、一頁。
84——有賀長雄「社会と一個人との関係の進化」『東洋学芸雑誌』一九号(一八八三年)、五〇〇-五〇九頁。
85——有賀、前掲「国家と社会との関係」、二〇一-二一四頁。
86——スペンサーが若いころに接した「反政治」の思想については、Peel, J. D. Y., *Herbert Spencer: the evolution of a sociologist*, London: Heinemann, 1971, pp. 56-81.
87——山下、前掲論文、一〇七頁。
88——有賀、前掲『増補社会進化論』、四五〇頁、四六一頁。
89——同前、凡例二頁。
90——同前、四九二頁。なお本稿では掘り下げて検討しないが、このような分をわきまえた行動の要求には、生涯を通じて一貫する儒教への共感が作用していたのかもしれない。有賀の儒教評価については、秋山ひさ「有賀長雄の『文学論』について」『神戸女学院大学論集』三四巻二号(一九八七年)、一-一一頁、同「有賀長雄の中国観」『Ｌｏｔｕｓ』一四号(一九九四年)、一-一九頁)、有賀長雄「清国留学生に忠告」『外交時報』一二五号(一九〇八年)、七六－八六頁。ちなみに有賀は中華民国の法制局顧問を務めていた当時、「孔教」の国教化を提唱している。熊、前掲「有賀長雄と民国初期の北洋政権における憲法制定との関係について」、三一－三二頁、松下、前掲「中国における『国家』の形成――有賀長雄の構想――」、六八－八四頁。

91――Spencer, Herbert, *An Autobiography*, Vol. 2, London: Williams and Norgate, 1904, p. 314.

92――有賀、前掲「時事雑感」、六七頁。

93――同前、同所。

94――煙山専太郎は「本編の編述公刊に関しては有賀博士の指導に俟つ者甚だ多し」と記している（煙山専太郎編著・有賀長雄校閲『近世無政府主義』東京専門学校出版部、一九〇二年、序言四頁）。そもそも東京帝国大学文学部哲学科を卒業した煙山を早稲田大学に招き入れたのも有賀であった（早稲田大学大学史編集所編『早稲田大学百年史』三巻、早稲田大学出版部、一九八七年、六九七頁）。なお、煙山は無政府主義者に同調していたのではなく、あくまでも「純乎たる歴史的研究」として「此妄想者熱狂者が如何にして事実として現社会に発現し来りや其淵源及発達を明にせんこと」を目指している（煙山、前掲『近世無政府主義』、序言一－二頁）。

95――この点はクロポトキン（Peter Kropotkin）も気づいていたという。Crook, Paul, *Darwinism, war and history: The debate over the biology of war from the 'Origin of Species' to the First World War*, Cambridge: Cambridge University Press, 1994, p. 42.

96――社会政策学会の会員名簿は、『社会政策学会論叢』の第三巻（一九一〇年）、第五巻（一九一二年）から第一二巻（一九一九年）の巻末に付されている。

97――グンプロヴィッツは進化の原動力として集団間の闘争を最も重視した社会学者の一人に数えられている。Barnes, Harry E., "The Struggle of Races and Social Groups as a Factor in the Development of Political and Social Institutions," *Journal of Race Development*, Vol. 9, No. 4 (1919), pp. 394-419. ただし、オーストリア内に住むポーランド人で、しかもユダヤ系という複雑なアイデンティティーが暗黙裡に語るように、その学説は一見するほど単純ではない。小山哲「闘争する社会――ルドヴィク・グンプロヴィチの社会学体系」阪上孝編『変異するダーウィニズム』京都大学学術出版会、二〇〇三年、一九三－二三六頁。

98――バニスター著『社会ダーウィニズム』では、スペンサーが取り上げられた章の題が「死のもみ消し」（Hushing

up Death）と名づけられている。Bannister, Robert C., *Social Darwinism: Science and Myth in Anglo-American Social Thought*, Philadelphia: Temple University Press, 1979, Chap. 2.

99——スペンサーの国際関係をめぐる理論は、進化論に拠りつつも国際平和を説く「平和生物学」の典型例に挙げられる。Crook, Darwinism, war and history, pp. 35-47.

100——有賀、前掲『増補社会進化論』、一四二－一四四頁。

101——同前、二〇四頁。

102——同前、一四五頁－一四六頁。

103——同前、二八四－二八五頁。

104——有賀、前掲『増補社会進化論』、二七四頁。

105——有賀長雄「社会学研究の範囲」『社会』一巻一号（一八九九年）、六頁。

106——ほかに有賀は、「既往五十年間列強の政治上に顕はれたる社会問題」、「最近五十年間欧米諸国にあらはれたる社会問題」、「国際関係と社会問題との史的研究」、「三国同盟以後の世界の外交と社会勢力」を講義の題目に掲げている。東京大学文学部社会学研究室開室五十周年記念事業実行委員会編纂兼発行人『東京大学文学部社会学科沿革七十五年概観』、一九五四年、六八頁。

107——有賀長雄「第廿世紀外交の大勢」『外交時報』二四号（一九〇〇年）、九一頁。

108——同前、同所。

109——有賀長雄「世界大勢通観」『太陽』八巻一号（一九〇二年）、一二頁。

110——有賀長雄「我が国思想界の前途」『太陽』一八巻六号（一九一二年）、五六頁。

111——有賀長雄「国際道徳論」『外交時報』三九号（一九〇一年）、七二頁。

112——有賀、前掲「世界大勢通観」、一〇頁。

113——Spencer, Herbert, *Principles of Sociology*, Vol. 2, New York: D. Appleton and Co., 1884, p. 615.

114——有賀、前掲「世界大勢通観」、一二－一三頁。

115——戸水寛人「満州問題討究の見地」『外交時報』六九号（一九〇三年）、七五頁。

116——戸水、前掲「満州の撤兵と日本民族の奮起」、五八頁。

117──寺尾亨「進取の国是と満洲問題」『東洋』二号（一九〇一年）、六〇頁。

118──蟠龍居士「貧民存在ノ原因」『国民之友』一九三号（一八九三年）、八九二頁。

119──ただし金井自身は、ダーウィンの学説を誤解し、それがマルサスの仮説と対立すると考えていたようである。金井は「ダーウ井ン一派」の進化論を次のように紹介し、批判している。つまり「ダーウ井ン一派の進化説」は、一方で人類の増加を「無限なり」と仮定しつつも、他方で「其の食用に供す可き植物の供給も亦無限なるの傾あるものなり」と考えていたため、「マルサス氏以来多数経済学者の唱ふるが如く食物の増加は人口の増加に伴はざるものなりと謂ふは誤謬なり」と主張していたという。金井延『社会経済学』一一版、金港堂書籍、一九〇八年、五四三頁。

120──同前、五五〇－五五一頁。

121──同前、五三八頁。

122──蟠龍居士、前掲論文、八九二頁。

123──以上の引用は、井上哲次郎「人口ノ増殖ハ懼ルヽニ足ラス」『東洋学芸雑誌』一二号（一八八二年）、四二頁より。ちなみに井上は有賀と共同で『西洋哲学講義』（一巻－六巻、阪上半七、一八八三－一八八五年）および『哲学字彙』（改訂増補、東洋館、一八八四年）の二著を出版している。

124──Spencer, Herbert, *The Principles of Biology*, Vol. 2, London: Williams and Norgate, 1867, pp. 494-508.

125──徳富猪一郎『大日本膨脹論』民友社、一八九四年、一二頁。

126──稲田周之助「日露両国民の要求」『日本人』一九八号（一九〇三年）、一四頁。

127──稲田周之助「日本民族の将来」『日本人』一八五号（一九〇三年）、八－九頁。

128──田畑忍編『強者の権利の競争』日本評論社、一九四二年、三〇七－三〇八頁。

129──加藤弘之『二百年後の吾人』哲学書院、一八九四年、緒言一頁。

130──「七博士」事件の一部始終を振り返った戸水は、「小野塚博士去リテ建部博士来レリ」と表現している。戸水寛人『回顧録』戸水寛人、一九〇四年、三一〇頁。

第三章　資源への目覚め——建部遯吾の思想展開

はじめに

満州事変から太平洋戦争に至る「十五年戦争」の間、いかに日本が資源の確保を重視していたかは、既存の研究でおおよそ明らかにされている[1]。たとえば、陸軍の少壮幕僚が満州の領有を議論する場となった木曜会でも、資源の獲得が主要な動機として明快に語られていた。出席者の間で「帝国自存ノ為満蒙ニ完全ナル政治的権力ヲ確立スル」という方針が申し合わされた一九二八年三月一日、議論の総括を買って出た東条英機によれば、戦争の準備は対ソ戦争を「主体」に据えるが、それに要する「資源獲得」を目的として「第一期目標」を満蒙の支配に置くと合意されたという[2]。日本の進路を決定的に転換した「資源獲得」の目標は、いつから国家の存亡にかかわる重大な課題として認識されるに至ったのであろうか。

東条や木曜会の面々に多大な影響を与えたと見られる永田鉄山は[3]、第一次大戦を挟む六年間を断続的に欧州で過ごし、また大戦の調査を目的に陸軍省に設立された臨時軍事調査委員会の委員も務めていた。それだけに、その思想の原点に大戦の教訓があることは間違いない。陸軍全体としても、本格的な戦争に備えて必須の資源を手中に収めておく発想の芽生えは大戦中にうかがえる。早くも終戦前の一九一七年に、小磯国昭を中心とした参謀本部兵要地誌班が、『帝国国防資源』と題した報告書を作成している。それによると、双方が「鉄火ノ決裁」を下すだけの決定力を欠く長期戦では、勝利は「戦時自足経済ヲ経営シ得ル者」の掌裡に帰するという。そこには、日本が保有する資源では「到底戦時ノ需要ヲ充タスニ足」りないため、不足分の補充を「支那ノ資源ニ仰カサルヘカラサルコト」も記されていた[4]。

はじめて帝国議会で資源をめぐる議論が繰り広げられたのも、やはり大戦の直後であった[5]。一九一九年二月十八日に貴族院の予算委員会で、伊澤多喜男が「高等教育機関ノ拡張問題」と絡めて、唐突に「天然資源ヲ保存スルト云フコト」に関する政府の考え方をただした。すると、明らかに不意を衝かれた農商務次官の犬塚勝太郎は、「唯今ノ御尋ノ要領甚ダチヨット理解イタシ兼ネマスガ」と周章狼狽の色を見せ、そのために壇上に引きずり出された首相の原敬も、石炭であれ、石油であれ、それを使いきっても「必ズヤ人間ノ知恵デハ之ニ代ル物ヲ発見スルモノデアラウ」と述べ、伊澤の焦慮を少しも意に介していない様子であった[6]。

この答弁に業を煮やした井上匡四郎が、厳しく原を責めた。つまり、石油などに代わる物質の発見を喜べるのは、その資源が「所謂国際管理」の下に置かれ、すべての人々に利用の権利が認められている場合のみであって、実際には資源は国境によって囲い込まれるため、外国と日本の区別を厳に立てない考え方は「甚ダ国策トシテ間違ッテ居ル」という。すると今度は原が、国内の資源を温存して輸入に頼るのは「巨額ノ金ヲ外国ニ出サナケレバナラヌカラ」無理であり、しかも以前は官民挙げて「成ルベク内地ニアルモノハ内地ノモノヲ以テ輸入ヲ防グト云フコトニ致スト云フ方針」をとってきたと反論した。井上の不満は収まらず、議論は翌日もつづけられたが、この一部始終から浮かび上がるのは、当時は国政の次元でも資源の重みが十分に認識されていなかった様子である。伊澤が「最近ノ世界ノ戦争」に言及しながら質問したように、この議題は大戦を契機に急浮上したのである[7]。

民間でも、大戦の観察を通じて資源の不足に対する危機感が現れ始める。たとえば『帝国国防資源』の作成と同じ一九一七年、国際法学者で京都帝国大学教授の千賀鶴太郎が、大戦で得られた「絶好の教訓」を『太陽』誌上で語っている。つまり、もはや「人口や金の豊富」なばかりでは戦争に勝てず、今後は「必ず軍需品が自国で自給せらるゝまでに機械丈けでなく物資までも皆独立して内国で得らるゝ事にならねば駄目である」と千賀はいう。そして「鉄が無い石炭も少ない」ために「今日の儘では未来の戦争に日本は全く無能力たるを免れない」と憂う千賀は、その打開策として「支那と一緒に成ると同時に又露西亜と親善の関係を層一層ならしむる」方針を提案した。しかも自説を押し通す姿勢は容赦ない。日本が中国と共同で戦争するほどの「親善関係」を結ぶには、ときに「腕力を以ても支那に活動する所が無くては叶はぬ」と言ってのける。もし中国が英米になびくようであれば、日本は「自衛上已むを得ず力づくで支那を圧迫しても一緒に成るやうにせねばならぬ」と千賀は主張したのである[8]。

外交の専門誌として名声を博していた『外交時報』誌上でも、社長兼主筆の半澤玉城が資源の調達を目的とした日中の提携を訴えた。いざ「東亜有事」が発生すれば、日本は「我実力を遣派して支那を抱擁し、彼我共存自給自足の大計を確保せざる可らず」と半沢は論じている[9]。

このような資源小国の焦慮に扇情的に訴えかけて衆目を集めたのが近衛文麿である。第一次大戦直後に発表した論文「英米本位の平和主義を排す」のなかで、もしイギリスが「其殖民地を閉鎖する」挙に出れば、日本を含む「領土狭くして殖民地を有せざる後進諸国」は、戦前のドイツと同様に「自己生存の必要」に迫られて「現状打破の挙に出でざるを得」ないと近衛は警告した[10]。そして一九三〇年代の末に日本の来歴を顧みた近衛は、貿易の萎縮によって存亡の危機に立たされた日本が満州事変に活路を見出し、さらに「続く支那事変が遂に大東亜共栄圏にまで発展せねばならなかつたのも、同じ運命の軌道を辿つて居る」[11]と語っている。近衛が指摘しているのは、満州事変から「大東亜共栄圏」の建設までを一直線につなぐ資源の獲得という目的である。

ところで、近衛が最初に首相に就いたときに資源局長官の地位にあった松井春生(はるお)は、のちに次のように回想している。大学で学んだ「建部先生の「社会存栄の要素」」や「小野塚先生の政治学」が「私の「資源政策論」の骨子を成した」のであり、とりわけ「建部博士の博学に負う所大きいのを、今も感銘している」と松井はいう[12]。しかし、松井が建部遯吾に心酔した一年生の当時はまだ大戦の前であり、それは右記の展開とは若干の時間差がある。なぜ建部は大戦前から資源に関心を寄せていたのであろうか。そこにダーウィン進化論の影響を見出すのが本章の趣旨である。

前章の末尾で予告したとおり、まずは日露戦争前の「七博士」事件を手がかりとして、建部の国際関係の見方を浮かび上がらせる。この過程で、第一章の加藤弘之や第二章の有賀長雄を含め、社会学者が国際関係に関心を寄せた理由についても考察したい。次の課題となるのは、建部が資源へと関心を向けるに至った経路の解明である。最後には、建部の思想が実際の政策に反映された可能性を探り、本章を締めくくりたい。

1 日露開戦と「七博士」

今日では社会学の学説史上に登場する人物として一部に知られているにすぎないが[13]、総合雑誌の『中央公論』や『太陽』、あるいは『日本人』などに頻繁に寄稿していた生前の建部は、幅広い人々に名が通っていたはずである。建部が時代の論客として名を上げる端緒となったのは、日露開戦前に世間を賑わせた「七博士」事件であろう。一九〇三年六月に戸水寛人、富井政章、寺尾亨、金井延、高橋作衛、中村進午、小野塚喜平次の連名で山県有朋や桂太郎など政府の要路に差し出された対露主戦論を唱える意見書には名を連ねていないものの、七人の集会所として利用されていた「南佐荘」に出入りしていた建部は[14]、すぐに運動から手を引いた富井と小野塚に代わり、『日露開戦論纂』（一九〇三年）に寄稿した新たな七人に加わっている。このために建部も時に「七博士」の一人に数えられる。

それでは「七博士」の面々は、何を根拠に政府に開戦を迫ったのであろうか。すでに先行する各章でも時代の思潮を伝える好個の例として「七博士」には論及したが、ここでは建部の思想と位置を明確にするため、前二章よりも広くかつ深く、その議論に分け入りたい。じつは意見書自体には人口に関する記述がなく、その点をめぐって「七博士」は内部に対立を抱えていた。

建部がかかわらなかった意見書では、満州の解放と日本の安全が将棋倒しのような論理で直結されている。つまり、ロシアが満州にとどまる限りは韓国の独立が危うく、そして韓国の独立が侵されれば、日本の独立も危ういという[15]。これは山県が第一回帝国議会で提起した「利益線」の概念を想起させるが、その厳密な由来は意見書を執筆した高橋の「国際自衛権」[16]にあろう。満州は第三国の地であるにもかかわらず、そこがロシアの手に落ちれば日本にも害が及ぶため、高橋は満州の制圧が「自衛権」の発動に当たると主張していた。しかし法的な精密を期す立論は建前に近く、統一見解の公表後も異説が噴出した。それには高橋も苛立ちを隠せなかった。

そこで高橋は、満州解放の論拠を「日本国民の増殖及び日本領土の狭小」に見出す「所謂対外硬論者」を叱りつけている。人口を扶植する地として満州を奪い取るというのでは、やはり自国の発展を期して満州に手をのばしたであろうロシアと同じ穴の狢にすぎず、とても批判の根拠にはならない。口を極めて非難した高橋は、人口と国土の不均衡を持ち出してロシアの非を責めるのは「暴を以て暴に代ふるに外ならず、学理の上より観るも常識の上より論ずるも極めて浅薄なり」と言い放った[17]。

この批判を目にして、即座に「余の議論に対するの論評なり」[18]と反応したのは戸水であった。前二章でも言及したとおり、たしかに戸水は頻りに人口の「過剰」と領土の過小を訴えていた。当時は年五〇万人ほどであった増加数が勢いを増し、年に「百万或は二百万」も人口が増えるに至れば、どこに増えた人口を収容するのかと問うた戸水は、打開策として「亜細亜大陸に割拠するの策」を唱えていた[19]。

寺尾の場合は、意見書と同じ将棋倒しの論理を借用して人口の脅威を訴えた。つまり寺尾が言うには、もし「今日満洲を失はば其明日朝鮮を失ふに至る」であろうから、日本は大陸に向かう「発展の道」を閉ざされてしまう。それでは、日本は「彼の偉大なる勢力を以て増加し来る人口の繁殖」に対処する術を失うと寺尾は案じていたのである[20]。戸水や寺尾が国論を揺るがす様子を間近で見ていた影響もあろう、金井は「世界的に発展する資格の第一は……人口の繁殖力に富むと云ふことである」[21]と日露戦争後に書いている。

建部が『日露開戦論纂』に寄せた一文も、同じく人口問題を引き合いに出して開戦を煽っていた。とくに建部は、法律学校出身の「浪人」に飽和の兆候を見出している。たしかに日露戦争を挟む数年間、東京帝国大学でも法科大学卒業生の就職率が低く、おそらくは暫し（しば）のモラトリアムを目的として大学院に進む者が五〇〇人近くに急増していた[22]。そのような「一転すれば武士となる」はずの若者の不遇にふれたうえで、建部は彼らに「活動の舞台」を提供する方法として「帝国の外伸」を持ち出したのである。領土を拡張する以外にも移民の送り出しが対応策として思いつくが、建部は「誰も一致するところ」として移民は「甚だ好ましく無い」と言いきり、簡単に選択肢を絞り込んだ。さらに建部は、日本に「最有利」の地として「満韓方面」を挙げ、最終的には「我邦は百難千障を排しても此方面に於て此必要的政策の実行を努めなければならぬ」と結論を下している[23]。

それにしても、法律書生の「浪人」のみを根拠に「帝国の外伸」を提唱するのは、やや早計の感を否めない。じつは建部自身、日本の人口増加が「誠に好望なるもの」と判断していた。この好意的な表現が示唆するように、多少の「浪人」が現れる程度の人口を建部は不都合とは考えていなかった。むしろ建部は、人口増加の「加速度」が「既に進が止つて居る」現状に懸念を抱いていた。この憂慮は欧米人との比較を通じて深まった。建部は、「黄人」の人口が「白人」と比べて増え方が遅く、その点で「極めて情けない有様」にあると慨嘆していた[24]。要するに建部は、すでに人口が過剰に達しからではなく、さらなる増殖の余地を事前に確保するために、版図の拡大を訴えたのである。したがって「浪人」の問題は立論の方便でしかない。それならば次に問われるのは、なぜ建部は国土の収容能力を超えてまで人口の増加を欧米諸国と張り合わなければならなかったのかであろう。

建部ばかりか戸水も、『日露開戦論纂』のなかでは、日本の人口増加率が「独逸にも及ばない露西亜にも及ばない」と率直に認めていた。しかし、それで国土を広げる訴えが取り下げられたわけではない。むしろ、日本の人口増加率が「白色人種」に負けているからこそ、それでも「世界の競争場裡で飛躍を試むる」ために、日本は「殖民に最適当なる場所を今日から選んで置かなければならぬ」と戸水は結論づけたのである[25]。第一章では、戸水が松崎蔵之助や中村進午に感化された可能性を指摘したが、この点については建部の影響を受けていたのかもしれない。

建部と戸水のほかにも一人、それも二人に少し先んじて、人口が「過剰」であるからこそ、さらなる人口の増加を説く人物がいた。それは、自ら創刊した『独立評論』誌上で「七博士」に「多大の同感」を表した山路愛山である[26]。人口の増加によって世界中の人々が「激烈なる生存競争」の脅威にさらされていると山路が観察しているあたりは、建部および戸水の認識と一致する。しかし山路はつづけて、科学の進歩によって「人類の生存競争」が以前よりも強度を増し、そのために国家の関与が求められ、そこで出てくる思想が「領域開拓論となり、種族的団結となり、更に一転して人口充実論となる」と一気に書き連ねた。ここでは「人口増加の圧迫」が「領域開拓論」を経て、ついには「人口充実論」に舞い戻る循環が直線的に書き出されているため、山路の立論は建部と戸水よりも明快である。ただし、「領域開拓論」が「人口充実論」に発展する論理は自明ではないため、ここで山路本人の説明を聞きたい。山路は両者の関連を「自然の数」と評している。

領域を開拓するに非んば何ぞ食を足すことを得ん。人口を充実するに非んば何ぞ兵を足すことを得ん。今や烈強の命脈は繋りて人口の充実如何に在り。人口の統計に於て最も多望なる未来を有する国民は最も威力ある国民なり[27]。

ダーウィンはマルサスの命題を手がかりとして、過剰な個体数の増殖が「生存競争」を招くと考えた。ここでも同様に、「人口増加の圧迫」が「生存競争」を引き起こすという図式が見て取れる。しかし山路は、それとは逆に「生存競争」が新たに「人口充実論」を喚起するという論理をも提起した。それに従えば、人口の増加と「生存競争」は循環的に繰り返されることになる。しかし地球の容量が有限である以上、いずれ循環は袋小路に通ずるほかない。第三節で紹介するが、この困難には建部も気づき、それを巧みな言葉で表現している。

2 国際関係と社会学

建部は社会学者を名乗り、また他者からも社会学者と認知されていた。第一章の加藤弘之も、第二章の有賀長雄も、少なくとも一時期は社会学者を自任していた。現代の感覚とはずれているが、そのころは政治学者よりも、むしろ社会学者が国際場裏を研究するのには恰好の立場にあった。まだ当時は、国際関係という対象が政治学に囲い込まれてはいなかったのである。

たとえば、東京専門学校（現早稲田大学）で創立からの三年間にわたって「政治原論」の講義を担当した山田一郎は、内部に「上下ノ関係ナキモノ」は「政治社会ト為ス可ラス」と主張し、その定義に従って「世界ヲ以テ一政治社会トナス可ラス」と論じた。政治が成立する領分とは、「之ヲ小ニシテハ一部落ニ止マリ之ヲ大ニシテハ邦国ニ止マル」と山田はいう[28]。国境の外で生起する諸々の事象は、したがって政治の範疇からは捨象される。山田に次いで「政治原論」を講じた市島謙吉も同様の見地に立ち、より直截的に「独立国と独立国との間には政治の関係存在せず」と言いきった[29]。ただし、市島の著した『政治原論』（一八八九年）のなかには「属国政治論」の章が設けられ、日清戦争の前にして早くも「本国政府か殖民地及ひ征服国に対し如何なる主義に依りて政治を施行す可き乎、其利害得失如何」が検討されている[30]。国境を越える活動ではあっても、そこに「上下ノ関係」が含まれる以上、植民地経営は政治の一形態として認識されたのである。

山田や市島のように、国家ないしは政府による統治に範をとり、「上下ノ関係」に政治の本質を見出す発想は、伝統的な通念とも合致していた。試みに一八九八年に刊行された辞書、『ことばの泉』を開くと、「せいぢ(政治)」とは「世ををさむること。政を施し行ふこと」を意味し、さらに「まつりごと(政)」は「国君の、国民を治め、百般の公事をとりさばかるるしわざ」を指すと説明されている[31]。少なくとも表面上は政府と国民のような上下関係を欠くゆえ、しばしば「無政府状態」(アナーキー)と表現される国家間の関係には政治が見出されなかったのであろう。

国際関係の「無政府状態」は、すでに当時から広く共有された概念であった。たとえば、法的な紛争の解決にも有権的な裁定が下されないという国際関係の欠陥については、福沢諭吉も的確に表現していた。国内で商人が契約に違反すれば「法廷公裁の恐る可きもの」が待ち受けているが、「国と国との破約には世界中に法廷あるなし」[32]と福沢はいう。いわゆる「無差別戦争観」の背後にも同様の理解がある。第二章の有賀長雄は、国家間に紛争が起きても「双方ノ上ニ立チテ裁断ヲ下スモノ」が存在しない以上、やがて戦争が勃発しても「其ノ孰レノ一方ヲモ不当トスルコトヲ得ス」と論じている[33]。開戦の自由が帰結する乱世を平定するため、世界政府の創設が切望されたのも頷けよう。国際関係の現状を「大野蛮」と揶揄した自由民権運動家の植木枝盛は、平穏な世界を取り戻すには「万国共議政府」の設立と「宇内無上憲法」の制定が求められると主張した[34]。

一国内の政府による統治を政治の範型と見なす思考様式は、当時の学制上で唯一の大学として君臨していた東京帝国大学でも共有されていた。このような認識があればこそ、法制度の運用に主眼を置く「政治学一名国家学」[35]が教授されたのであろう。山田や市島と同じころに教壇に立っていたラートゲンは、憲法学と行政学を「論理上政治学ノ二大部ヲ構成スル緊要ノ科学」と位置づけ、特に内政を対象とする政治学の部門を「国内政治学又ハ国法学」と呼んだ。

このように法的に政治の外延を画すラートゲンによれば、国家間の関係を扱う部門とは国際法学にほかならない。たしかにラートゲンは、政治学のなかで国際関係を対象とする部門を「国外政治学又ハ国際法」と呼んでいる。しかし国際法は、その字義から判断すれば「法律ノ一部」に属するはずながら、それは国法とは違って福沢や有賀が指摘したような特徴をもつ。要するに国際法とは、たとえ「法」を名乗ってはいても「実際ハ寧ロ外交政略ノ歴史」にほかならない[36]。このように書きつづったラートゲンは、国際関係を自身の学問体系に組み込む難しさを訴えていたのであろう。現にラートゲンが外政にふれたのは、わずかに君主の外交大権と公使及び領事制度、そして条約に論及した各箇所にとどまる。

ラートゲンのあとを継いだ小野塚喜平次は、政治学の慣例を破って国外にまで学問の射程をのばした。とはいえ、そこに映じたのは「競争」であって政治ではなかった。一国内で法が「箇人ヲ支配スル」のとは違い、「世界的大社会」では「中央権力ヲ以テ分子タル国家ニ臨ム」仕組みが欠けている。そのために各国は「其上ニ何等ノ権力ヲ認メス」にひたすら「自国ヲ本位ト為シ其利害ヲ根拠トシテ」好き勝手に振る舞う。その結果、国家の行動は「一定ノ法的規律ニ従フヨリハ寧ロ国際間ノ勢力関係ニ伴フ」ようになる。小野塚の観察は、多分にラートゲンの指摘と通ずる[37]。

このような政治学の苦悩とは対照的に、「無政府状態」にこそ研究の価値を見出したのが社会学であった。前章でも指摘したとおり、有賀が国家の集合を「国際社会」と称したのは、国際関係が「国家」から政府を捨象した「社会」と類似しているからであった。いずれも中央に居座る「かの権力者」を欠く[38]。有賀の認識と呼応するように、社会学研究会の機関誌『社会』には、その名も「国際社会学」の研究を奨励する記事が掲載されている。その著者は、社会学を「国内に於ける社会」の研究と「国家を一個の社会団体として各国家の消長盛衰の理を究む」研究とに分け、後者を「国際社会学」と名づけた[39]。『社会』および後継の『社会学雑誌』上に頻繁に著書が訳出され、第一章と第二章でも言及したグンプロヴィッツも、同様に「社会学の任務」を二分していた。グンプロヴィッツの理解では、「国際的生活の法則の認識、即ち外交の本来の科学的理論」の構築に与るのは社会学の責務にほかならない[40]。

そして建部も、言論を通じて現実の外交に対して影響力の行使を図っただけでなく、国際問題の研究方法や同盟の概念に関する抽象的な論考を外交専門誌に発表していた。まず、「外政問題研究法」を解説した論文では、建部は「一般外交論壇」を批判しつつ、戦争、国力、同盟等の現象や概念について「学究的なる、理論的なる」考察を展開している。たとえば建部は、戦争の「勝敗」ばかりに注目する非を責め、戦争の「仕振り」にも目を向ける必要性を説いた。後者にこそ国の「真価」、真の国力が露呈すると建部はいう[41]。また、同盟については稿をあらため、本質、効果、そして影響の三点から建部は「一種の規範論としての国際同盟の論究」を進めている[42]。ほかにも内政と外交の関係を取り上げた建部は、政党間や労使間の対立(「鬩墻(げいしょう)」)や間諜(「五間」)、あるいは宣伝などについて、独自の切り口で「理論的分析」を試みた[43]。

3 国際社会の理論

社会を国家に先立つ存在と見なす認識から、社会学の知見を国家運営の全般にかかわる基礎的な学問として位置づける発想も芽生える。有賀長雄によれば、社会学とは「人間社会の現象」について、その因果関係を解明する「理学」であり、しかも「理学」を名乗る以上は、政治や経済など特殊な分野にとどまらず、

「悉く社会の普通現象を解釈して遺漏なからんとする」志向をもつ[44]。加藤弘之の場合は、社会を司る「天則」の解明が応用に資すると考え、「政事を以て任ずる者は社会学を修めざる可らず」と主張した[45]。そして建部も、社会を「経営する」には第一に社会の「知識を要とす」るのであり、それゆえ「教育に宗教に、政治に経済に、軍事に外交に、凡そ近時の経世済民に志ある者」は、専門の別にかかわらず、社会学を基盤に据えなければならないと説く。自ら編集した『社会学論叢』の第一巻として、建部は『戦争論』(一九〇六年)を著した[46]。

ここで引用した「理学」や「天則」の語が示唆するように、加藤、有賀、建部の三人は、自然科学と社会科学を跨ぐ理論として知識人の世界を席巻していた進化論に知見を求めた。ただ、明示的にスペンサーを頼みにした有賀と、ダーウィンぬきの進化論を模索した加藤とは違い、建部は明確にダーウィンの学説を踏襲した国際関係の認識を展開していた[47]。国家間で「生存競争」が発生する原因を「地球の面積には限り有りて、人口の増殖は限り無い」事情に見出す論理は[48]、いかにもマルサスとダーウィンの系譜に連なる。

ただし、建部のように「地球の面積」の限界まで持ち出すと、真に「生存競争」が起こるのは地球全体で人口が飽和に達するときと考えられる。自ら継続的な人口の増殖を提唱していたせいもあろう。現に建部は、人類の最終的な「生存競争」にまで思索をめぐらせている。

たしかに建部が想像したとおり、地球の人口が増えつづければ、いずれは「地球上に於いて是れ以上人口を容れ得ないと云ふ時が、一遍は来るに相違ない」であろう。そこで建部は、人口が飽和に達する時期までの期間を概算で割り出してみせた。最終的な人口を仮に「百億」と想定すれば、そこに達するのは、年率一%の増加で計算して「一七五年と二ヶ月」後になるという[49]。

そのときには、国家間の競争が熾烈をきわめるに違いない。もはや一人も人口を増やせないという「所謂極限の時代」が到来すれば、そこでは「民族の生存及び発達」という単純きわまりない動機に由来する「国際競争」が、「絶対的峻烈なるもの」にまで激化すると建部は見通す[50]。この暗澹たる結末が予想されるにもかかわらず、なぜ「絶対国際競争」の到来は避けられないのであろうか。建部が考えるには、周囲に裏切られたときの代償が大きすぎるため、どの国も単独では持続可能な路線への移行に踏み切れないのである。建部の噛み砕いた表現が分かりやすい。

世界全体が申合せとして、自分の方でも人口を制するから、お前の方でも制限せよと云ふことになれば格別でありますが、他の方では互に人口を増さうとする増して行かうと云ふのに、一方に於いてだけ人口を制限しやうと云ふことになると、制限策を執つたものは段々押付けられて、遂に絶えて行くの外は無いことになる[51]。

生物学的な語彙と論理の援用にもかかわらず、この一節から浮かび上がる国家間の「生存競争」は、完全には自然の摂理に還元されない。はじめは無為にして招いた人口増加が期せずして「生存競争」を惹起していたにしても、その後は「生存競争」に備えた自覚的な増殖が「生存競争」に拍車をかける。ここに描かれているのは、人為の作用によって自然の過程が破局に向かって半永久的に繰り返される仕組みである。したがって、少なくとも理論上は、危機を回避する余地がある。国際情勢の激動を指し、そもそも「斯の如き世界的大活劇、大変動を支配するものは誰であるか」と問うた建部は、自ら「天に非ずして実に人である」と答えている[52]。建部の信条では、たしかに「世を動かすものは勢」であるにしても、その「勢を制するものは人」にほかならなかった[53]。

しかし実際には、建部は「勢を制する」よりも、むしろ大勢に乗り損ねないように意を尽くした[54]。しかも順応の対象は、本人の言葉を借りるならば「文明」ではなく「武暗」の暗流であった。日露戦争後の外遊中に宗主国のロシアから植民地のフィンランドに入った建部は、二国の対照から文と武の二律背反を痛感する。つまり、「文明」を手にしたフィンランドが「武暗」にとどまるロシアに抑圧される原因は、はたして両国の大小のみに帰せられるのであろうか。それとも、「文明と云ふものは本来弱きもの、武暗と云ふものは本来強きもの」ゆえに現状の関係が形成されたのであろうか。

このように自問した建部は、もし「文明は必然弱く、武暗は必然強きもの」であるならば、世間が考えるほど「文明」は尊重に値しないと言い放つ。しかも建部は、フィンランドの「文明」がさらに発展すれば、いずれ国民を挙げて「婦人の群」に変貌するのではないかと畳みかける[55]。建部の「武暗」寄りの偏向が読み取れよう。

その建部が、日露戦争後に「尚武の精神」が緩み、代わって「文弱」が蔓延する事態を警戒したのも頷けよう。一九〇七年一月の『中央公論』誌上に「尚武論」を寄稿した建部は、職業身分の別なく「対外競争の単位として国家の部分を形造る所の個人々々」に当たる各国民は、自国の「世界に於ける位地」を明確に自覚しなければならないと戒めた。要するに「軍人ならぬ者も軍人と同様の覚悟を有せなければならぬ」のである[56]。

このように声高に主張する建部が、国民の士気の低下を危惧する人々にとって恰好の代弁者と目されたのも不思議はない。たとえば帝国軍事協会は、日本が「一等国の仲間入り」を果たしても「決して安心し、油断してはならない」[57]と案じ、『名家講話集』(一九一二年)を編纂している。そこに寄稿した建部は、東京帝国大学「法科大学の政治科にすらも、一般軍事学の講座は置いて無い」ため、基本的な「野戦上の術語」でも通じない場合があると苦言を呈し、それを敷衍して「今日の日本の思想は、文と武とが分れ過ぎて居る」と批判した[58]。

戦後しばらく精神の退廃を咎める声がやまず、ついに一九〇八年十月に「華ヲ去リ実ニ就キ荒怠相誡メ」る趣旨の戊申詔書が発布された。我が意を得たと感じたであろう建部は、さっそく詳細な解説を著している。そのなかで、詔書の渙発を促した「方今ノ世局」を敷衍した建部は、同時代の「最大の特徴」かつ「真相」として「国際競争の激烈」を指摘した。その説明によると、科学技術の発達によって人口が各地で大幅に増え、そのために「如何にして其過剰の人口を始末すべきか」の難問に当面した国々が植民地の獲得にはしり、その「必然避く可からざる結果」として激しい「国民的生存競争」が起きているという[59]。

第一次大戦が勃発すると、建部はますます「尚武の精神」を作興する必要を痛感する。開戦して間もなく、早くも平和主義の声が聞こえ始めると、すかさず建部は横槍を入れた。建部が言うには、平和主義を唱えるのは「狼」か「羊」かのどちらかしかありえない。つまり、弱者に受忍を強いる強者か、強者に慈悲を請う弱者である。ここでも建部本人の言葉が分かりやすい。

> 狼の平和主義の綱領は、羊に対して『干戈を動かさず即ち何等腕力上の抵抗を為さずして我餌となれ』と云ふに存する。之に対する羊の平和主義は、『何卒お情を以て、私を貴下の餌とせずにおいて下さい』と云ふに存するのである。今日世界に於ける平和主義の声頗る嘖々たりと雖も、要するに狼の声を以てするか、羊の声を以てするか、此二種に外ならぬのである[60]。

いよいよ大戦の終結が見えてくると、建部は再び手綱を引き締める。未曾有の戦禍を被っても、なお建部は「世界は曾ての如く今後も尚、国の数は追々に減じ、随うて国の規模は益々大となり、国際競争は益々激甚を加」え、最終的な「絶対国際競争」に向かって突き進むと持説を繰り返した。それゆえ建部は、その趨勢に逆らって平和主義にうつつを抜かす民族があれば、その「優美尚文の民族」はすぐさま「剛健尚武の民族」との競争に敗れ去ると警告する。このような趣旨の講演を締めくくるにあたり、平和主義を頼みにして「自彊自立の強国たらむの覚悟」を忘れる者こそ「尤（ママ）も国運を危うするもの」にほかならないと建部は檄を飛ばしている[61]。建部の同調者によれば、この言葉は「殊に平和運動熱に罹つて、フラ々々せる某々博士、某々識者輩」[62]に向けられていたという。

4　国際競争と資源

このような激越な演説の舞台となったのは、建部が自ら創立を主導した日本社会学院である。一九一三年の立ち上げから一九二二年の閉幕に至るまで、一〇回の大会を開催するとともに一〇巻の『日本社会学院年報』を発行した学院には、じつに多士済々の人士が集っている[63]。

第一回大会（一九一四年）では、建部のほかに京都帝国大学の米田庄太郎と高田保馬、早稲田大学の永井柳太郎らが「大会委員」を務め、日本興業銀行の初代総裁を務め上げたばかりの添田寿一や加藤弘之らが演壇に上った。大戦の勃発後に開催された第二回大会（一九一四年）では、当初の予定にあった大隈重信首相の演説が中止されたものの、「大会委員」には刑法学者の牧野英一が名を連ね、「当日出席会員」には有賀長雄のほか、東京高等師範学校校長の嘉納治五郎、漢学者の諸橋轍次など、多彩な分野の人々が顔をそろえている。

第三回大会（一九一五年）では「人口問題」が研究題目に掲げられ〔64〕、そこで建部は、世界人口が「百億」の飽和に達して「絶対国際競争」の時代に突入する既述の見通しを披露した。じつは前年の大会でも「百億」の展望を語っていた建部は、その時代に「少くも十億の人口」を抱えていなければ「一等国」の地位を保てないと断言した。それだけの人口を擁しなければ、日本は「諸君が今日毎朝新聞紙上で御覧になる所の、彼の白耳義の運命を追はなければならぬ」と脅し文句まで建部は並べ立てている〔65〕。第三回大会で建部につづいて登壇したのは、建部が「斯界の権威者」〔66〕と認める経済学者の高野岩三郎と医学者の永井潜であり、ほかの出席会員には大蔵大臣や東京市長を歴任した阪谷芳郎や、のちに労働農民党委員長に就任する早稲田大学の大山郁夫などがいた〔67〕。

小野塚喜平次、河上肇、大山などが「大会委員」を務め、「戦後教育の根本方針」を主題として開催された第四回大会（一九一六年）では、日本社会学院調査部の名で「帝国教育の根本方針」と題した報告書が発表された。この報告書は、建部や諸橋など七人の「調査員」が作成した原案に、東京帝国大学文科大学長の上田万年、元京都帝国大学総長の沢柳政太郎、東京帝国大学総長の山川健次郎、嘉納、そして当時は教育総監部本部長で大戦後に陸軍大臣に就任する山梨半造などの「評定員」が「綿密なる評閲批訂」を付して策定されたと記録されている〔68〕。とはいえ、その解説文を建部が書き、のちに建部の著書に巻末の付録として掲載されているあたりを見ると、報告書は主として建部の思想を反映していたと思われる。

相当な地位にある人々を巻き込んでまとめられた報告書は、「強国主義」の涵養を主旨とする。その前提としては、「対立競争」を常とする国際関係の見方と、そのなかで独立を守るには、すすんで「優者」とならなければならないという発想がある〔69〕。これは建部が『戊申詔書衍義』（一九〇八年）等の著作で繰り返していた考え方にほかならない。

少しばかり各論に踏み込むと、まず「徳育」については、「国際競争」が激しさを増している趨勢が描かれ、それを念頭において「勇武を尚ぶの要道」を習得させる必要性が説かれている。くわえて主張されているのは、国運の発展には「人口の増加、住域の拡大」が欠かせないと教え込む意義である。また、武力こそ「尤も直接に強国主義の実現に関与する」という認識に即して「体育」も重視された。個別の科目としては「歩兵操典」にもとづく教練、陸軍の体操教範に依拠した体操、陸軍の「剣術教範」に即した剣術、そして射撃までが挙げられ、それらを通じた「軍事思想」の養成と「国民皆兵」の実現が期待されていた。実際の教育にあたるのは、「現役将校」の教官と「下士」の助教と予定されていた[70]。

これは総力戦に適した人材の養成に照準を定めた提案であるが、ついに大隈が演説を果たした第六回大会(一九一八年)では[71]、その直前に『国民的戦争と国家総動員』[72](一九一八年)を出版した陸軍中将の佐藤鋼次郎が「戦争と国家組織」を表題に講演している。理想の国家形態として、佐藤は大胆にも「皇室を中心とする社会主義」を提起している。国家の「要素」とは本来的に「皇室と庶民」に尽きるはずであり、そこに「貴族富豪」の必要性は認められないと佐藤は言いきった[73]。一九三〇年代に入ってから台頭した青年将校たちを想起させる思想である。

建部によれば、総力戦を生き抜く国家の理想として掲げられた「強国主義」とは、「自国に於いて自国存立の保障を具有する国」[74]の確立を指す。この定義からは、まず軍事力の増強が目標として読み取れるが、それにくわえ、食料や資源の自給自足も導き出せるのではなかろうか。実際にも、報告書「帝国教育の根本方針」を作成した社会学院調査部の企画にもとづき、一九二〇年代に全二五巻が刊行された『現代社会問題研究叢書』のなかで、建部は第六巻として『食糧問題』(一九二五年)を上梓している。その付録として報告書が再録されているのは、いかに食料の確保が「強国主義」の要素として重視されていたのかを示唆していよう。

この『食糧問題』を開くと、まず冒頭で建部は、植民地を通じた食料の供給が英仏と「較ぶべくもない」ほど乏しい日本は、それだけに「食糧問題の窮迫」に陥りやすいと警鐘を鳴らす[75]。危機を回避するには人口の増加に歯止めをかけ、食料の需要を抑える対応も考えられるが、建部は「人口積極策」をとらなければ、国家の存立そのものが危うくなると言い張った。いつもながら理由は「対外競争」である。食料は足りないが人口の増加を抑えられないとなると、領土の拡張に活路を見出すほかなくなる。そもそも国が領土を欲するのは「我々個人の食物を欲し、生存を欲し、乃至金銭を欲し、配偶者を欲すると同様の事」であると言ってのける建部は、それゆえに領土の拡張は「道徳的には、可もなく不可もない中性の事であり、併しながら必然的事実である」と主張した。さらに建部は、台湾や朝鮮の併合を「正理公道に準拠する領土の拡張」と称賛し、それらを「今日以後」の参考に供している[76]。

本章の冒頭でふれた大戦後の言説を想起すると、一九二〇年代に入って食料の自給自足を訴えた建部の思索は、群を抜いて早いわけではない。しかし、大戦前の「一年生の間、建部先生の社会学、一等国論を読みふけった」と回想した松井春生が、そのおかげで『日本資源政策』(一九三八年)を書き上げられたと語っている事実を見過ごしてはなるまい[77]。なぜ資源政策の専門家となった松井が、建部に「負う所大きい」と考えていたのであろうか。

そもそもダーウィン進化論に即した国際関係の見方からは、自給自足の要請が導き出されやすい。たとえば建部が「地球の面積には限り有りて、人口の増殖は限り無い」と述べるとき、そこから連想されるのは、人口を収容する住地の不足ばかりか、それ以上に人口に見合った資源や食料の欠乏であろう。実際にも建部は早くから食料の重要性を認識していた。大戦が始まったころ、建部が国家を成り立たせる条件として挙げたのは、第一に人民であり、第二に「食物究竟の供給者たる土地」であった。なぜならば、「所謂人の死命を制するものは究竟食物である」ためにほかならない[78]。

建部が日露戦争のころに著した『社会理学』(一九〇五年)のなかでも、「社会の要素」として「人の統一」にくわえて「天然の資用」が列記されていた[79]。その項目として建部は、「地積」、「地質」、「地勢」、「気候」、「生物界」の五点を挙げているが、これらが手を加えずに「資源」の要素として松井の著書に登場する。石炭や鉄鉱などの具体的な物質ではなく、社会の存立に要する自然環境を指す建部の「資用」概念と同じく、松井も資源を「凡そ国社会の存立繁栄に資する一切の源泉」と定義したうえで、それを「人」と「天然」に分け、さらに後者に属する「物的資源」として右記の五要素を並べた[80]。この構成は建部が教えた「社会の要素」と見事に重なる。

ダーウィン進化論から資源へと関心が向かう過程には、何らかの媒介が作用していたのかもしれない。松井が『日本資源政策』の執筆にあたって建部のほかに参考にした小野塚の政治学には、次章で詳述するようにラッツェルの影響が見て取れる。じつは建部も、このドイツ人を「尤も組織的に物的見地を詳述す」[81]る先覚として評価していたが、その思想は洋の東西を問わず、資源への関心をかき立てる効果を発揮した。

ラッツェルとは、のちに濫用された「生活空間」の概念を手がかりに地理と政治の関係に思索をめぐらせ、大著『政治地理学』(*Politische Geographie*)(一八九七年)をのこした地理学者であった。その学説がスウェーデン人チェレーンの手で政治学に持ち込まれると、そこで新たに「地政学」(Geopolitik)の呼称を与えられる[82]。この新たな学問が大戦後のドイツで急速に普及するが、その特徴を同時代の観察者が「国民的自給自足の教義」[83]と表現している。以下では建部との相似に焦点を絞り込みつつ、地政学の展開を跡づけたい[84]。

大戦中、イギリスの海上封鎖による「兵糧攻め」に苦しむドイツを見たチェレーンは、国家の領土は「一つの好ましいアウタルキーを保証するやうなもの」でなければならないと主張するばかりか、その条件をみたすためであれば、植民地の獲得や国家の併合は正当化されると踏み込んだ。しかもチェレーンは、具体的にドイツと日本を挙げ、その二国による版図の拡張は「素朴な侵略欲でなく自己保存(Selbsterhaltung)への自然的にして必然的な成長である」と擁護した[85]。前述したとおり、建部は『食糧問題』のなかで、国家が新たな領土を欲するのは食欲や生存欲と変わらず、しかも「必然的事実」であると書いていた。

大戦中のドイツで、地域統合による難局の打開を訴えたナウマンの『中欧論』(*Mitteleuropa*)(一九一五年)が、チェレーンの関心をひいたのは言うまでもない[86]。そして建部も、ドイツ外では出回っていなかったはずの同書を手に入れ、自ら『日本社会学院年報』上で好意的な紹介記事を書いている。紙幅の都合もあってか、建部は詳細には立ち入らず、それを「自国経綸の根本方針に関する自覚」と抽象的に評価したにすぎない。しかし建部が、それに照応する日本の著作として、自分がかかわった日本社会学院の「帝国教育の根本方針」を挙げているのは注目に値する[87]。それだけ建部は『中欧論』に共感していたのであろう。

結局は領土の喪失に終わった大戦後のドイツで、ラッツェルとチェレーンの学説はドイツの再起を指南する学知として台頭するが[88]、この局面で浮き彫りになった地政学の政治的な使命は、建部が主唱した「強国主義」と相通ずる。地政学の専門雑誌『地政学評論』(*Zeitschrift fur Geopolitik*)を主宰したハウスホーファーの定義によると、地政学とは、各国が「生活空間」を獲得するための「生存闘争」を繰り広げるなか、それに適応する政策の「科学的基礎」を提供する学問である[89]。建部の「強国主義」も、国家間の「生存競争」に対応する政策の指針であった。また、地政学が重視した「生活空間」は、建部が目指した「自国存立の保障」と意味が近い。ハウスホーファーの解説によれば、「生活空間」とは人口に見合った資源の自給自足に要する土地を指す[90]。少し前に記述したとおり、食料に焦点が絞られていたものの、建部も自給自足を達成するために領土の拡張を説いていた。

このような地政学との接近を見ると、建部にとってはラッツェルとの出会いが資源に関心を向ける重要な契機となっていたとも考えられる。ただ、この読みが正しいにしても、そもそも建部がラッツェルの学説に共感したのは、二人がダーウィンの進化論を共有していたという事実と無関係ではなかろう。じつはラッツェルも、地理学者に転じる前はダーウィンに感化された生物学者であった。序章でも紹介したとおり、貧毛類の研究で学位を取得したラッツェルは、最初の著書として『有機界の存在と生成』(*Sein und Werden der organischen Welt*)(一八六九年)を出版している[91]。地理学者ラッツェルが強調した「生活空間」や「空間をめぐる闘争」は、いかにも生物学的な余韻を残した概念である。地政学の起源にもダーウィン進化論が見出せるとなると、それに感化されつつ資源に関心をのばした建部は、じつに一般的な思考回路をたどっていたにすぎないのかもしれない。

ところで、建部の資源に対する関心の高さは、その著作よりも人脈が暗黙裡に物語っている。というのも、日本社会学院には日本石油会社をはじめ、資源関連産業の企業人が数多く加入していたからである。とくに日本石油会社からは、創業者で社長の内藤久寛を筆頭にして[92]、支配人の中野鉄平、東京支店長の渡辺寅次、技師長の高野新一、そして会計課長の竹田常治が名を連ねていた[93]。ほかにも資源関連の企業からは、高野鉱油製造所長の高野重三、そして住友鉱業所副支配人の松本順吉が加わっている[94]。また資源局の関連では、松井は言うに及ばず、初代長官を務めた宇佐美勝夫も会員であった[95]。

さらには、日露戦争に従軍して炭鉱の調査にあたった経験をもつ小川琢治も、創立時から会員に名を連ねていた。地質学を修め、京都帝国大学で地理学講座を担任した小川は、のちに地政学の普及にあたっても一役買う。もはや「国家の生存競争が激甚を加へつゝある現世紀」には適応せず、依然として法制度面の観察に終始する「政治学の旧慣」を脱した点でチェレーンの創意をたたえた小川は[96]、その学説を紹介する記事を一九二〇年代の後半に雑誌『地球』上で連載している[97]。本人は地政学の流行には便乗していないが、日中戦争の最中に小川が『戦争地理学研究』(一九三九年)を出版しているのは付記に値しよう。そこでは、「黄河下流平地の戦略地理学的意義」に関する考察や「北支那黄土地域に於ける戦争の地形的考察」などがまとめられている[98]。なお小川の下で助教授となった石橋五郎も、同じく創立時から日本社会学院の会員に加わっていた[99]。

5 建部遯吾と近衛文麿

大戦が終結して間もなく、建部は戦勝国側を糾弾する長文の所感を書きつづった。まず建部は、持説に即して大戦の根本的な原因をドイツの人口増加に見出した。建部の理解によれば、植民地を開拓して過剰な人口を扶養しようにも英仏など「先進列国」が「世界の植民地としての結構なる所」を占有していたため、ドイツは「膨脹発展力に対する抵抗力が、比較的随分薄弱なる所」を衝き、その仕掛けが高じて大戦に発展したのである[100]。そこにひそむ国際的な「階級戦争」の側面を建部は強調する。建部が見るに、大戦とは「小前の者が大前に対して不平を並べ」て起こした村の騒動であった。その「鎮圧」に必死の「大前共」は、表向きには「村の為」や「正義人道の為」を語ってはいるが、本心では「自分等の地位」を守ろうと躍起になっているにすぎない[101]。

このような見方をとると、世界大戦は「断じて「侵略主義対正義人道の戦争」など云ふべきものではな」

い。それに、「小前」の不満を封じて成立する国際連盟とは、極言すれば「貴族国は飽まで貴族国たらしめ、貧民国は飽くまで貧民国たらしむる現状維持」を使命とした機関にほかならない[102]。

このような建部の批判は、冒頭で紹介した近衛文麿の論文「英米本位の平和主義を排す」と内容が似通っている[103]。そのなかで近衛は、すでに英仏が「世界の劣等文明地方」を囲い込んでいたため、ほかの「後進国は獲得すべき土地なく膨脹発展すべき余地を見出す能はざる状態」に陥り、その状況が大戦を招いたと指摘した。さらに近衛は、英米を「現状を維持せんとせし平和主義の国」と批判し、その二国には「正義人道の味方として誇るの資格なし」と言い放った。戦後に創立が見込まれていた国際連盟については、それが「大国をして経済的に小国を併呑せしめ、後進国をして永遠に先進国の後塵を拝せしむる」恐れがあると近衛は警鐘を鳴らしていた[104]。

この論文のなかで、近衛が日本を「人口も多からずして製造工業品市場として貧弱なる我国」[105]と表現しているのは、一見すると建部の認識と齟齬を来たす。しかし近衛は、日本の人口そのものが小さいと主張していたのではなく、単に日本の人口が「製造工業品」を捌く市場としては物足りないと指摘していたにすぎないのかもしれない。この解釈が当たっているならば、近衛も国土と資源を基準として日本の人口を「過剰」と意識していた可能性はあろう。

同じころにシベリア出兵に言及した近衛は、日本が当初は七千名の出兵を声明していながら「何時の間にか七万の兵をしかも狐鼠々々と送り出した」不実を批判する一方、日本は「抑(そもそ)も面積が狭くて人口の溢れて居る」以上、外部に向かって「膨脹する」のは「自然の勢」であり、それゆえに日本は「宜しく正々堂々と自己の生存の為に其発展の地を要求すればよい」と開き直った[106]。この発言は先の解釈を裏づける[107]。近衛は「英米本位の平和主義を排す」を著した当時から、建部と同様、日本が扶養能力を超えた人口を抱えていると認識していたのであろう。

大戦の直後に書かれた近衛と建部の論文が類似していたのは、単なる偶然ではなかったのかもしれない。というのも、近衛は日本社会学院に会員として在籍していたのである。そのため、近衛の第一作となった『戦後欧米見聞録』(一九二〇年)は、建部自身が『日本社会学院年報』上で「行文流麗、叙事飛動、神采(ママ)(采)奕々、光芒四射、処々人をして史遷の「鴻門の会」を記するの筆に接するの感あらしむ」[108]と激賞している。じつは同書に収録された「講和会議所感」と「米国の排日」の二章は、著書の出版前に『日本社会学院年報』に掲載されていた[109]。そして、著書版よりも「プロパガンダ」にまつわる記述が厚い両論文は[110]、のちに『現代社会問題研究叢書』の第一〇巻として刊行された『革命及宣伝』(一九二一年)に再録された[111]。建部は、近衛が法学士ながらも「大局洞達の識見」を養うために常々社会学を参照していたと指摘しているが[112]、京都帝国大学法科大学に移る前に東京帝国大学文科大学に通っていた近衛は、建部の授業に列席していたとも考えられよう。

日本社会学院が一九二二年に解散されたあとも、建部と近衛は相似た思想をもちつづけていたようである。二人とも陸軍に支持者をもち、また自ら陸軍の行動を弁護した。一方で、一九二二年に東京帝国大学を去った建部は[113]、その後しばらくは帝国在郷軍人会本部が発行する『大正公論』誌に毎号のように寄稿している[114]。相変わらず尚武の精神を鼓舞するとともに、これも持説の復唱ながら、人口の継続的な増殖と、それに見合う版図の拡張とを提唱した。たとえば一九二二年二月号の巻頭言では、建部は世の競争嫌いや軍備撤廃・縮小の要求にくわえ、出生率の低下や産児制限を訴えた「新マルサス主義」を「悲しむべき民族頽廃の現象」として槍玉に挙げている[115]。

それゆえに建部は、産児制限の唱道者として知られたマーガレット・サンガーの来日に強硬に反対した。

人口が国力の決定的な要素である以上、各国は競うように人口の増殖を企てるとともに「仮想——実想ならば尚のこと——敵国の人口の減少を希図する」はずであり[116]、したがってサンガーの「親切」とは、アメリカによる「此の一種の努力」に相当するのではないかと建部は疑った[117]。たとえ邪推が誤りであっても、もし日本でサンガーの同調者が現れ、しかも産児制限が実施されるとすれば、そのような事態はアメリカばかりか、すべての競争相手国にとって「勝敗の上から利益であり、手短に申せば「勝利」である」[118]と建部は断言している。

しかし、広大な領土や植民地を保有する国々ならばいざ知らず、日本が人口を増やそうにも資源と土地の制約があって難しい。しかも、大戦後に設立された国際連盟は、この不平等な現状を「平和」と崇め、それを維持する使命を帯びている。このような大戦後の国際秩序に対する建部の批判には、陸軍のなかにも同調者がいた。日本社会学院の会員に名を連ねただけあって、一九二〇年代初頭に陸軍大臣を務めた山梨半造は、その一人であった。山梨のたとえ話によれば、資本家や大地主は「贅沢呑気な生活」を営んでいるからこそ「平和温厚の紳士」と見られやすいが、実際には「人の生血を吸ふ高利貸」や「小作人を虐遇する悪地主」も少なくない。いかにも建部を髣髴させる表現である。一般に軍縮の断行で知られるが、山梨は建部と同じく、「天恵に乏しく、人口限り無く増殖する日本国民」が必要な「物資原料」に事欠かずに済むのかという焦慮に取りつかれていた[119]。

他方の近衛についても、その国民的な人気と御しやすい性格が陸軍の目に留まっただけでなく、その思想に共鳴する者が陸軍に少なくなかったと思われる。近衛は「英米本位の平和主義を排す」論文のなかで、大戦を引き起こしたドイツは、世界に対して「各国民の平等生存権」にもとづく「誠に正当の要求」を突きつけたにすぎないと弁護していたが[120]、これと同様の弁明を、満州国の承認に際して参謀本部第二部長の永田鉄山が試みている。永田は、日本が「民族の生存権を確保し福利均分の主張を貫徹する」のに遠慮は要らないと言い放った[121]。永田が近衛を意識していたのかは定かではないが、近衛の論文が掲載された『日本及日本人』は、永田が渡欧中に送付を頼むほど愛読していた雑誌であった[122]。

近衛のほうも、満州事変を「今日を生きんが為の唯一の途」[123]と評し、陸軍の独走を擁護した。満州国の承認をめぐり、陸軍次官の柳川平助は、新国家が日本にとって「国防上、資源上、人口問題上大なる貢献をなす」と主張したが[124]、近衛が提示した弁明は、このような満州国の意義づけを正当化していた。近衛が訴えたのは、人口に比して資源と住地が少ない日本の国情であった。要するに近衛は、一方で「増殖力の極めて旺盛」ながら「狭小なる領土」の上で「窮屈なる生活」を送る民族と、他方で広漠な領土の上で人口が少なく、しかも天然資源に恵まれた国の並存を念頭におき、それが「どうして合理的なる状態と称する事が出来よう」と告発したのである[125]。

その後、首相候補として名前が挙がり始めると、近衛を政策面で支えるべく、幅広い分野の学者や官僚が集って昭和研究会が結成された。しかし、特定の知識人に囲い込まれたあとも、近衛は建部の思想と絶縁したわけではない。昭和研究会の常任委員に松井春生が入ったからである。昭和研究会から派生して立ち上げられた政治機構研究会、世界政策研究会、あるいは七日会、昭和同人会、昭和塾にも委員や理事としてかかわるなど、松井は昭和研究会のなかでも指導的な立場にあった[126]。事務局の専従として昭和研究会の一部始終を見つめた酒井三郎は、松井が「広く問題に通暁し、学識とともに、どういう問題に対しても、政策を立てる能力を持っていた」[127]と高く評価している。

松井が果たした役割としては、まず昭和研究会と軍部の仲立ちが考えられる。一九三四年に発足した七日会には頻繁に陸海軍人が招かれたというが[128]、講師の選定を担った幹事三名のうち、その人選に影響したのは、外務省の井上康二郎と東洋経済新報社の野崎龍七ではなく、松井の人脈であったろう。資源局にいた松井にとっては、軍部との折衝こそ職務の主体であった。資源局が作成した『資源の統制運用準備と資源局』（一九三〇年）によると、資源の統制運用とは「国社会の資源」の有効的な編成によって「国社会永遠の存栄を保証する諸般の措置を講ずること」を指し、それは「即ち近代国防の要締（ママ）」にほかならない[129]。この引用には松井の文体と、さらには建部の用語が見て取れる[130]。

松井は資源政策の立案にも影響力を発揮したであろう。時代背景もあるが、いかに昭和研究会が資源の確保を重視していたのかは、たとえば初期の文書『日本は何処へ行くか』（一九三七年）からもうかがえる。そこには、日本が「資源欠乏化」に陥り、そのために「対外発展の緊要化」に直面しているという危機が指摘されている。内地の工業を発展させるにも「原料不足化」が目立ち、農業の成長も「飽和化」を迎えているという。そこで、打開策の一つが「日満ブロックの完成」であった。それは「経済的発展の見地から」待ち望まれるばかりではなく、あわせて「国防的見地から」も、さらには「内地及朝鮮の人口問題解決の見地から」も求められている[131]。

このような方法で日本の再生を図るにあたり、昭和研究会が当面の方針として打ち出したのは、軍部との一蓮托生であった。

> 内外の諸事情に鑑み、此際、軍部の要求する国防の止むを得ざることを、積極的に認識すると共に、かゝる内外事情の下に於ては、産業の発達も、国民生活の安定向上も、出来るだけ、国防充実の線に沿うて、之を実現する方策を樹てる外無きことを確認すること[132]。

ここに説かれているように産業も国民生活も国防の要求に従属させる状態とは、総動員体制にほかならない。そのような構想の立案には松井の見識が役立ったであろう。先述の酒井が、松井を「資源局長官で、「経済参謀本部論」を書いた」と紹介しているのは[133]、松井が昭和研究会のなかで果たした役割を端的にとらえている。

じつは建部のほうも、要職に就いたあとの近衛に折にふれて助言を与えつづけ、そのために近衛が首相であった一九三八年に貴族院議員に任命されたという[134]。二人の思想的な共鳴と交流を視野に入れると、近衛内閣時代の資源を求めた「南進」にくわえ、第二次内閣で決定された「人口政策確立要綱」も目をひく。日中戦争が本格化したなかで「人的資本」の補充を画策するのは少しも特異な発想ではないが、その直前までは人口の「過剰」が叫ばれていた事情を考えると、この構図は建部の思想と見事に符合する。すでに本章の各所で指摘したとおり、建部は「過剰人口」の下でこそ人口を増やさなければならない理由を説きつづけていた。実際に要綱の立案にかかわった人々の意図はさておき[135]、あえて「過剰」の下で人口の増殖を促し、その扶養に要する資源を海外に求める図式には、近衛も既視感を覚えたのではなかろうか。

おわりに

面積に限りがある地球の上で人口が無限に増えつづけるため、不足する資源や土地をめぐって「生存競争」が避けられない。このように考えた建部は、的確にダーウィンの進化論を国際関係の文脈に移し替えている。もっとも、建部自身の定式化に忠実に従えば、真に「生存競争」が発生するのは、地球全体で人口が飽和に達する時点まで待たなければならない。それゆえに建部は「絶対国際競争」の概念を定立したのであろう。しかし建部は、実際には資源や土地の不足に至っていなくても、先を見越した準備によって苛烈な競争が引き起こされると考えた。将来の欠乏に備えるつもりで戦争に突き進んだ第一次大戦後の日本は、このような建部の想定に概ね合致していた観がある。

たとえば、冒頭で紹介した木曜会の会合で、議論の口火を切った根本博は、将来の戦争は「生存主義」に由来すると予想し、その見通しにもとづいて日本が「将来幾何ノ版図ヲ要スルカ」を思案した。満州は、その工業原料が日本のために役立つにしても、「人口問題ノ解決上最モ必要ナル食糧等」を手に入れるのが難しい。そこで根本は、代案として「東部西伯利（シベリア）」を打ち出す。この発表をもとに、対ソ戦争に備えた「物資」を確保するため、まずは「満蒙ニ政治的権力ヲ確立スル」方針が固められた[136]。ここでは明確に将来への備えが戦争の根拠として主張されている。

さまざまな接点を通じて建部の思想を受容した近衛文麿は、二度目の内閣で資源の確保を念頭にフランス領インドシナへの進駐を決断した。内閣の発足に先立ち、昭和研究会が作成した文書「南方政策」には、日本が「今後」米ソの二大国と「対抗して行く為」には「南洋」方面に資源を求めて進出するほかないと説かれている[137]。ここでもまた、将来に備えた一手が戦争を招く。

なお、アメリカの強硬な対抗措置を招いた南部仏印への進駐に踏み切る前、日本はオランダ領東インドとの交渉に臨んでいるが、その不調を受けて特使が小林一三商工相から芳澤謙吉元外相に交代された際、日本側が手交した覚書には「天然資源ニ富ム蘭印ノ広大ナル領域ノ大部分ハ人口甚タ稀薄ニシテ未開発ノ儘」[138]であると指摘されている。近衛が満州事変後に書いた一文が思い起こされる。

しかし、実際に追求した政策とは裏腹に、近衛は一貫して自給自足の確立に代わる理想を語っていた。第一次大戦の直後に近衛が発表した論文「英米本位の平和主義を排す」のなかでは、英仏の植民地が「製造工業品の市場としても、天然資源の供給地としても」各国に開放されるのであれば、日独のような「領土狭くして殖民地を有せざる後進諸国」が「現状打破の挙」に打って出ずに済むと指摘されていた[139]。そして、はじめての組閣後に発表した談話で「国際正義に基く平和」を力説した近衛は、それを実現するための原則として、「(一)資源獲得の自由、(二)販路開拓の自由、(三)資源開放に要する労力移動の自由」を訴えていた。

ただし近衛は、その理想が同時代的には「実現困難」であると見るや、日本のような「持たざる国」は「生存権を確保し置」くためであれば何をしても許されると考えたのであろうか。近衛は日本の大陸政策が「生存権確保の必要に本づく」と弁護している[140]。

総動員体制の準備に取り組んでいたはずの松井春生も、資源の自給自足を国家の理想像と見なしていたわけではない。松井も近衛と同じく、可能であれば「世界通商自由の大原則」を尊重するのが望ましいと考えていた[141]。よほど広大な国土と豊富な資源に恵まれているならばいざ知らず、たとえアメリカでも完全な自給自足は「殆ど不可能である」と松井は見ていたからである[142]。それゆえ松井も、本来的には「徒に一切の資源の自給を計り、国力の失費を来すべきではない」と認めている[143]。

さらに松井は、自ら実現に尽力していた統制経済についても、その一国のみによる実施は「断じて経済の理想ではない」と言いきっていた。松井にとって理想は、「一国乃至一国民の範囲を超え」て国際化された統制経済であった。そのような思想の先覚として松井が言及したのは、アメリカ人経済学者のローウィンである[144]。一九三一年に開催された太平洋問題調査会の杭州会議で「世界経済計画の必要」を訴えていただけに[145]、その名を知る者は日本の知識人にもいたであろう。

資源の流通を国際的に管理するような構想が昭和研究会のなかで本格的に追究された形跡はないが、それこそ反省に値すると考えていたのであろうか。解散から四十年近くが経って研究会の軌跡を振り返った酒井三郎は、著書『昭和研究会』(一九八五年)を次のように結んだ。

世界経済は東西南北、次第に同質化してきており、自給自足を目的としたソ連も、共産圏諸国だけとの交流を超えて、自由主義国との貿易交流を要望し、西側諸国もまたこれに応じ、世界的に有無相通ずる方向に進まねばならなくなっている。しかし資源の利用と分配とは、いまだに武力や圧力によって行われる傾向にあり、人類文化の幸福のため、真に公平に行われるところまで行っていない。昭和研究会の「東亜の統一」や「協同主義の経済倫理」は、そのためにこれから、真の意味において生かされねばならない。今日当面する事態は、事変当時と本質的にはほとんど変わっていない。悲劇を再び繰り返してはならない。昭和研究会の歴史を顧みた所以はそこにある[146]。

冷戦後のグローバル化した経済を見通したかのような同時代評は、その憂慮を含めて今日にも妥当しよう。

註

1――近年の著書を挙げると、川田稔『昭和陸軍の軌跡――永田鉄山の構想とその分岐』中央公論新社、二〇一一年や、とくに太平洋戦争については、倉沢愛子『資源の戦争――「大東亜共栄圏」の人流・物流』岩波書店、二〇一二年が出ている。前者は永田鉄山を中心にして少壮幕僚間に共有されていた思想が、とくに武藤章と田中新一を介して満州事変から太平洋戦争へと継承された様子を描き出している。

2——木戸日記研究会・日本近代史料研究会『鈴木貞一氏談話速記録』下巻、日本近代史料研究会、一九七四年、三七八頁。

3——ただし永田本人は陸軍の独断専行には同調していない。森靖夫『永田鉄山——平和維持は軍人の最大責務なり——』ミネルヴァ書房、二〇一一年、一五三-一五九頁、一八一-一八二頁など。

4——纐纈厚『総力戦体制研究』社会評論社、二〇一〇年、二三二頁。同書の巻末に『帝国国防資源』の抄録が収められている。

5——この論争については、「資源という概念を用いて行われたおそらく日本で最初の政策論争」として佐藤仁『「持たざる国」の資源論——持続可能な国土をめぐるもう一つの知』東京大学出版会、二〇一一年、六二-六六頁が紹介している。

6——『帝国議会貴族院議事速記録9』臨川書店、一九八三年、七一-七二頁。伊澤多喜男は学生時代に小野塚喜平次らとマハン『海上権力史論』の翻訳に取り組んでおり(伊澤多喜男伝記編纂委員会編『伊澤多喜男』羽田書店、一九五一年、四三頁)、その経験も資源に関心を抱く契機となったのかもしれない。マハンは、「軍事力に資する一切の原材料」で優位に立つアメリカと比較して、むしろ「自然の恵みを少ししか受けられなかった」イギリスのほうが海軍力を発達させるに至った経緯を説明している(Mahan, Alfred T., *The Influence of Sea Power upon History 1660-1783*, Boston: Little Brown, 1923, pp. 34-36)。伊澤らは、イギリスと同様に資源に乏しい日本の将来を思い浮かべながら翻訳を進めたのかもしれない。

7——前掲『帝国議会貴族院議事速記録9』、七二-七七頁。

8——千賀鶴太郎「日本の欧洲戦乱に対する地位」『太陽』二三巻一二号(一九一七年)、一二一-一三三頁。

9——半澤玉城「日本陸軍の使命——支那を抱擁して東亜の自給自足を図り平戦両時を通じて極東平和の担保者たれ」『外交時報』四一一号(一九二二年)、二二頁。

10——近衛文麿「英米本位の平和主義を排す」(一九一八年)伊藤武編『近衛文麿清談録』千倉書房、一九三六年、二四〇頁。

11——近衛文麿「元老重臣と余(未発表遺稿)」『改造』三〇巻一二号(一九四九年)、三四頁。

12――松井春生ほか「日本行政の回顧(その二)」『行政と経営』昭和三六年四号、二八頁。

13――同時代的に誇った影響力に比して建部に関する研究が少ないのは、その評判が社会学の内部で芳しくないのに一因があろう。現在にまでつらなる日本社会学会は、建部が創立した日本社会学院に対抗して設立された経緯がある。その際、建部の門弟として理事を務めながら社会学院を飛び出した戸田貞三は、次のように建部の「非デモクラティック」な性格を指摘している。「日本社会学院には五人の理事があって、それはいわば世襲的になっており、或人がやめるときは、その後任を勝手に決めてしまうので、結局建部派にきまるということになります。それでは若い連中が満足する筈がなかったのですが、建部さんはやっぱりあの時代の人で、デモクラティックにやるという考えはどうしてもできなかったのだと思います」。戸田貞三「学究生活の思い出」『思想』三五三号(一九五三年)、一三七五頁。

14――建部遯吾「熱河博士と開戦論と南佐荘との憶ひ出」一又正雄・大平善梧編『時局関係国際法外交論文集』巌松堂書店、一九四〇年、七〇二―七一〇頁。

15――蔵原惟昶編『日露開戦論纂』旭商会、一九〇三年、一七〇頁。

16――高橋作衛「満洲問題の解決」『日本人』一九三号(一九〇三年)、一八頁。

17――同前、一七―一八頁。日露開戦前は人口の過多を喧伝する戸水寛人を批判した高橋作衛も、のちには移民問題に関心を寄せた。議題に「移民問題」を据えた社会政策学会の大会では来賓として講演し(社会政策学会編『移民問題』同文舘、一九一〇年、九三―一一二頁)、洋行帰りに出版した著書『日米之新関係』(清水書店、一九一〇年)でも「移民問題」(一六一―二六二頁)に目立って長い一章が割かれている。

18――戸水寛人「満州問題討究の見地」『外交時報』六九号(一九〇三年)、七八頁

19――戸水寛人「満州の撤兵と日本民族の奮起」『外交時報』六三号(一九〇三年)、五八頁。

20――寺尾亨「進取の国是と満洲問題」『東洋』二号(一九〇一年)、六一頁。

21――金井延「殖民としての日本人性格論」『太陽』一六巻一五号(一九一〇年)、一二四頁。

22――たとえば一九〇五年の就職決定率は三八%に過ぎず、法科大学生の四分の一程度が大学院に進学している。寺崎昌男『東京大学の歴史――大学制度の先駆け』講談社、二〇〇七年、八〇頁。

23――蔵原、前掲書、八七―八八頁。

24――同前、七七‐八一頁。
25――同前、六頁。
26――山路愛山「七博士に与ふる書」（一九〇三年）『山路愛山集』筑摩書房、一九六五年、三五五頁。山路愛山の思想については、坂本多加雄『山路愛山』吉川弘文館、一九八八年、そのイギリス思想に影響された「帝国主義」に照準を絞った論考としては、岡利郎「明治日本の「社会帝国主義」――山路愛山の国家像――」日本政治学会編『近代日本の国家像』岩波書店、一九八三年、一〇七‐一二七頁がある。
27――山路愛山「余が所謂帝国主義」（一九〇三年）、前掲『山路愛山集』、三四四‐三四六頁。
28――山田一郎『政治原論』一八八四年、一五頁。山田の政治学については、吉村正『政治科学の先駆者たち』サイマル出版会、一九八二年、一九‐六六頁。
29――市島謙吉『政治原論』万松堂、一八八九年、三頁。
30――同前、五二三頁。市島は参考文献として「ケアルン氏殖民論」を挙げているが、これはケアンズ（J. E. Cairnes）著『政治学論集』（*Political Essays*）（一八七三年）収録の「植民と植民地統治」（Colonization and Colonial Government）を指すと思われる。
31――落合直文『ことばの泉』大倉書店、一八九八年‐一八九九年、七六三頁、一三〇四頁。
32――福沢諭吉『時事小言』（一八八一年）、『福沢諭吉全集』第五巻、岩波書店、一九七〇年、一〇八頁。
33――有賀長雄『万国戦時公法』陸軍大学校、一八九四年、六頁。
34――植木枝盛「大野蛮論」（一八八〇年）『植木枝盛集』一巻、九二頁。なお「万国共議政府」とは、国際関係を規律する法の定立と執行を担い、「罪」ある国に国土没収以外の「刑罰ヲ加エ」る強権的な性格を持つ一方、加盟国に脱退の自由を認め、「事物ノ未ダ開ケザル国」の独立を尊重する一面をも持ち合わせた国際組織として構想されていた。同前、一〇九頁。
35――ラートゲンの講義録をまとめた著書の題名より。その凡例によれば、政治学は「独語ニ因ルトキハ国家学（スターツキッセンシャフト）ト謂ヒ英語ニ因ルトキハ政治学（ポリチカルサェアンス）ト謂フ」。ラートゲン（李家隆介・山崎哲蔵訳）『政治学一名国家学』明法堂、一八九二年、凡例。ラートゲンの政治学については、蠟山政道『日本における近代政治学の発達』新泉社、一九六八年、七九‐八二頁。

36——ラートゲン、前掲書、一二一一六頁。ちなみにラートゲンが去ったあと、小野塚喜平次が登場するまでの間に政治学を担当した木場貞長には「外交政略論」と題した論考があるが、それは「独乙人ヘフテル氏万国公法中ヂイプロマチツシエクンストト題セル一章ヲ訳セル者」である(木場貞長「外交政略論」『学芸志林』五三号(一八八一年)、四八六-五一一頁)。これはヘフター(August Wilhelm Heffter)著『現代欧州国際法(*Das europäische Völkerrecht der Gegenwart: auf den bisherigen Grundlagen*)』(一八四四年)を指す。この翻訳は「一切外交ニ関スルノ事務ヲ調整処理スルノ学」を意味する「外交法(ヂプロマチー)」の解説を本旨とするが、国家の大小差に基づく外交政策の概括的な相違についての指摘はある。それによると、まず「大国」は「未タ盟主ト為テ列国ヲ服従スルニ足ラザルニ於テハ宜ク専ラ列国ノ権衡ヲ維持スルヲ念トシ之ヲ其大主眼トスヘ」きであり、また「中国ノ利ハ力メテ大国ノ干渉ヲ離レ其紛擾ヲ避ルニ在リ」、そして「小国」は「中立若シ守ル可クンバ則チ守リ若シ守ルヘカラズンバ則チ大国中最モ威信アル者ヲ択ンテ深ク投疑シ之ト存亡ヲ共ニスルヲ以テ政略ノ針路ト定ムベシ」という(同前、五〇〇-五〇二頁)。

37——小野塚喜平次『政治学大綱』下巻、博文館、一九〇三年、一五九-一六〇頁。

38——有賀長雄「社会学研究の範囲」『社会』一巻一号(一八九九年)、六頁。

39——著者不明「国際社会学」『社会』三巻一一号(一九〇一年)、三七頁。なお、社会学研究会は、一八九八年に創立され、一九〇三年まで存続した。会長には加藤弘之が座り、評議員には有賀長雄や戸水寛人が名を連ねている。

40——グムプロウ井ツツ著・新見吉治訳「社会学と政治」『社会』三巻一一号(一九〇一年)、附録、九五頁。原著は一八九二年に出版された *Soziologie und Politik* であろう。著書『社会学原理』(*Grundriss der Soziologie*)(一八八五年)も、部分的に雑誌『社会』上で翻訳が掲載されている。岡百世「社会学史」『社会』二巻一二号(一九〇〇年)、一〇二〇-一〇四〇頁、『社会』三巻一号(一九〇一年)、五五-六九頁、『社会』三巻二号(一九〇一年)、三五-五〇頁、グムプロウイツ「社会学の概念、研究の範囲、及び必要」『社会』三巻七号(一九〇一年)、一八-三一頁、グムプロウ井ツ「社会法則の概念及び本質」『社会』三巻八号(一九〇一年)、一七-二八頁、グムプロ井ツチ述・岡訳「国家論」『社会学雑誌』四巻五号(一九〇二年)、二九五-三〇四頁。

41——建部遯吾「外政問題研究法」『外交』二巻一〇号(一九一六年)、一一八一-一二一〇頁。

42——建部遯吾「国際政策としての同盟」『外交時報』二七一号(一九一六年)、三四六-三六八頁。より簡略な解説として、同「国際同盟に就て」『外交』二巻二号(一九一六年)、一四五-一五〇頁。

43——建部遯吾「内政と外政」『外交時報』四〇一号（一九二一年）、一四〇―一五八頁。

44——有賀長雄『増補社会進化論』牧野書房、一八八七年、一―四頁。

45——加藤弘之「政事を以て任ずる者（当局者政談家等ヲ総称ス）は社会学を修めざる可らず」『東京学士会院雑誌』一一巻二号（一八八九年）、四九―七一頁。

46——建部遯吾『戦争論』金港堂書籍、一九〇六年、序言一頁。

47——一般に建部はコント（Auguste Comte）の影響を色濃く漂わせた社会学者と見られている（川合隆男「建部遯吾の社会学構想——近代日本社会学のひとつの底流——」『法学研究』七二巻五号（一九九九年）、一七―一九頁）。たしかに建部が常々強調した「実理主義」（戸田、前掲論文、一三六七頁）はコントの「実証主義」（positivisme）を意味し、全四巻から成る「普通社会学」に提起された「社会静学」と「社会動学」の区分などもコントに由来する（新明正道「建部遯吾博士の片影——明治社会学史の一齣——」『社会学論叢』三七号（一九六七年）、二三頁）。しかし建部のダーウィン的な発想は、コントに起源があるとは考えられない。コントは『種の起源』を知らずに世を去っているばかりか、生前もマルサスを批判していた（Hawkins, Mike, *Social Darwinism in European and American Thought, 1860-1945: Nature as Model and Nature as Threat*, Cambridge: Cambridge University Press, 1997, p. 53-54）。

そこで、建部が何を介してダーウィンの進化論を学んだのかが疑問として残るが、本人が典拠を明示していない以上、これに答えるに確たる証拠はない。ただ、状況証拠として指摘されるのは、建部が留学して二年を過ごしたドイツでは国家学の研究対象として人口が取り上げられ（南亮三郎「ドイツ社会経済学における人口論」南亮三郎編『人口論史——人口学への道——』勁草書房、一九六〇年、二〇七―二四一頁）、また建部が専攻したフランスの社会学でも、デュルケム（Emile Durkheim）をはじめとして人口の研究を重視する風潮があったという事情である（黒田俊夫「フランス社会学における人口論」、同前、二四二―二七七頁）。ここに建部がダーウィンの進化論に関心を寄せる動機が見出せるのかもしれない。参考文献を明示した『戦争論』では、仏語と独語の図書が縦横に引かれているが、個体数の増加によって「動物界の戦争」が引き起こされる経緯については、ダーウィンの『種の起源』が典拠として記されている（建部、前掲『戦争論』、七三―七四頁）。

48——建部遯吾『世界列国の大勢』四版、同文館、一九一四年、八八三頁。

49——建部遯吾「人口問題」『日本社会学院年報』三巻（一九一六年）、二二六頁。

50——同前、二三九頁。

51——同前、二三七頁。

52——建部、前掲『世界列国の大勢』、八七八頁。

53——建部遯吾『国体国是及現時の思想問題』弘道館、一九二〇年、例言三頁。

54——つまり建部は、自覚的に破局に向かって人口を増やしつづける方針を説く。第四章第七節で後述するが、一九二〇年代の後半に、極限に達するまで「産めよ殖えよ」と訴えて物議を醸した高田保馬は、この思想を受け継いだのであろう。

55——建部、前掲『世界列国の大勢』、一四二一一四六頁。

56——建部遯吾「尚武論」『中央公論』二二巻一号(一九〇七年)、一七頁。

57——帝国軍事協会編輯局編『名家講話集』帝国軍事協会出版部、一九一二年、奥付。

58——建部遯吾「起てよ青年諸君」帝国軍事協会編輯局、前掲書、一一五－一一六頁。

59——建部遯吾『戊申詔書衍義』同文舘、一九〇八年、一六二－一七四頁。

60——建部、前掲『世界列国の大勢』、八八七－八八八頁。

61——建部遯吾「世界戦乱と平和運動」『日本社会学院年報』五巻(一九一八年)、三二四－三二五頁。

62——九條道秀「文学博士建部遯吾文学士山内雄太郎『平和問題』」『社会学研究』一巻二号(一九二五年)、一六九頁。

63——日本社会学院については川合隆男の紹介があるが、建部の顕彰には似つかわしくなかったからか、それは討議された内容にまでは踏み込まない記述に終始している。川合、前掲論文、二〇－二六頁。

64——しばしば次のような記事が年報上に掲載されていたように、人口は日本社会学院が常に関心を寄せていた論題である。今井時郎「地球上人口発展の限度」『日本社会学院年報』一巻(一九一四年)、三八九－三九〇頁、同「仏国の人口問題」同一巻、三九〇－三九一頁、同「世界の人口」同二巻(一九一五年)、二四五頁、同「仏国の人口率」同六巻(一九一九年)、一四六－一四七頁、「世界の人口分布」『社会学研究』(『日本社会学院年報』後継誌)一巻二号(一九二五年)、一四一－一四五頁。

65——建部遯吾「帝国の国是と世界の戦乱」『日本社会学院年報』二巻(一九一五年)、五〇九頁。建部は恒常的な人口増殖の必要性を「今回の戦乱の最大教訓の一」に挙げている。建部、前掲『世界列国の大勢』、九八〇頁。

なお、建部は『優生学と社会生活』(雄山閣、一九三二年)の著書があるだけに、優生学への関心が高かったと考えられているが(玉井金五・杉田菜穂「日本における〈経済学〉系社会政策論と〈社会学〉系社会政策論――戦前の軌跡――」『経済学雑誌』一〇九巻三号(二〇〇八年)、四〇、五二頁)、もともと建部は、優生学の台頭で人口の質に関心が集まるのと引き換えに量が軽視されるに至る事態を案じ、それゆえに優生学の意義には懐疑的であった(たとえば建部遯吾『食糧問題』同文舘、一九二五年、一三六頁)。この『優生学と社会生活』のなかでも、その表題が示唆するとおり、建部は遺伝的な改良を目指す狭義の優生学にとどまらず、社会生活を改善する必要性を主張している(この点については、鈴木善次、『日本の優生学――その思想と運動の軌跡』三共出版、一九八三年、一一七頁)。

66――建部遯吾「高野岩三郎氏「本邦人口の現在及将来」」『日本社会学院年報』四巻(一九一七年)、一八九頁。

67――以上、各大会の出席者は、『日本社会学院年報』各巻「大会記事」の「大会委員」と「当日出席会員」より。

68――日本社会学院調査部「帝国教育の根本方針」『日本社会学院年報』四巻(一九一七年)、一―二頁。日露戦争前の「七博士」事件より交際がつづいていた見られる松浦厚も「評定員」に加わっている。

69――同前、五頁。

70――同前、一三―二五頁。

71――大隈重信「欧洲現代文明の弱点」『日本社会学院年報』六巻(一九一九年)、一九一―一九九頁。

72――佐藤鋼次郎『国民的戦争と国家総動員』二酉社、一九一八年。

73――佐藤鋼次郎「戦争と国家組織」『日本社会学院年報』六巻(一九一九年)、三一五頁。

74――建部遯吾「帝国教育の根本方針について」『日本社会学院年報』四巻(一九一七年)、三二頁、日本社会学院調査部、前掲論文、六頁。

75――建部、前掲『食糧問題』、九頁。

76――同前、一七七頁、二二五―二二六頁、二三六頁。

77――松井ほか、前掲論文、二八頁。佐藤仁、前掲書、九四―九五でも、松井春生が感化を受けた人物として自ら建部と小野塚の名を挙げている事実がふれられてはいるが、その影響は重視されていない。小野塚については「独自の「資源論」を展開していた事実を確認することはできない」と記され、建部の思想に関しては何も追究されていない。

78――建部、前掲『世界列国の大勢』、九八一頁。

79――建部遯吾『社会理学』金港堂書籍、一九〇五年、二〇七頁。

80――松井春生『日本資源政策』千倉書房、一九三八年、一七―一八頁。

81――建部、前掲『社会理学』、二二九頁。

82――ドイツ地政学、そしてその日本的な展開に関する参考文献は、序章の注四三。なお、いずれにおいても建部、あるいは次章の小野塚、次々章の神川彦松は論及されていない。

83――Mattern, Johannes, *Geopolitik: Doctrine of National Self-sufficiency and Empire*, Baltimore: Johns Hopkins Press, 1942.

84――建部が外遊で立ち寄った欧米各国について、一国ごとに地誌を記した前掲『世界列国の大勢』は、構想自体がチェレーンの『現代の八大強国』(*Die Grossmächte der Gegenwart*)と似通っている。後者のドイツ語版は一九一四年から一九一八年にかけて一九版を重ね、大戦後は後述するハウスホーファーの手で『強国と世界危機』(*Die Grossmächte und die Weltkrise*)に改題されたうえ、さらに二版を加えた。この著書は地政学の発展に一役買ったと見られている(*Mattern, Geopolitik*, p. 105)。

85――ルドルフ・チェレーン(阿部市五郎訳)『生活形態としての国家』叢文閣、一九三六年、一〇〇頁、一〇九頁。

86――同前、一〇九頁。ここで「ノイマン Neumann」と書かれているのは「ナウマン Naumann」の誤りである。Kjellen, Rudolf, *Der Staat als Lebensform*, Leipzig: Hitzel, 1917, S. 75.

ナウマンの著書が地政学の発達に与えた影響については、Mattern, *Geopolitik*, p. 77; Strausz-Hupé, Robert, *Geopolitics: The Struggle for Space and Power*, New York: G. P. Putnam's Sons, 1942, pp. 36-38. 著書『中欧論』を中心としたナウマンの思想と、その歴史的な文脈については、板橋拓己『中欧の模索』創文社、二〇一〇年、七〇―一三六頁。

87――建部遯吾「ナウマン氏「中欧帝国」」『日本社会学院年報』五巻(一九一八年)、六六七頁。

88――ここで「学知」とは、その実践的な側面を視野に含める学問の見方を反映した表現である。酒井哲哉「帝国のなかの政治学・法学・植民政策学」『岩波講座「帝国」日本の学知』一巻、岩波書店、二〇〇六年、三頁。

89――ハウスホーファー(佐藤荘一郎訳)『太平洋地政学』岩波書店、一九四二年、一頁。

90――K・ハウスホーファー「民族の生活空間(二)」『地政学』一巻九号(一九四二年)、一〇〇四頁。

91――ラッツェルが学位を取得した論文の題目は『貧毛類に関する解剖生理学的考察』(*Anatomische und physiologische Beobachtungen uber Oligochaten*)であった。ヨハネス・シュタインメツラー(山野正彦・松本博之訳)『ラッツェルの人類地理学』地人書房、一九八三年、一〇五頁、Wanklyn Harriet, *Friedrich Ratzel: A Bibliographical Memoir and Bibliography*, Cambridge: Cambridge University Press, 1961, p. 7.

92――内藤久寛は牧野輝智編『世界産業大観』(日本評論社、一九二九年)上で「石油」(三六五―三八八頁)の章を担当している。そこでは石油利用の歴史、産油国の情勢、大戦後の「石油資本戦」などが概説されている。なお一八九七年五月に「政府から石油事業観察を命ぜられ」(内藤久寛『春風秋雨録』民友社、一九一九年、一二八頁)て外遊に出た内藤が、ニューヨークからリバプールに向かう客船で有賀長雄と一緒になったのは偶然にすぎまい(同前、一四四頁)。しかし内藤がオデッサよりマルセイユに至るまでの行程に小野塚が同行しているのは(同前、一六三―一六七頁)、単なる偶然では済まされないのかもしれない。

93――日本社会学院の会員名簿は、復刻版(龍渓書舎、一九九九年)の第一巻に掲載されている。全員が一九一五年に加入した日本石油会社の面々は、その当時の身分を記した。

94――高野新一は一九一七年、松本順吉は一九一五年の加入である。

95――松井は一九二一年、宇佐美勝夫は一九一八年に加入している。

ちなみに東京帝国大学文科大学生ながら参加を認められた楢崎善一が(一九一五年)、卒業して台湾炭鉱株式会社に入社している(一九一七年)。この進路選択は、あるいは建部の関心を受け継いだ結果であろうか。

96――小川、前掲「人文地理学の一科としての政治地理学」、二三九、二四七頁。

97――同前、二三九―二四七頁、同「政治学者の観たる国家」『地球』九巻五号(一九二八年)、三二一―三二九頁および九巻六号(一九二八年)、三九七―四〇五頁。

98――小川琢治『戦争地理学研究』古今書院、一九三九年、一六―三七頁、二一二―二二九頁。

99――石橋にも地政学を紹介した論考がある。石橋、前掲論文、六一一―六一四頁。

100――建部遯吾「世界戦乱の本性を明にして戦局収拾の方針を策定す」『国体国是及現時の思想問題』弘道館、一九二〇年、五一一―五一四頁。この論考には「大正七年十一月二十五日」の日付が記されている。

101――同前、五四六頁。
102――同前、五三七頁。
103――近衛の論文に影響を与えたと見られる人物や思潮を丹念に検討した中西寛は指摘していないが、以下に本文で述べる理由から建部の感化が及んでいた可能性も考えられよう。中西寛「近衛文麿「英米本位の平和主義を排す」論文の背景――普遍主義への対応――」『法学論叢』一三二巻四・五・六号（一九九三年）、二二五―二五七頁。中西の論文にくわえ、近衛の思想に関しては庄司潤一郎による一連の研究を参照した。庄司潤一郎「近衛文麿像の再検討――対外認識を中心に――」近代日本外交史研究会編『変動期の日本外交と軍事――史料と検討――』原書房、一九八七年、九七―一一五頁、同「日中戦争の勃発と近衛文麿「国際正義」論――東亜新秩序への道程――」『国際政治』九一号（一九八九年）、三九―五三頁、同「近衛文麿の対米観――「英米本位の平和主義を排す」を中心として――」長谷川雄一編『大正期日本のアメリカ認識』慶應義塾大学出版会、二〇〇一年、三一―三九頁。
104――近衛、前掲「英米本位の平和主義を排す」、二三六―二三八頁。
105――同前、二三九―二四〇頁。
106――近衛文麿「米国の排日に就て」『日本社会学院年報』七巻（一九二〇年）、三一二頁。
107――中西寛は、近衛が日本の人口に関する認識を転換したと解釈している。中西、前掲論文、二五四頁。
108――建部遯吾「近衛文麿氏「戦後欧米見聞録」」『日本社会学院』九巻（一九二一年）、一六七頁。
109――近衛文麿「講和会議所感」『日本社会学院年報』七巻（一九二〇年）、三〇一―三〇八頁、同、前掲「米国の排日に就て」、三〇九―三一二頁。
110――プロパガンダ（「宣伝」）は、建部が国際関係上で重視していた問題の一つであった。建部、前掲「内政と外政」、一五六―一五八頁。
111――近衛文麿・今井時郎『革命及宣伝』冬夏社、一九二一年、六―一二頁。なお今井時郎とは、のちに東京帝国大学文学部教授に就任した建部の門弟であり、日本社会学院の事業として行われた「帝国教育の根本方針」の作成にも「調査員」として加わっていた。
112――建部、前掲「近衛文麿氏「戦後欧米見聞録」」、一六八頁。
113――社会学講座の拡張によって戸田貞三の身分を確保しようと試み、失敗したのが退職の理由であった。建部は、

「俺がやめれば一つ席があくだろう」と言い捨てて職を辞したという。戸田、前掲論文、一三七一頁。

114――とくに一九二四年は一月号から一二月号まで毎号欠かさず寄稿している。『大正公論』四巻一－一二号(一九二四年)。

115――建部遯吾「悲しむべき民族頽廃の現象」『大正公論』二巻二号(一九二二年)。

116――建部遯吾「多数政治と軍国主義」『大正公論』四巻一一号(一九二四年)、五〇頁。

117――建部遯吾「人口問題の経綸的考察」『大正公論』二巻一一号(一九二二年)、一八頁。

118――建部、前掲「多数政治と軍国主義」、五〇－五一頁。

119――山梨半造「国防哲学の概念」『外交時報』四六二号(一九二四年)、一二－一三頁。

120――近衛、「英米本位の平和主義を排す」、二三七頁。なお「生存権」とは言葉が若干異なるが、建部も「国是の国際的主張は根拠を国社会存立権に存し、国社会存立権の問題は真正深奥なる意義に於ける至善の本義の問題を誘致す」と述べ、国是を正当化する論理として「存立権」を主張していた。建部遯吾「帝国の国是」、前掲『国体国是及現時の思想問題』、二四九頁。

121――永田鉄山「満蒙問題感懐の一端」『外交時報』六六八号(一九三二年)、三三八頁。

122――森、前掲『永田鉄山』、五六頁。

123――近衛文麿「世界の現状を改造せよ」(一九三三年)伊藤編、前掲書、二五五頁。

124――柳川平助「満蒙問題の再認識」『外交時報』六六八号(一九三二年)、四八頁。

125――近衛、前掲「世界の現状を改造せよ」、二四五頁。ただし、これは必ずしも近衛に特有の発想ではない。たとえば東京商科大学教授の上田貞次郎は、すでに一九二七年に次のように書いていた。「此の如き繁殖力の旺盛な民族を一孤島の内にとぢ込めて海外移住の道を与へないことは独り不合理であるのみならず、世界に取つて危険なことだといふことも出来る。何となれば此大国民が狭き領土内に群集して生活資料の不足に窮するやうな状態になれば、内政上にも外交上にも永久に安泰といふことは何人にも保証し得ないだらう」(上田貞次郎「我国の人口及食糧問題」『企業と社会』一一号(一九二七年)、一九六頁)。また、太平洋問題調査会のバンフ会議(一九三三年)で新渡戸稲造が行った演説も、近衛の言葉と重なる。これについては終章で引用する。

126――酒井三郎『昭和研究会――ある知識人集団の軌跡』講談社、一九八五年、一二一頁、一四五頁、一六五頁、一七五頁。

127―同前、五三頁。

128―同前、一六四頁。

129―資源局『資源の統制運用準備と資源局』一九三〇年、三頁。

130―この一節にある「国社会」と「存栄」の両語は、松井が資源の定義に好んで使用した言葉である。すでに第四節で引用したとおり、松井は『日本資源政策』のなかで資源を「凡そ国社会の存立繁栄に資する一切の源泉」と定義していた。松井としては、とくに「国社会」には思い入れが強かったとみえ、「私は大学を出てから、ずっと今までに〝国家〟ということばを使ったことがないのですよ。必ず簡単に〝国〟というか〝国社会〟と言ってるんです」と語っている。その理由は「国が一つの社会であり、最も発達した一般社会であり、われわれの福祉を増進する身近な、否自分たちそのものの大集団であるから」という。さらに松井は、「公文の立案はもちろん、大臣等の訓示、演説案等にも、自分としては決して〝国家〟の語を用いず、常に〝国社会〟または〝国〟と記して来た」とも述べている（以上の引用は、松井春生ほか「日本行政の回顧（その三）」『行政と経営』昭和三七年二号、五五－五六頁より）。以上より、資源局作成の『資源の統制運用準備と資源局』が松井の筆になると推測される。松井は資源局内で相応の影響力を誇り、そもそも機関の名称も松井の発案によるという（読売新聞社編『昭和史の天皇16』読売新聞社、一九六一年、一五一頁）。

なお、松井は言及していないが、建部もしばしば「国社会」の表現を用いていた（たとえば、「世界の戦乱と帝国の地位」、前掲『世界列国の大勢』、九五九－一〇五五頁、前掲「国際政策としての同盟」、三四六頁、前掲「帝国の国是」、二三二－二四九頁）。この言葉は松井自身の認識とは違い、実際には建部から学び取っていたのではなかろうか。

131―昭和研究会事務局『日本は何処へ行くか（要綱）』、一九三七年、一五－一六頁、二六頁。なお、この文書に先立って一九三五年に作成された『日本ハ何処ニ行クカ』を指し、伊藤隆は、そこに昭和研究会の基本的な考え方が表明されている指摘する。そのなかでは、日本の人口問題が冒頭で強調されているという。伊藤隆『近衛新体制』中央公論社、一九八三年、三四－三五頁。

132―昭和研究会事務局、前掲書、四三頁。軍需品の注文が増えれば「農村過剰人口の吸収」も図れるという付随的な効果も指摘されている。同前、二八頁。

133――酒井、前掲書、五三頁。

134――新明、前掲論文、二七頁。

135――戦時下の工業化により、欧州のような長期的な出生率の低下に陥る不安、あるいは農業人口が不足に転じる懸念などが、要綱策定の背後に指摘されている。高岡裕之『総力戦体制と「福祉国家」――戦時期日本の「社会改革」構想』岩波書店、二〇一一年、一六九―一二六頁。

136――木戸日記研究会・日本近代史料研究会、前掲書、三七五―三七九頁。

137――兵頭徹・大久保達正・永田元也編『昭和社会経済史料集成』三五巻、大東文化大学東洋研究所、二〇〇八年、二二八頁。

138――「石澤総領事提出の対蘭印要求並回答」外務省編『日本外交年表並主要文書』原書房、一九六六年、四七四頁。

139――近衛、前掲「英米本位の平和主義を排す」、二四〇頁。

140――近衛、前掲「元老重臣と余」、三五頁。

141――松井、前掲『日本資源政策』、六四頁。しかし、「未だ不幸にして今日」では、自由な通商の「二大前提」にあたる「市場の開放」と「原料品取得の自由」が実現しそうにないと松井は考えていた。

142――松井春生『経済参謀本部論』日本評論社、一九三四年、三四頁。

143――松井、前掲『日本資源政策』、六四頁。

144――松井、前掲『経済参謀本部論』、三三―三九頁。

145――Lorwin, Lewis L., *The Need for World Economic Planning*, American Council, Institute of Pacific Relations, 1931.

146――酒井、前掲書、二九一―二九二頁。

第四章 何のための民主主義か——小野塚喜平次の政治思想

はじめに

古代アテネで従軍の義務と表裏一体の関係にあった参政権に民主主義の起源が見出されるとおり、もともと民主主義は戦争の遂行と親和的な体制であり、したがって民主主義にまつわる思想が総力戦の準備に動員されるのは何ら不思議ではない。しかし、直近の戦争が国内外に破滅的な損害を与えた第二次大戦後の日本では、それは公言をはばかられる問題となる。卒業を前に師の小野塚喜平次に「君は学校に残って政治学を専攻されたらどうです、これは今まで一人にもいったことがないが……（ママ）」[1]と持ちかけられた松井春生（はるお）が、このような特別の寵愛にもかかわらず、ほかの門下生たちが編んだ評伝『小野塚喜平次——人と業績』に一度も登場しないのは、如上の理由によるのであろうか。

松井は内務省の役人として資源局の設立にかかわり[2]、日中戦争が始まった当時は長官の地位にあった人物である。設立当初、総務課と企画課の両課長を兼ねていた松井は資源局内で相応の影響力を誇っていたとみえ、そもそも機関の名称も松井の発案によるという[3]。松井は満州事変後に勲二等を与えられ[4]、日中戦争中の功績によって旭日重光賞を受ける[5]。しかし戦後、東京都長官の職に就いた直後に公職追放に処せられる。それを不当に感じる松井は、その不満を吐露した座談会の席上で[6]、少年期より培われた軍への不信感を随所で語る一方[7]、小野塚との親交を詳細に明かしている。

それによると、松井は大学二年の時に受けた「小野塚先生のゼミナール」に参加して以来、すっかり「小野塚学派」になったという。その授業で「帝国主義と平和主義」を題目に選んで報告したところ、小野塚には「動(やや)もすれば理想に走る嫌いがあるとか、名文になり過ぎてるところがあるとか」注意を受けたのも、松井は覚えている[8]。また、卒業時に研究者の道を勧められただけに、松井は「小野塚先生から卒業後も久しく「こういういい本がでた」とかいうようなお話を伺って」[9]いたそうである。交流は私事にも及び、小野塚から「こいといわれた」ばかりか、自らの別荘の敷地内に「別荘を作ったらどうか」とも持ちかけられたため、松井は毎夏を軽井沢で過ごして小野塚と親交を深めていたと懐かしげに振り返っている[10]。松井の結婚にあたって媒酌人を務めたのは、もちろん小野塚夫妻であった。

前述の評伝によれば、小野塚は私事で学生と交わるのを好まず、小野塚家に「断えず出入していた河合栄治郎」と、小野塚の先輩にあたる金井延(のぶる)の長女が結婚したときでさえ、小野塚は媒酌人の名義を貸しただけで式にも披露宴にも姿を見せず、妻の孝が河合の友人と並んで媒酌人の座に着いたという逸話もある。小野塚が媒酌人を引き受けたのは、新郎と新婦の双方が格別に夫婦と親しかった場合に限られ、そのわずかな事例としては、小野塚家の「書生」から内務省官吏となった北岡寿逸(きたおかじゅいつ)や、東京帝国大学医学部助手から松沢病院長となった林暲(はやしすすむ)などが評伝で挙げられている。しかし、そこにも松井の名は見当たらない[11]。

すると逆に、北岡と同じく、小野塚邸の別棟にある「書生部屋」で学生生活を送った人物として澤田謙の名が評伝に登場するのは[12]、思わず著者が筆を滑らせたからであろうか。一九二〇年代の後半に早くも「来らんとする日本の非常時を、予感したるが故」[13]にムッソリーニの評伝を著した澤田は、さらにヒトラー政権が誕生すると、「世界もつひに独裁政治の時代に入つた」と祝福した。澤田が主張するには、たとえ議会制民主義国であっても、何かを決定するには「相当の独裁的権力」が指導者に認められていなければならないため、程度の差はあるにせよ、あらゆる政治は「独裁政治」の要素をもつ。ただ、平常時であれば「小さき独裁」で済むが、非常時になると「大なる独裁」が必要となる[14]。予想される「非常時」に適応すべく、早くから独裁体制の成立を待ち望んでいた澤田から見ると、ムッソリーニに次ぐ「いま一つの輝しき新星」[15]として、ヒトラーは評伝を書くに値する人物であった。

しばしば門下や同輩を通じて思想が類推されてきた人物にしては[16]、小野塚の人脈で脚光を浴びているのは、民主主義の思想を継承し、あるいは共有したと見られる系譜に限られる。一般に名前が挙がるのは、門下の吉野作造、南原繁、河合栄治郎、蠟山政道、そして大学の同期生で「二八会」に属した浜口雄幸や幣原喜重郎あたりであろう。しかし、右記の松井や澤田、あるいは第五章の主人公、神川彦松なども、同時代的に活躍した小野塚の門下であった。本章では、このような従来看過されてきた小野塚の系譜を拾い上げたい。

本章でも前章につづき、まずは日露戦争前の「七博士」事件を手がかりとして、どのように小野塚が国際関係を認識していたのかを探る。そこに表れた人口・資源・領土に対する関心は、これまでの小野塚像に修正を迫るであろう。次に視点を第一次大戦の前後に移し、変動する国際関係に揺さぶられて小野塚の思想が変容する様子を観察する。こちらは、従来の小野塚に対する評価と親和的である。一九二〇年代の後半に入ると、大学行政に身を投じた小野塚は著述活動から身を引くが、そこからは門下の著作を通じて師の思想が本人を離れて描いた軌跡を掘り起こしたい。一九三〇年代とは、日本で人口・資源・領土の不均衡が強烈に意識された時代であった。

1 「七博士」の一人として

早期の日露開戦を政府の要路に迫った「七博士」に小野塚が名を連ねていたことは、広く知られながらも深く追究されてこなかった逸話である。本件については前章でも一節を割いて紹介したが、ここには以後の叙述に欠かせない小野塚の一面がひそむ以上、本章でも的を絞った独自の検討が求められる。ここでは先行する三章との重複を最小限にとどめつつ、小野塚の思想を解明するうえで必要な限りで、再び「七博士」の言説に分け入りたい。

一説によると、小野塚が戸水寛人らと行動をともにしたのは、専制国ロシアの伸張によって侵食されかねない自由を守るためであったという[17]。しかし直接の動機は、小野塚の同僚であり、かつ「七博士」の一人でもあった高橋作衛に誘われたからである[18]。高橋は、学生であったころの小野塚にマハンの『海上権力史論』(*The Influence of Sea Power upon History 1660-1783*)(一八九〇年)を翻訳させたことがあり[19]、その誼みもあって小野塚を同志に引き入れたのであろう。

前章でも指摘したが、高橋が開戦の根拠として持ち出したのは「国際自衛権」の概念であった。ただ、ロシアによる満州の支配が、自衛権の発動をも許容する脅威として認識されるためには、また別の補助的な概念が必要であった。それは「制海権力」であった。高橋によれば、ロシアによる「満洲ノ略取」は「朝鮮ノ圧伏」につながり、それによって極東の「制海権力」がロシアに掌握されるため、ついには日本も海上から抑圧されるに至るのである[20]。ただ、山県有朋や小村寿太郎らに送付された意見書では、この論理が短縮され、ロシアが満州の占領をつづければ韓国の独立が危うく、朝鮮がロシアの手に落ちれば日本も危ういと簡単に説明されていた[21]。

この「制海権力」がマハンに由来するのは言うまでもない。高橋自身も、「マハン大佐」の著書を参照して「制海権力」を研究したと明かしている[22]。このような事情から判断すると、小野塚は高橋と認識を共有して「七博士」に加わったように考えられる。

しかし「七博士」のなかには、高橋とは違う根拠にもとづいて開戦を唱える者がいた。先行する各章でもふれたとおり、戸水は人口と領土の不均衡を訴えていた。戸水の考えでは、増える人口に見合った領土を大陸に確保するため、まずはロシアを満州から追い出す必要があった。しかも、戸水は「七博士」のなかで孤立していたのではなく、寺尾亨も同様の論法で開戦の必要を力説していた。

仲間割れを知った高橋は、戸水の名を表に出さず、人口と領土の関係を引き合いに出すのは国際的に説得力がないと吐き捨てた[23]。しかし戸水のほうは、高橋の批判が自分に向けられていると気づいても、ほかに味方がいただけに少しもひるむ様子がない。国際法の理屈に即した公式の声明と「純然たる政治論」とは「別物」であると反論した戸水は、最後まで自説を貫き通した[24]。

それでは、このように鋭く対立した二派のうち、小野塚はどちらの側に与したのであろうか。既述のように、小野塚は高橋の勧誘で「七博士」に加わり、高橋の意見にも通じていたと思われる。しかも小野塚は、自分と戸水が「同志者中ノ両極端」に位置していたと語り[25]、口裏を合わせたかのように戸水も、自分と「小野塚博士ト八両極端ニ位スル」と認識していた[26]。たしかに小野塚は、意見書の提出後に間もなく戸水らと袂を分かった。のちに編纂された『日露開戦論纂』(一九〇三年)に小野塚は寄稿していない。小野塚は即時の開戦には賛成していなかったと見られる。戸水が評するに、小野塚は「七博士」のなかで「最モ穏和ナル説」をとっていた[27]。しかし、開戦の是非と人口の問題は同じではない。前者の対立が後者に持ち込まれる理由はない。

じつは開戦後、とうに戸水の運動を離れたはずの小野塚が、戸水の言い分と相通ずる論考を発表している。その論文のなかで小野塚は、あくまでも「仮設ノ問題」とことわりつつ、もし「人口過剰ニ苦シム優等文化ノ一強国」が、植民地に適した近隣の「劣等文化ノ一弱国」を「其膨脹範囲」に組み込める機会に恵まれたとすれば、どのような選択肢をとるのが望ましいのかと問うた[28]。比較考量の末に小野塚がひねり出した答えは「保護制」であったが、ここでは結論よりも設問が注目に値しよう。まず「優等文化ノ一強国」を日本に置きかえ、次に「劣等文化ノ一弱国」を韓国に置きかえれば、これは戸水の持論を補完するような想定問答となる。前三章でも指摘したとおり、戸水は日本の人口を移出する先として韓国を狙っていた。

これまで本書では、一九世紀末から日露開戦に至るまで、多くの人士が日本の人口を「過剰」と見なしていた様子を描いてきた。しかし、この見方は必ずしも客観的に裏づけられていたわけではない。じつは、年間に四〇万人、率にして一%程度の増加は、国際的に見て格別に大きくはなかった。この事実を白日の下にさらしたのが、のちに建部遯吾が「斯界の権威者」と呼んだ高野岩三郎である。すでに開戦後ではあったが、社会統計を専門とした高野は、欧米各国の数値を引き、日本の人口増加率がスコットランドやカナダと同程度であり、イギリスやドイツ、さらにはロシアにも劣る実情を指摘した。したがって、日本の人口増加を世界に比類ない現象と考えるのは「偏狭的独断」にすぎないと高野は厳しく批判している[29]。

高野は小野塚と大学の同期にあたり、ともに高橋の依頼で『海上権力史論』の翻訳にあたっていた。しかも高野は、戸水や小野塚ら「七博士」の一部が名を連ねた社会政策学会の一員であった。このような事情を考えると、高野が誰の「偏狭的独断」をたしなめていたのかは察しがつくのではなかろうか。

前章でも指摘したように、じつは戸水や建部も、高野の指摘を待つまでもなく、日本の人口増加が世界的に突出してはいない事実に気づいていた。日本の人口を引き合いに出し始めた当初から、戸水は日本の増え方がロシアと比べて「少ナイ」と認めている。そのころの戸水は、この不都合な事実を言いこめる理屈をもたず、たとえロシアと比べて少ないにしても、日本の増加も「随分盛ナモノト考ヘル」と苦し紛れに切り返すのが精一杯であった[30]。その後、一九〇三年秋に編まれた『日露開戦論纂』のなかでは、戸水は建部にならって将来の人口増加に目を向け、それに備えた領土の拡張を主張した。それでは小野塚は、増加数や増加率のほかに日本の人口を「過剰」と評価する材料を持ち合わせていたのであろうか。

実際のところ、あらかじめ架空の問答とことわっているだけに、小野塚は日本の人口について何一つ具体的な判断を示していない。とすると小野塚は、ひとまず経験を不問に付して、ただ理論にもとづいて「過剰人口」の脅威を語っていたのであろうか。じつは日露開戦前、日本の人口を「過剰」と訴えていた人々のなかにも、その判断が理論の助けによると自覚している者がいた。第二章でふれた政治学者の稲田周之助は、増えつづける人口による「生存競争」の激化に警鐘を鳴らしつつ、日本の領土が人口に見合っていない状況は、以前から「事実」としてはつづいていたものの、それを「理論の上に見る」のは「甚だ新奇」な事態であると指摘していた[31]。ここで稲田は、マルサスやダーウィンの受容を想起していたと思われる。小野塚が日露戦争中に発表した論文も、二人の説をもとに組み立てられていたのであろうか。

2 人口と国際競争

このように問うて問題の論文を通読しても、そこにはマルサスもダーウィンも登場しない。「幾何級数」や「生存競争」など、二人の影響をうかがわせる語彙も見当たらない。なぜ「過剰人口」が発生し、なぜその事態が国家の「膨脹」を必要とするのかについて論証はなく、ただ「史的事実」として、国家が「膨脹」を企てる「最大動機」は「過剰人口ノ処分」であったと指摘されているにすぎない。しかも、小野塚が言及した具体例は、この「史的事実」を裏づけていない。その例とは、世界中に「過剰人口」を送り出しながら、ついに最大の移住先を領土に組み込むには至らなかったドイツである。

小野塚がドイツについて論じたのは、一九〇〇年の時点で一世と二世を合わせて一千万人を超える移民をアメリカに擁しながら、その大多数が言語や文化の面で母国の影響から引き離されつつあった状況である。この喪失こそ、外国の領土に赴く移民について「三省(さんせい)スヘキ事実」にほかならないと小野塚は警告する[32]。要するに小野塚は、自国の影響力が及ばない地域に移民を送り出してはならないと説き、その主張を裏づける教訓としてドイツの失策を引き合いに出したのである。この論文では「過剰人口」は与件であり、「膨脹」の選択は単純な得失の計算で片づけられている。そこに大仰な法則や理論の出る幕はない。

ただ、小野塚がドイツに注目しているのは示唆に富む。高野岩三郎が指摘したとおり、日本よりも人口増加率の高かったドイツは、一九世紀を通じて大量の移民を世界中、とくにアメリカに送り出していた。そのドイツほど、ダーウィンの生物学と社会現象の説明とが交錯しやすかった場所はなかったであろう。たとえば、種が分化する仕組みに関してダーウィンと論争したモーリッツ・ヴァーグナーの理論は[33]、いかにも十九世紀ドイツの経験を反映していたように思われる。地理的な遠近とは関係なく、あくまでも生存競争が種の分化を促すと言い張ったダーウィンに対して、ヴァーグナーは個体の移動による地理的な隔離こそ分化の決定因になると反論した。ヴァーグナーが提起した進化の図式は、人口の増加によって国内で生活の行き詰まった人々が移民に活路を見出し、そこでドイツの文化を失う構図と重なる[34]。

このヴァーグナーに感化されて独自の地理学説を構築したのが、序章と前章で言及した生物学出身のラッツェルである。一八七一年にミュンヘンでヴァーグナーと出会ったラッツェルは、生物進化論の素養と世界各地を旅した経験を共有するヴァーグナーを、すぐに師として慕うようになった。それから十年ほどたち、ヴァーグナーと同じミュンヘン大学の教授に就任していたラッツェルは、大著『人類地理学』(*Anthropogeographie*)の第一巻(一八八二年)を刊行する。それはヴァーグナーに捧げられている[35]。

しかし当時から、ラッツェルはヴァーグナーの学説が当代の人類には妥当しないと考えていたという[36]。交通の手段が著しく限られていた太古はともかく、もはや同時代の人類には「種」の「分化」をもたらすような厳密な隔離は起こりえないからである。その後のラッツェルは、国外に出た移民を本国から「分化」させない地理学説を練り上げる。端的に言えば、ラッツェルは移民をも含めた民族ないしは国家を一つの生命体と見なし、その伸縮を地理学の主題に据えたのである。

ラッツェルによれば、移民のあとに商人や宣教師がつづき、そのために国外に築かれた橋頭堡をめがけて、ついには本国が乗り込んでくる。要するに本国は、新たな土地を取り込み、国境を引きなおすのである。この併合は沿岸や川沿いから始まり、価値ある土地を目当てに次第に内陸へと進む。ただ、そこが無主地である場合は少なく、大概の例は略取の形式をとるという[37]。

このような経路をたどって国家の版図が拡大する仕組みを、ラッツェルは論文「国家の空間的膨張の法則」(Die Gesetze des raumlichen Waschstums der Staaten)として発表した。ここで「法則」の語を使ったラッツェルには、歴史から導き出された知見を同時代の用に供する意図があったのではないかと疑われている[38]。たしかにラッツェルは、植民地の獲得を唱えて一八八二年に発足したドイツ植民会(Deutsche Kolonialverein)と、その後継として一八八七年に創立されたドイツ植民協会(Deutsche Kolonialgesellschaft)の会員であった[39]。

ところで、小野塚が日露戦争中に発表した論文は、表題が「国家膨脹範囲ノ政治学的研究」であった。ここで小野塚が、ラッツェルと同じく領土の拡張を国家の「膨脹」と表現しているのは、単なる偶然の一致であろうか。

この問いに厳密に答えるのは難しいが、小野塚がラッツェルの学説を知っていたことは間違いない。ラッツェルが「法則」を立証するために夥しい事例を寄せ集めて公刊した『政治地理学』(一八九七年)を、小野塚が読んでいたからである。小野塚が日露開戦の前年に出版した『政治学大綱』(一九〇三年)の巻末には、「Ratzel, Politische Geographie. 1897.」が「政治学参考書」の一つとして明記されている。

日露戦争中の論文と同じく、この著書でも小野塚は「外交政策ハ膨脹的ナルヘシ」[40]と説く。そして、この前提をもとに描かれた国際関係の構図とは、文字どおり「生存競争」の連鎖にほかならない[41]。そもそも国家が成立する決定的な契機は「外敵トノ生存競争」であり、各地に国家が並立する時代に入っても、同じように「団体間ノ生存競争」がつづく。小国は、単純に大国に滅ぼされる場合があれば、大国と対抗するために他国と「平和的合同」を結び、そのために結局は消滅する場合もある。しかし、大国間に「勢力平均」の作用が働き、そのおかげで小国が滅亡を免れる場合もあれば、むしろ小国が連合を組んで大国を滅ぼす場合もあるという[42]。

ここで国家間の「勢力平均」が指摘されているあたりを含め、小野塚は伝統的な国際関係の認識を祖述しているにすぎないようにも見える。しかし、小野塚が「国家ノ発生、盛衰及消滅」を描くにあたって、一貫して対外的な競争を最大の要因として強調しているのは、見逃せない特徴であろう。国家が発生するには外敵に屈しない「競争力」が決定的な要素であり、国家となったあとの「盛衰」とは、まさに「競争力」の「変動」の「異名」にほかならないと小野塚は言いきる[43]。

じつは『政治地理学』のなかで、ラッツェルも「周囲との相互作用」に焦点を当てて「国家の膨張」を描き出していた[44]。まず、国家が「膨張」に踏み出す契機は、外部から持ち込まれる。つまり「膨張」の端緒を開くのは、より領土の広い国家で生まれ育った外国人の来訪である。そのような人々のもつ空間の観念が伝わり、ついに小国が領土の拡張に乗り出す[45]。領土の略取によって「膨張」を図る習性は周辺にも伝播し、熾烈な競争の果てに領土の「均衡」が成立する。その実例としてラッツェルが挙げたのは、オーストリア＝ハンガリー帝国、ドイツ、フランス、スペインの国土が一〇〇、八六、八四、八〇の面積比に接近している「欧州均衡」である[46]。

この過程を描くなかで、ラッツェルは小野塚と同じく、たびたび「競争」の語を使用している。しかし、それ以上に小野塚との類似をうかがわせるのは、ラッツェルが「膨張」の前提として「文化」を重視している点であろう。既述した「国家の空間的膨張の法則」論文のなかでも、ラッツェルは第一に「文化」に言及し[47]、その成熟と国家の「膨張」が軌を一にすると主張する。そもそも新たな空間を統治するには「文化」が欠かせないからである。したがって、小国を「膨張」へと駆り立てるのも、外国人が持ち込む「文化」にほかならない。いつの時代も大国を建設するのは、常に「文化国民」であるとラッツェルは指摘している[48]。

これと同旨の記述が小野塚の『政治学大綱』にもある。前述のとおり、小野塚は国家の命運が「競争力」

にかかっていると論じたが、何が「競争力」を養成するのかを問うた小野塚は、そこで「文化」に言及する。小野塚は両者が同一ではないと指摘しつつも、それは二者の顕現する場面が異なるためであり、畢竟するに「同一事項モ観察方面ノ差ニヨリ価ノ差ヲ来」すにすぎないという。逆に言えば、「文化」と「競争力」は表裏一体をなす。さらに両者の関係を掘り下げた小野塚は、国際競争にさらされた「文化国家」は、その状況を自覚して「系統的ニ競争力ヲ発達シ国運ヲ振張センコトヲ勉ム」と主張する[49]。この一文で『政治学大綱』の上巻が締めくくられている。

その手前で小野塚は「競争力」の要素を図式で示しているが、『政治学大綱』の下巻は、そのうちの「政治的」要素を解説するためにあてられている。そして、『政治学大綱』のなかでは紙幅を割かれなかった「自然的」要素は、後年の授業で大きな比重を占めるようになる。一九一〇年代の初頭に小野塚の「政治学」を受講したと見られる神川彦松のノートを開くと、四篇に分かれた本論のうち、第二篇が「面積」、「気候」、「地形」、「自然ノ生産力（富ノ材料）」、「境界」の各項目にあてられている[50]。その緒論で小野塚が「土地ハ国家自体ノ一部ノ故ニ土地変ズレバ国家カ即チ□□（二字判読不能）」[51]と述べているのは、国家の「成長」は「土地」に現れると主張したラッツェルを想起させる[52]。そもそも、この一篇につけられた「領土ノ政治的観察」という表題が、端的にラッツェルの感化をうかがわせよう。それは「政治地理学」の訳語であったのかもしれない。この一篇は、国立国家図書館に所蔵されている大正末期と昭和初期の講義録にも確認される[53]。

以上の推論により、小野塚が『政治学大綱』のなかで説いた国際関係の仕組みには、ラッツェルの影響が入り込んでいると考えられる。そして、そのラッツェルは、思想形成の過程でダーウィンの感化を強く受けていた。それゆえ小野塚の認識には、少なくとも間接的にダーウィンの進化論が流れ込んでいるとは言えよう。しかし、このような結論では、当初の問いに答えきれない。小野塚が『政治学大綱』のなかで示した

「生存競争」による「膨脹」の図式と、日露戦争中の論文のなかで「膨脹」の主因として特定された「過剰人口」の関係が、十分に明らかされていないからである。ラッツェルの『政治地理学』でも、国家間の角逐を誘発する最初の「膨張」は、一国の「過剰人口」ではなく、第一義的に「文化」によって始まる。小野塚の著作でも、ラッツェルの『政治地理学』でも、「生存競争」と「過剰人口」の関係は明確に整理されていない。

じつは「七博士」の戸水寛人と寺尾亨も、領土の拡張が要請される理由として「過剰人口」と「生存競争」の二つを別物のように併記していた。まず戸水は、日本の急激な人口増加とともに、各国が「競ふて領土の拡張を計る」世界の情勢を並べ、日本が興安嶺と黒龍江のあたりまで兵を進めるように訴えた[54]。そして寺尾も、迫りくる人口の増加に警鐘を鳴らす一方、それとは別に国家も「個人の社会競争の中に処する」ように「列強纂奪の間」で巧みに立ち回らなければならないと主張していた[55]。

日露戦争中の小野塚も、単に時流に乗って「過剰人口」の概念を取り入れていた可能性はあろう。しかし小野塚が、ラッツェルのほかの著作を通じて、あるいはラッツェル以外の人物を介して、ダーウィンの学説を正しく学び取っていたのであれば、国家が「膨脹」に向かう原因として第一に「過剰人口」を考えつくのは少しも不思議ではない。じつはラッツェルも、たとえば『生活空間』(*Der Lebensraum*)(一九〇一年)のなかでは、ダーウィンの『種の起源』を「マルサス的考察」と特徴づけつつ、その論理を手がかりに「空間をめぐる闘争」の概念を説明している。そこでは動植物の生態にくわえ、アメリカの先住民と欧州人移民の土地をめぐる争奪戦も、具体例として挙げられている[56]。惜しむらくは、この「生物地理学」(Biogeographie)と「政治地理学」の関係が判然としない。

ラッツェル自身としては、歴史の動向が「文化」によって左右される以前と以後を区別していたのかもしれない。しかしながら、国家を「膨脹」に導く二つの要因を同時代のなかで結合するのも無理ではなかろう。一国が領土の拡張に乗り出すにあたり、その国の「過剰人口」を自律的な側面として、ほかの国々との「生存競争」を他律的な側面として位置づければ、矛盾のない論理が組み立てられるからである。一つの国が人口の増加を理由に「膨脹」に踏み出せば、周辺諸国との相克は避けられない。そして、一たび国家間で競争が始動すると、もはや人口の動向とは関係なく「膨脹」が繰り返されるに至ろう。このような解釈を提起しているのは、ラッツェルのいたミュンヘン大学に留学した地質学者の横山又次郎である。国家を「膨脹」に駆り立てる誘因として、横山は「人口の膨脹と、之に伴ふ列国間の競争」の二つを並べている[57]。ここでは明確かつ簡潔に両者の関係が表現されている。小野塚も同じように考えていたのであろうか。

3 帝国主義と社会政策

大正期に「民本主義」の鼓吹で鳴らした吉野作造は、学生時代に受けた政治学の講義で「衆民主義」を説いていた小野塚こそ、自分を政治に開眼させた「第一の恩人」とたたえている[58]。同様に松井春生も、英語のデモクラシーは貴族主義や貴族政治の対義語であるゆえ、本来的には「衆民主義または衆民政治」と訳すのが正しいと指摘したうえで、小野塚こそ「日本政治学の元祖」であり、しかも「日本でほんとうのデモクラシーを提唱された第一人者であります」と賛辞を述べた[59]。このように小野塚の「衆民主義」が語り継がれてきた一方、その小野塚が国家の「膨脹」を提唱していた事実は看過されてきた。しかし小野塚の認識では、この二面は表裏一体をなす。

小野塚が主張するには、「専制政治」と「極端箇人主義」の双方は「特ニ対外競争激甚ノ際ニ於テ著シク其弱点ヲ暴露スル」ため、国家の形態としては「大失計」にほかならない。そこで小野塚が一定の参政権を勧説するのは、まさに「国際競争激烈ノ世」でこそ、国民の支持を受けた政府が強い「対外競争力」を発揮するためである。さらに小野塚は、国家が「膨脹政策」を追求するにも「箇人ト政府トノ協力」が必要になると指摘する[60]。前節で言及したとおり、そもそも『政治学大綱』の下巻では、統治機関と政策が「競争力」の要素として位置づけられている。そのなかで「国家ノ目的」を問うた小野塚は、それを「総括セハ国家競争力ノ維持発達ニ帰」すると言いきる[61]。じつは松井も、小野塚が「衆民政」の目的として、「社会福祉国としての成長発展」などと並んで「武力目的」を挙げていたと回顧している[62]。

民主主義の是非はさておき、国家の「膨脹」を促すためにこそ挙国一致を求めるという発想は、小野塚の周辺で共有されていた。とくに小野塚が創立にかかわった社会政策学会には、そのような思想の持ち主が少なくなかった。事実上の会長と目されていた金井延は、同時代の国家が「最モ必要トスル二大政務」にあたるのが対外政策と社会政策であり、しかも対外政策の主眼とは、欧米諸国との関係を適切に処理するとともに「海外移住殖民ノ帝国主義的発展方針」を貫くにあると主張していた。

他方の社会政策も、金井によると帝国主義の推進に役立つ。というのも、社会政策の充実を通じて社会各層が「相提携スル」ようになり、さらに進んで全国民の「精神的統一」が形成されるに至れば、それこそ「富国強兵」を進める基盤となるからである。その段階に達すれば、対外政策は言うに及ばず、「二十世紀ノ必要タル帝国主義」についても成功を収められるという[63]。

第二章で指摘したとおり、「七博士」の運動には数名の社会政策学会員がかかわっていた。金井と小野塚にくわえ、戸水寛人は設立趣意書の執筆者であった。小野塚が抜けたあとの穴を埋めた建部遯吾と、その建部を含めた新たな七人による『日露開戦論纂』を編集した蔵原惟昶も、ともに同学会員であった。学会の発起人である桑田熊蔵は、欧州で帝国主義と社会政策の一体化が進む情勢を批判していたが、実際には自分の足元でも同様の事態が進行していたようである。第三章でふれたとおり、建部は法律学校出身「浪人」の就職難を解消するために「帝国の外伸」を訴えていた[64]。桑田は欧州の政治家に向け、社会問題の解決を領土の拡張に託すのはやめ、軍事に振り向けられた「巨額の国費を以て労働保険の如き貧民救助の如き着実にして安全なる社会政策に使用すべし」と強く主張したが[65]、その胸中では秘かに「七博士」の面々が思い浮かべられていたのかもしれない。

じつは桑田も、建部や小野塚と同じように生物学説を引き合いに出して社会政策を基礎づけようと試みていた。桑田は「生物界の二大法則」を語る。つまり桑田は、市場経済が生物界の「生存競争」に相当する一方、その弊害をただす社会政策は「相互扶助」に対応するという[66]。

このような「生存競争」と「相互扶助」の対照は、第一章で紹介したクロポトキンの主張と概ね合致する。シベリア東部を旅して生物の生態を観察したクロポトキンは、身を寄せ合って極寒をしのぐ小鳥の姿に感銘を受け、その見聞と考察を著書『相互扶助』(*Mutual Aid*)(一九〇二年)にまとめた。クロポトキンの見解によれば、「相互扶助」の慣行によって「生存競争」の悪弊を封じてこそ生物は繁栄する。この新説を通じてクロポトキンが反駁したのは、ダーウィンの名を借りて「生存競争」の横行を正当化する風潮である。クロポトキンは自分こそダーウィンを正しく解釈していると論じたが、たしかにダーウィンも、「もっとも多くの最大限に同情的な構成員を抱える共同体が、もっとも栄えて最大数の子孫を残す」[67]と指摘していた。

しかしながら、「相互扶助」と「生存競争」が二項対立をなす図式は、一つの集団内に視野を限る場合にしか成り立たない。一たび集団間の関係に視点を移すと、両者は相補的な現象として相貌を新たにする。こちらの構図からは、外敵との「生存競争」で優位に立つためにこそ、集団の内部で「相互扶助」が発達する様相が浮かび上がる。じつはクロポトキンも、小さなアリが「相互扶助」によって力を合わせ、コオロギやカマキリ等の大敵を追い返すと指摘していた[68]。そしてダーウィンも、「高度の愛郷心、忠誠心、勇気、そして同情を備え、それゆえに相互に援助し合い、共通善のために自ら犠牲となる心構えを常にもつ構成員を多く抱える部族が、大概の部族を打ち負かすのは疑いない」[69]と論じていた。

金井や小野塚は「相互扶助」の語を使用していないが、対外的な帝国主義と対内的な社会政策ないしは民主主義の組み合わせは、このような集団間の関係に現れる「生存競争」と「相互扶助」の一体性に対応する。桑田の意に反して「相互扶助」は、帝国主義と社会政策の補完性を訴えるのに打ってつけの概念であった。

なお、集団間の境界を挟んで内部の「相互扶助」と外部の「生存競争」が対照をなす図式は、さらに別の角度からも帝国主義の正当化に資する。いかなる手段によってであれ、一つの国家が領域を拡張すれば、同時に「相互扶助」の範囲も外部に延伸すると考えられるからである。現にダーウィンも、部族間の闘争を経るごとに道徳的にすぐれた側が勝ち残るため、どこでも道徳をわきまえた人の数が増す傾向にあると見通していた[70]。

このような進化論の理解を国際関係に持ち込んだのが、フランスで活躍した社会学者のノヴィコウである。紆余曲折を経ながらも一貫してノヴィコウは、植民地支配をも含めた国家間の合同が世界の平和と福利を高めると主張しつづけた。まず一八八六年刊の『国際政治』(*La politique internationale*)では、欧州諸国の支配が外部の地域に及ぶ過程が詳細に描き出され、その支配によって「以前よりも全体の福利が増す」[71]とノヴィコウは言いきる。この著書を早くに読んだ陸羯南(くがかつなん)は、それを参考にして日本がとれる対抗策を思案している[72]。

その後、戦争を進歩の媒介と見なす考え方と決別したノヴィコウは[73]、それでも相変わらず植民地支配を肯定的に評価する。最晩年のノヴィコウも、「征服者が被征服者を扱うにあたって公平な態度を保つ限り、征服される側も利益を得る」と主張している。征服者が「略奪」に手を染めなければ「連帯」(association)の輪が広がり、しかも「全人類の「連帯」は、すべての人々にとって生の最大化を意味する」からである[74]。このように国家間の「連帯」を望む立場から「欧州連邦」を提唱したノヴィコウは、現在も平和主義者として名をとどめている[75]。しかし同時代人の建部は、ノヴィコウの欧州外地域に対する差別を的確に見抜いていた。欧州内の同盟を平和の増進と喜ぶ一方、欧州諸国が域外で起こす戦争は「平和理想の福音の干かる所にあらず」と考えているようで、ノヴィコウは何とも「不可思議の議論」を展開しているのではないか[76]。そのように建部は忌憚なく不信感を表明している。

ノヴィコウを平和運動家としてドイツに紹介したフリートの思想を、門下の吉野が日本に伝えているのは、小野塚のノヴィコウに対する共感を示唆しているのかもしれない[77]。しかし、この憶説を厳密に検証するのは難しい。本人が植民地の意義について意見をのこしていないからである。とはいえ、小野塚がノヴィコウの著書を読んでいたのは確かである。『政治学大綱』巻末の「政治学参考書」を見ると、そこには『国際政治』と『人間社会間の闘争』(*Les luttes entre sociétés humaines*)(一八九三年)の二著が書き留められている。しかも、少なくとも『国際政治』のほうは門下に継承され、小野塚の在職二十五周年を記念して編まれた『政治学研究』(一九二七年)の巻末には、「国際政治一般参考書」の一つとして、すでに刊行から四〇年が経過した同書が明記されている[78]。次章で述べるように、小野塚に政治学を学んだ神川彦松は、ノヴィコウの「連帯」概念を手がかりに国際連盟の出現を説明した。

ノヴィコウと小野塚はともに社会主義を否定しているが、その理由には違いがある。一方でノヴィコウは、植民地支配が陥りがちな「略奪」を戒める延長線上で、富者に財の供出を求める社会主義を「略奪」として非難した[79]。他方で小野塚が批判したのは、社会問題の原因を「自由競争制」に帰する社会主義者の認識である。小野塚が見るに、社会に「暗黒面」が残されているのは「人類発達ノ程度」に原因があり、競争は進歩の原動力であった[80]。それゆえ小野塚は、市場競争の「正当ナル敗北者」が「相当ノ最下限」を下回らない程度の救済を認めながらも、原則的には「正当競争ノ結果トシテ生スル社会分科」に政府が干渉してはならないと主張した[81]。

過大な弊害を矯正しつつも、可能な限り競争を温存するという発想は、ダーウィン進化論の洗礼を受けた者には自明の理であったのかもしれない。そもそもダーウィンも、生物学的な「弱者」が子孫をのこす「文明社会」の一面を嘆き、もし家畜を飼育した経験がある者であれば、それが人類に及ぼす「害」に容易に気づくであろうと指摘している[82]。同じ発想を共有する者は社会政策学会にも見受けられ、たとえば浮田和民は、国民の間で激しい競争がなければ「大天材も出ない。発明も出来ない、大事業も成就しない」と主張した。それは「ダルキンの進化説に基づける否定すべからざる事実である」と浮田はいう[83]。社会政策学会の設立趣意書は「放任主義」、すなわち「制限なき自由競争」への批判で始まり、直後に「余輩は又社会主義に反対す」[84]とつづくが、その背景には小野塚や浮田のような考え方があった。

4 「国際政治」の発見

小野塚は『政治学大綱』のなかで国家の目的を「国家競争力ノ維持発達」に集約したとはいえ、それが望ましいとは考えていなかった。国家間の野放図な「生存競争」が軍事力の濫用に陥りやすい以上、国家が第一に軍事力の強化に「非常ノ重キヲ置ク」のは不思議ではないにしても、ほかの課題を等閑に付して軍事力ばかりを重んじるのは「善政」とは呼べない。小野塚は率直に苦言を呈している。たとえ「善政」ではなくても「毫モ政治ノ存在ナキニ優ル」と最終的に実情を追認する小野塚の言葉にも、不本意な心情がうかがえよう[85]。

さまざまな国々が軍事力の強化に傾注する現状の危うさを、あらためて小野塚に思い知らせたのが第一次大戦の勃発である。しかし、国家が単独で「生存競争」から抜け出す難しさを熟知しているからこそ「善政ナラサル政治」を是認した小野塚は、一般の風潮に抗してドイツの非難には与しなかった。旧弊に緊縛された一国に大戦の責任を押しつけても、国際的な「生存競争」の背景を刷新しない限り、再び同じ過ちが繰返されるに違いないからである。大戦の最中、あえて軍国主義の元凶として白眼視されていたトライチュケの学説を再検討した論文には、そのような認識が映し出されている。

もちろん小野塚も、トライチュケの思想が、国家間の道徳を「現代文明ノ水平線以下」に落とし、しかも結局はドイツ自身を窮地に陥れるなど、ある「暗黒面ノ萌芽」を抱えていたのは否定しない。しかし他方で小野塚は、トライチュケの言葉が同胞を奮い立たせてドイツの発展に寄与したと認め、それに対しては賛辞を惜しまない。そして結論として、トライチュケの学説は「偉大ナルモ純潔ナラズ、純潔ナラザルモ偉大ナリ」と総括するが、この中途半端な評価には、小野塚自身が『政治学大綱』のなかで見せた葛藤が表れていよう。国家間の「生存競争」を生き抜くには士気の鼓舞が欠かせない反面、それが破滅に通ずるとも小野塚は悟っていたのであろう。とはいえ、まだ「人類発達」の段階が「偉大ニシテ純潔ナル学説」を成立させるには至っていないと慨嘆した小野塚は、最後に「列国共存忍容的時代」の到来に希望を表明して稿を結んだ[86]。

もっとも小野塚は、現状の甘受に終始する姿勢を好まなかった。人類は自ら理想をつくり、それに即して「人為淘汰」を試み、自然淘汰の働きに手を加える能力をもつため、ひたすら「自然ノ法則」に従うほかない生物とは一線を画すと小野塚は認識していた[87]。したがって人類は、完全には「物質界ノ法則」から解放されないにしても、ある程度は「意思」にもとづいて自分の行動を決定し、外部の環境に対しても「受動的」に影響を受けるばかりではなく、それに「自動的」に働きかけられる。そして小野塚は、「人類ノ発達」とともに「自動的支配」は広がり、逆に「受動的支配」は狭まると展望していた[88]。

これを『政治学大綱』の第三篇第一部第三章「政治及ビ政策」に書き込んだ小野塚は、政治と政策の本質に「意思」を見出していたのであろう。かつて国家を「有機体」に見立てる発想は「有益ニシテ且ツ興味深シ」と評していた小野塚は[89]、のちに『政治学大綱』をまとめるにあたり、そのような見方は個人の「意思行動力」が国家の行動に及ぼしうる「絶大ノ影響」を無視するきらいがあると批判するに転じ[90]、前言を撤回している。

このような思想を抱いていたからこそ、社会を「物的見地」よりとらえる先覚として建部遯吾が敬ったラッツェルから[91]、小野塚は「文化」の役割を学び取ったのであろう。二人の対照は大戦を機に際立つ。破滅的な「絶対国際競争」に向かう時勢に飛び込む決意を固めなおし、人口の増殖と領土の拡大を訴えつづけた建部に対し、小野塚は国際関係の陋習を脱却する「人類ノ発達」の糸口をつかもうと機をうかがっていた。

とくに小野塚の関心をひいたのは、大戦中に浮上した国際連盟の構想である。それは従来の「事実」に手を加える「意思」の表明にほかならなかった。国際連盟案の前途を占う文章のなかで、小野塚は「事実は意思の母たると同時に意思は事実を左右す」と記している[92]。ここには、小野塚が『政治学大綱』のなかで説いた人間と環境の関係が確認されている。そして小野塚は、この「意思」を世界に訴えるアメリカのウィルソン大統領の試みを国際関係上の「政治」と見なした。小野塚はウィルソンを「国際的政治家」と呼び、その概念に次のような定義を与えたのである。つまり、自国に限定されずに「広く世界の将来を考へ」る視野をもち、したがって人々に「超国家的影響」の発揮を期待される人物である[93]。しかも、「国際的政治家」は一国の指導者であるだけに、その言葉は「理想若(もし)クハ空想」の域にとどまらず、現実に国家の政策と「国際的政治」を左右する力をもつ[94]。

それまで小野塚が国際関係の文脈で「政治」の語を使った例はなく、それは一般にも少なかった。一九二〇年に編纂された国語辞書『言泉』には「国際」を接頭語にもつ複合語が六十七語も採り入れられ、一般的な「国際経済」や「国際法」などの言葉にくわえ、やや特殊な「国際団体」、あるいは細目的な「国際公法学」や「国際私法学」なども個別の単語として掲載されている。にもかかわらず、そこに「国際政治」は収録されていない[95]。わずかな用例として挙がるのは翻訳である[96]。たとえば前節で取り上げたノヴィコウの著書には、陸羯南(くがかつなん)が「国際政治」と直訳した邦題をあてている。しかし陸は、「国際政略」や「国際競争論」などの名称をも併用していた[97]。この迷いは、まだ「国際政治」が一般的な用語として定着していなかった実情を端的に物語る。陸は翻訳以外でも二箇所で「国際政治」を口にしているが、それらは直接的には国家間の関係を指してはいない。たとえば信教の自由によって「国礼」が侵される事態の放置が「国際政治の怠慢」と評されているが[98]、ここで「国際政治」とは対外関係を意識した内政を意味しているようである。ちなみに、同じノヴィコウの著書を建部は「国際政策」と訳している[99]。

ついに「国際政治」が独立の項目として辞典類に現れ始めるのは、小野塚の認識と呼応するように国際連盟の創設後である。たとえば社会思想社編『社会科学大辞典』（一九三〇年）には、「国際政治といふ語辞は世界大戦後国際連盟の出現と相俟ち漸く行はるるに至つたもの」[100]と登場の背景が説明されている。河出書房版の『社会科学新辞典』（一九四一年）にも、「国際政治といふ言葉は比較的に新しく、その意義も確定してゐない」[101]と書き留められている。

大戦前に「国際政治」の語が流通しなかった理由として、前章では政治の本質が治者と被治者の上下関係に見出されていた当時の通念を指摘した。しかし、この事情は逆に「国際政治」の概念が成立した事情を説明しない。国際連盟の内部には必ずしも明確な上下関係が設定されてはいなかったからである。それゆえに「国際政治」の提起は、単なる「自然」を超越した「意思」を政治の要素として重視する小野塚ならではの新機軸であったとも考えられよう。しかも小野塚は「衆民主義」を志向していたため、政治を有権的な「国家機関」の施策には限定せず、被治者でもある「国民ノ行為」をも含めていた[102]。このような見方も、治者と被治者が形式的には一致する「国際政治」の発見に適していたであろう。神川彦松は「国際政治は必ずしも外交又は対外政策と同一の意義を有するものではない」と指摘し、蠟山政道は「従来の外交政策又は対外政策に反対して、新に抬頭しつゝあるが国際政治なるものである」[103]と説明するなど、そろって「外交政策」ないしは「対外政策」を「国際政治」と対置しているのは、いかにも小野塚の影響を思わせる[104]。第二節で述べたとおり、大戦前の小野塚が一抹の不安を抱きつつも説いていたのが「外交政策」ないしは「対外政策」であった[105]。

国際連盟の第一回総会ばかりか[106]、「民間有志者の事業」にすぎない国際連盟協会の世界会議についても[107]、小野塚は経過と事績を書き留めただけの報告を執筆している。このあたりに国際連盟に対する期待のほどがうかがえよう。これらの審議に小野塚が見出したのは、行き過ぎた「国際競争」に窮した人類が、やむにやまれず「国際協戮」の方向に舵を切る様子である[108]。このような「人類社会進歩の趨勢」を読み取れずに日本が孤立する事態を避けるためにも、早くも終戦前に「我国朝野の識者に国際連盟の思潮に対して一層同情ある研究を悉すの義務あり」と思い立った小野塚は[109]、東京帝国大学法学部内に「国際政治学講座」を新設する提案を出した[110]。結局、新たな講座の名称は「政治学政治学史第二講座」に決まったが、その内容は「「国際政治学」となつて居る」[111]と後々まで学部内では理解されていた。

新講座の担任として白羽が立てられたのは、内務省を辞して大学教授に転じたばかりの南原繁であった。国際政治学の研究を名目に官費を受給して欧州留学を果たしていただけに、南原は「義理にも国際関係に関する講義を何かしなければならない」という責任感に押され、不承不承ながらもカントの著書『永遠平和のために』(*Zum Ewigen Frieden*)(一七九五年)を題材として、一九二四年に「国際政治学序説」を講義した。南原の考えでは、カントこそ「世界の普遍的政治秩序と永久平和の理念」を提示することによって、従来は国内に限定されていた政治の概念を押し広げ、新たに「国際政治の範域」を切り開いた人物であった[112]。しかし「三年間留学したといっても、そういう講義をするための準備は一つもしていなかった」南原は、わずか「五回ばかり」で「国際政治学序説」を切り上げ、以後は政治学史の講義に専念した[113]。

翌年度からは、南原と同じく小野塚が主宰した「政治学研究会」[114]の同人であり、外交史講座を担任していた神川が、「科外講義」の扱いながらも継続的に国際政治学を教えている。初年度の表題は「国際政治学概論」であり、その翌年度は「国際政治学」であった。さらに次の年度にも、神川は前後両学期に課外演習を開いている[115]。一九二九年には「三学期の短い期間に国際関係のことをやってもら」うという了解で、神川は南原と「政治学政治学史第二講座」を分担する[116]。一九三〇年代に入ってからも、神川は「外交史及国際政治」と題する演習を度々開講している[117]。ここに小野塚の企図が引き継がれていると考えられよう。

ただし、神川が生物学的な「法則」を手がかりに国際連盟の出現を描いたのは、「自然」よりも「意思」の働きを尊重した小野塚の思想とは相容れない。神川は前述のノヴィコウを引きつつ、国際関係のうえでも「連帯の法則」が働くため、順次「国際協調、国際連合、国際連盟」へと国家間の統合が進んだと説明した。このように「国際政治」を「意思」よりも「自然」の作用としてとらえると、旧来の「生存競争」と「国際政治」を殊更に区別する理由がなくなる。現に神川は、「国際政治」が「生物社会」と同じ「法則」に支配されているのであり、その「一は生存競争の法則であり他は連帯の法則である」と『社会科学大辞典』のなかで解説している[118]。

政治の基礎に「意思」を見出す小野塚の思想を忠実に継承したのは、行政学講座を担任した蠟山であろう。大学時代に北岡寿逸とともに小野塚邸の別棟で暮らし[119]、卒業後も大学に残って「政治学研究会」に加わるなど、小野塚の間近で学問を身につけたにしては、蠟山は進化論への共感に乏しい。やや時が下るが、第二次大戦後に社会思想研究会に執筆の依頼を受け、自らの選択でジュリアン・ハクスリーを取り上げた蠟山は、生物学者が唱える「進化に基づく進歩」に強い違和感を表明している。蠟山は畳みかけるように問うた。「進化と進歩といつたようなことがどうして一つの哲学の中に入り得るのだろうか、どうしてそれが生物学的な現象でありながら、同時に社会現象であり又文化現象であるということをどういうふうに説明しうるだろうか」[120]。

端的に言って、蠟山は社会の説明を自然科学の論理に委ねることを好まなかった[121]。ハクスリーへの批判を書いたのと同じころ、蠟山は別の論文でも自然科学の類推で政治を説明する無理を論じている。そこで蠟山が主張するには、国家や政治は「容易に一つの理論や法則によつて、経験科学として成立し得ない」ため、その学問は必然的に「自然科学と異る」のであり、それゆえに政治学には「謙虚な認識」が求められるのである[122]。

この文章は、過ぎ去った地政学の流行を反省する意図で第二次大戦後に書かれているが、じつは蠟山自身も「以前から地政学に興味を有ち、それから教えられることの多大であつた」[123]と明かしている。太平洋戦争の開戦直前に発足した日本地政学協会の評議員と顧問を務め、機関誌『地政学』の創刊号に巻頭論文を寄せた神川ほどではなかったにしても[124]、蠟山も地政学に感化されて「大東亜共栄圏」の意義を説いていた[125]。そもそも『社会科学新辞典』のなかで「ゲオポリティーク」の項を執筆したのは蠟山であった。そのなかで蠟山は、地政学の「濫用を慎む」のは当然であるにしても、それを無下に否定するのではなく、それを通じて政治学の「科学性」を高めるのが望ましいと主張している。第二節で紹介したラッツェルの論文「国家の空間的膨張の法則」が引かれているのも、この記事で注目される[126]。

第二次大戦後の蠟山は、「社会生活のための地理」を標榜する日本社会地理協会の理事兼評議員に就き、その機関誌『社会地理』上に右記の批判を掲載していた。生物学的な思考様式に染まらなかったとはいえ、蠟山は神川と同じように地政学に傾倒し、日本の「膨脹」を理論的に後押ししたのである。二人の師にあたる小野塚は、旧来の国際関係を克服すべく、後進に「国際政治」の研究を託したにもかかわらず、一九三〇年代に入るとラッツェルが読み返されるなど、結局は第一次大戦前の教えが全面的に開花した観がある。このような展開に対して、どこまで小野塚の影響が見出せるのであろうか。それを次節以降で探りたい[127]。

5　地政学的思考の源流

一九二五年の『国際法外交雑誌』に、国家学の新潮流を紹介する記事が掲載されている。それによると、「新国家学」は国際場裏を視野に収め、それゆえに内政に偏した観察に即して国家を法的ないしは道徳的に定義した国家学の旧習を克服したという。国際舞台のうえでは、国家は「生物に特有な有機的衝動」に駆られた行動を見せるからである。このような見方の発達には「独逸(ドイツ)に於て政治地理 Politische Geographie を創始したフリードリッヒ、ラッツェル」の影響が及んでいる。新たな国家学が第一次大戦で説得力を増し、そのために「国際政治」の講座を設ける大学も現れたという[128]。あたかも小野塚の業績を評しているように読める論考は、実際には「地政学」の命名で知られるチェレーンの学説を伝えている。これは偶然の相似であろうか。

右の記事でも指摘されているとおり、チェレーンの地政学とは、政治学に持ち込まれたラッツェルの学説にほかならない。そして本章の第二節で詳述したように、小野塚もまた政治学者ながらラッツェルの感化を受けていた以上、チェレーンと小野塚の一致は何も驚くに当たらない。とくに似ているのは、二人が講じた政治学の構成である。第二節で言及した神川彦松のノートによると、小野塚の講義は「国家ノ政治的観念」、「領土ノ政治的観察」、「社会ノ政治的観察」、「統治組織ノ政治的観察」の四篇で組み立てられていた[129]。他方で『国際法外交雑誌』上に紹介されたチェレーンの新たな国家学は、「地政治学」、「人種政治学」、「経済政治学」、「社会政治学」、「統治政治学」の五部から構成されていた[130]。神川が小野塚の授業を受講したのは一九一〇年代の前半であり、チェレーンの著書が刊行されたのは一九一〇年代の後半であるため、小野塚がチェレーンの学説を下敷きに講義を立案していたとは考えられない[131]。ラッツェルという根を共有しているために二人の政治学は枝ぶりが似たのであろうか。

師の教えと似通っていただけに、チェレーンの学説は教え子たちの関心をひいたのであろう。じつは『国際法外交雑誌』に「ルドルフ、チェレーンの国家に関する学説」を紹介したのは、学生時代に澤田謙や北岡寿逸と親しかった藤澤親雄である[132]。そして神川も、同じ年に発表した論文のなかでチェレーンを引用している[133]。また、第三節でふれた『政治学研究』の巻末に付された参考文献一覧には、藤澤と神川の二人が取り上げた『生活形態としての国家』(*Der Staat als Lebensform*)(一九一七年)のほか、さらに一つチェレーンの著書が掲載されている[134]。

ただ、小野塚に政治学を教わった者が次々と地政学に関心を寄せるに至った展開には、小野塚の講義そのものにくわえ、受講の時期もかかわっていたように思われる。すなわち、小野塚の地政学的な思考が記憶に刻み込まれるような時代背景の有無である。神川が大学に入学した当時は、アメリカで日本人移民を排斥する風潮が強まるなか、一方で韓国を併合したにもかかわらず、他方で「南洋」への関心が急速に高まっていた。一九一〇年に竹越与三郎の公刊した『南国記』が「南へ!南へ!」の掛け声で広範な読者をつかむと、それを追うように雑誌『実業之日本』が盛んに「南洋」の魅力を伝える記事を掲載し始めた[135]。

日本の「過剰」な人口を送り出す新たな方面の模索は、多分に地政学的な想像をかき立てたであろう。第二節で言及した地質学者の横山又次郎は、まさにこのころに「列国の領域膨脹の上に現るゝ地理的傾向」論文を発表した。横山によると、日本は「大速力を以て増加しつゝある」人口のために「膨脹」を迫られていたが、朝鮮、台湾、満州はどこも「人口を容るゝ余地のない所」であるため、日本は「突破すべき方面がない」窮地に陥っていた。自ら日本の活路を示さなかった横山は、「今から深く之を研究して、置かなければならぬ」と訴えて稿を結んでいる[136]。このような時代の要請にこたえるため、小野塚は「領土ノ政治的観察」に一篇を割くかたちで政治学の講義を再編したのであろうか。

藤澤と蠟山、さらには後述する澤田の学生時代は大戦の最中であったが、この事件も地政学に対する関心を高める契機となった。そもそもチェレーンが『生活形態としての国家』を著したのも大戦中であった。第三章でも指摘したように、その背景には、イギリスによる海上封鎖で苦境に立たされたドイツへの同情がある。この状況を局外で注視していたスウェーデン人チェレーンは、国家の領土は「一つの好ましいアウタルキーを保証するやうなもの」でなければならないと主張している[137]。

ドイツ国内では中央ヨーロッパの統合に関心が高まった。とくに注目されたのがナウマンの『中欧論』(*Mitteleuropa*)(一九一五年)である。この著書にチェレーンが共感を寄せたのは言うまでもない[138]。そして小野塚も、オランダにいた吉野作造の友人を介して、国外への持ち出しが禁止されていた同書を手に入れ、その紹介論文を『国家学会雑誌』上に発表している。イギリスの封鎖によって「経済的監獄」の苦痛を共有させられただけに、ナウマンの説くような統合が「近き将来に於て多分中欧に成立すべき運命を有する」と小野塚は所感をつづっている[139]。

このような時代を背景に学んだからこそ、小野塚の教えは脳裏に刻み込まれたのであろう。その記憶が再び呼び覚まされるのは、一九三〇年代に入ってからである。チェレーンの創意は大戦後のドイツに引き継がれ、そこで急速な発展を遂げるが、この地政学に対する需要は一九二〇年代の日本では高まらなかった。ところが、一九二九年の秋に世界恐慌が始まると、各国は貿易の制限によって難局の突破を試みたため、日本は必要な資源を手に入れられなくなる危機に直面する。のちに当時を回顧した近衛文麿の言葉を借りれば、日本は「世界の購買力の大半」から隔絶され、しかも「売らなければ買ふことの出来ないのが国際経済の定石である」以上、経済の存立に欠かせない資源を海外に依存する日本は、もはや「国家経済の根本が立つか立たぬか」の瀬戸際に追い込まれたのである[140]。

このような困惑が、日本の針路を地図上に指し示す地政学の価値を高めた。のちにチェレーンの『生活形態としての国家』を翻訳する阿部市五郎は、一九三三年に刊行した『地政治学入門』のなかで、日本国民のような「空間なき国民」は、現有の国土のみでは「その生活を全うすることを得ない」ため、あらゆる政策の立案と遂行にあたって、国内および周辺地域の「地理的事情」を考慮に入れなければならないと主張している[141]。このような意見が飛び交うなか、神川や蠟山も、書架の奥に埋もれていたラッツェルやチェレーンの著作を拾い出したのであろう[142]。

ここまで本節では、神川や蠟山は小野塚を介し、そして小野塚はラッツェルによる翻案を経たダーウィン進化論を介して、地理への関心をはぐくんだと考えてきた。しかし、ラッツェルの履歴が物語るように、ダーウィン進化論そのものが地理への興味をかき立てるのかもしれない。そのような思考回路をたどったと考えられるのが志賀重昂（しがしげたか）である。第一章でも指摘したとおり、志賀は「ダーウィン先生を欽慕する者」であった。南洋の航海にも「先生の著述博物学者世界周航記一本」を携え、自ら「先生が当年の行程の半分を追跡し得た」と喜んだ[143]。

雑誌『日本人』の編集人として提唱した「国粋保存旨義」を表現するにも、志賀は生物学的な比喩を多用している。志賀の考える「国粋保存旨義」とは、西洋の文物を輸入するにも「日本国粋なる胃官を以て之を咀嚼し之を消化し、日本なる身体に同化せしめんとする」立場であった。志賀が思い描いていたのは、生物が外界に適応するために「或は蓬々たる毛髪を蒙り、或は爪蹄を磨き、或は歯牙を尖ならしむる」姿である[144]。そもそも志賀が「国粋保存旨義」を提唱した背景には、いかにして世界の「優勝劣敗場裏」に生き残るかという問いがあった。その答えとして、志賀が「国粋保存旨義」にくわえて「国民合一の大同団結」を並べているのは[145]、小野塚の「衆民主義」と相通ずる。

早稲田大学の講義で使用された志賀の教科書『地理学』には、より体系的にダーウィンに感化された世界観が披瀝されている。それによると、人間を含む「動物の定職」とは同一種の繁殖であるため、国家が殖産興業に努め、軍備を増強し、さらには「ほかの地方へ移住を謀り又占領する」のも、すべて「同国民の繁殖と云ふことを根拠として居る」という[146]。その志賀が言うには、第一次大戦が勃発したのは、人口の「甚だ急激」な増加を経験したドイツが、狭小な国土のままでは「到底喰へなくなる」と認識し、そのために「他に取るより外に致シ方無」いと思うに至ったからであった[147]。

このような発想の持ち主が地理学を志した理由は、最晩年の文章に書き留められている。

『克く忠に克く孝に』も食べた後のことである、食へなくて何の忠か孝かあらんや、何の倫理かあらんや。日本の人口の処分、是ぞ日本国及び国民の死活問題である。是に於てか人口の調節法として海外発展々々々々と唱ふ、予も亦海外発展の主張者の一人である、否主張者の一人のみならず始終海外各地に往来して、人口の捌口、貿易の新販路、汽船の新航路、新漁場の捜索等に聊か努力しつゝある者である[148]。

三十万部以上も売れたという『世界当代地理』(一九一八年)の表紙にも、志賀の問題意識が端的に表現されている。そこには「国土は狭小/人口は激増/日本人は到底如何すれば衣食し得べきや」と記されている[149]。

このような危機感に突き動かされた志賀は、人口の放出先を求めるばかりではなく、国内の容量を拡張するため、海外に食料や資源の調達先をも模索した。一八九四年に刊行された『日本風景論』のなかで「日本石油産業の将来」[150]に論及するなど、早くから石油の重要性に気づいていただけに、大戦後の志賀が危機感を募らせたのは、石油の確保である。最後の著書となった『知られざる国々』(一九二六年)の表紙には、前著にもあった「国土は狭小　人口は激増」の文言と並び、新たに「国光を発動すべき油は極小」と書き足されている。「飛行機も、自動車も、汽船も、石油なくしては「一寸だに」進まないため、最終的に「石油無き国家」は「此の地球の上に存在を容さざるに至る」であろうと志賀は危機感を煽った[151]。間もなく志賀は他界するが、その憂慮が小野塚の門下たちに汲み取られるような展開が待ち受けていた。

6　小野塚門下と太平洋協会

最晩年の志賀重昂は、日本の「人口調節」のためにも、また「食糧問題の解決」のためにも満蒙が欠かせず、さらに「撫順の頁岩」で「石油政策」の活路も開けると主張し、すべての解決を満蒙に託した[152]。満州国の承認に際し、陸軍次官の柳川平助が、新国家は「国防上、資源上、人口問題上大なる貢献をなす」[153]と展望したのは、このような期待と照応する。これが単なる偶然の一致として片づけられないのは、志賀の思想と没後に勃発した満州事変とが、松岡洋右を介して結びつくからである。事変の直前、満蒙は国防の観点ばかりか、「経済的に見ても我国の生命線とも云ふべきものとなつて居る」[154]と息巻いていた松岡は、じつは志賀と親交が深かった。松岡の夫人と志賀の娘が女子学習院で同級生であった関係で、松岡の結婚に際して仲人役を務めたのが志賀であったらしい。それが二人の縁であったらしい。満蒙を「生命線」と形容するにあたり、松岡が具体的には南満州鉄道株式会社のオイル・シェール開発をふれて回ったのには[156]、志賀の影響が働いていたのかもしれない。撫順に埋蔵する五一億トンの油母頁岩から平均四%の粗油が抽出されると推定した松岡は、それを開発すれば「我国が年々二百万噸(トン)の重油を使つても優に百年は支へ得る」と豪語した[157]。のちに満鉄総裁に就任すると、松岡は早々に石炭液化工場の建設を決め、退任の直前には頁岩油の大量増産計画を立案するなど、実際にもエネルギー資源の開発に力を注いだ[158]。

資源の確保に敏感であっただけに、世界恐慌に端を発した貿易の遮断に松岡が憤慨したのは言うまでもない。それは次なる「世界大戦」の「導火線」になりかねないと松岡は警告している[159]。一九三八年に「通商障害ノ排除、資源ノ公平ナル分配、領土ノ平和的変更等ニ関シテ之カ対策ヲ講スルコト」(規約第三条)を目的に掲げて発足した太平洋協会が、会長のいない副会長として松岡を迎えたのは、いかにも当を得た人選であった。

そして、この協会の活動には、資源や地政学に通じた小野塚の門下が動員された。たとえば、協会誌『太平洋』の創立一周年記念号では、「太平洋の資源」の特集が組まれ、松井春生の論文が巻頭を飾っている。そこで松井が、とくに「南洋、大洋洲に於て十分なる開発を待つ各種重要原料資源」に言及して、その開発と利用に「努力すべきであらう」と説いているのは示唆的である[160]。ただ、松井がアメリカやカナダの資源をも「太平洋の資源」に含む統計を掲載したのは、協会の意図にそぐわなかったかもしれない。あたかも松岡の表現を模倣するように「南洋は栄養線である」[161]と鼓吹していた協会は、アメリカに依存しない自給自足的な経済圏の確立を目指していたからである[162]。

意図の有無は定かでないが、蠟山政道は協会主催の学術講習会で松井を暗に批判している。蠟山が指摘するには、国際連盟の出す統計は「民族自決、個別国家を単位とし、経済的には、大体自由通商の世界経済を想定して居る」ため、それを使用していては「大東亜共栄圏」の姿は浮かび上がらないという。日本が追求していた「大東亜共栄圏」とは、「自己の産業発展に必要な原料を可能の限り自給自足化しようとする運動」の目標であり、その圏域は一国家とも「自由通商の世界経済」とも一致しないからである。構想が実現するための条件を検討した蠟山の講演は、「地政学的考察」と銘打たれている[163]。

ハウスホーファーの書著『太平洋地政学』(*Geopolitik des Pazifischen Ozeans*)(一九二四年)を訳出するなど、地政学の普及を図った協会の活動には神川彦松も一役買っている。海南島の占領に際し、神川が「海南島占領と其の軍事的、国際的意義」について『太平洋』誌上に寄稿したのは、地政学的な考察を協会から望まれたからであろう。ただ、神川の主張も松井と同じく、協会の意向とは若干の齟齬をきたしていたように思われる。海南島の占領は「軍事的必要に因る一時的性質のものに過ぎない」[164]と言いきってしまっては、それよりも「更に重大視するものは、海南島の経済的価値である」[165]と考える協会の意向が少しも汲めていないからである。もっとも、海南島占領を契機として仏領インドシナは「其の咽喉を扼せられ」、香港とシンガポールを結ぶイギリスの航路は「中絶せられ」、そのために香港は「南支の孤島」と化し、イギリスがシンガポールまで後退を余儀なくせられるのは「必定である」と啖呵をきったあたりは[166]、多少なりとも協会の期待にこたえたのではなかろうか。

ところで神川の寄稿には、いま一人の小野塚門下がかかわっている。海南島の特集を『太平洋』誌上で組むに先立ち、協会は「海南島対策委員会」を設置しているが、その「副主査」に起用されたのが、本章の冒頭で紹介した澤田謙である[167]。平野義太郎と交代するまで弘報部長の職にあった澤田は[168]、その職責として『太平洋』誌の「編集兼発行人兼印刷人」を担っていた[169]。松井の論文が『太平洋』誌に掲載されたのは、その間である。弘報部長を退いたのちに澤田は企画部長に転じているため、蠟山が学術講習会に招かれた件にも澤田が関与していたであろう。

大学卒業後に民間企業を経て外務省に入った澤田は[170]、そこで国際連盟事務局を担当した経験もあり、小野塚の意を体するかのように大戦後に始まる国際関係の新展開を「国際政治の革命」と形容した。澤田が「追随すべき先師もなく、協力すべき友僚もなかつた」[171]と語るとおり、南原繁や神川の講義に先んじて上梓された『国際政治の革命』(一九二一年)は、おそらく日本で「国際政治」を表題に掲げた最初の図書であろう。この著書で「革命」の焦点に据えられていたのは国際連盟の創立であり、つづけざまに刊行された『国際連盟概論』(一九二三年)は、「新らしき「国際政治」についての、大体の概念を捉ふる」[172]ための各論にあたる。第五章で詳述するが、国際連盟を「国際政治」の具体化と見なす発想は、小野塚の発案を受けて神川が講じた「国際政治学」と合致する。

しかし、一九二〇年代の前半までは小野塚の学統と軌を一にして「国際政治」の進展を期待していた澤田は、第一次大戦後から徐々に欧米諸国間で広がっていた「門戸閉鎖主義、自給自足主義」に危機感を募らせた。広大な植民地を保有する欧米諸国が、高関税等の経済障壁を立てて「門戸閉鎖主義」にはしれば、外国から買い入れた原料の加工で商売する「領土の小さな国」は、たちまち経済が立ち行かなくなるからである[173]。澤田が「現時の日本は、ムッソリニの如き強き性格者を、必要とする時代ではないか」と問うて『ムッソリニ伝』を著したのは、早くも一九二七年であった[174]。やがてナチ政権が誕生すると、澤田は「独裁期来!」と欣喜雀躍しつつ「で、日本は何うしようといふのだ」と読者に迫った[175]。

太平洋協会の幹部という身分は、澤田には天職と感じられたであろう。終戦までに、澤田は太平洋地域の資源を主題とした著作を次々と世に送り出している。まず『太平洋資源論』(一九三九年)では、澤田は「未開発地」に富む太平洋地域を日本の「営業線」と呼び、それを取り込んだ「日満支南経済ブロック」の建設を提唱した[176]。その後、実際に太平洋地域を視察した澤田は、その際に得た見聞を『大南洋』(一九四〇年)にまとめた[177]。つづく『南洋民族誌』(一九四二年)では、この「大南洋」を「真の宝庫」とするには、そこに住む「一億五千万の民族」を日本の手で育成しなければならないと説かれている[178]。そして『宝庫ミンダナオ』(一九四三年)は、澤田が「世界第一の肥沃の地」[179]と絶賛する地域の紹介である。

これまでふれてこなかったが、協会は「我国人口問題ノ解決、拓殖移民ノ方策」(規約第三条)をも検討課題として掲げていた。この規約が示すように、急速に地政学への関心が高まった背景には、貿易による資源の入手を困難にした世界情勢の変動にくわえ、日本の人口を「過剰」と見なす国内の風潮があった。ただでさえ食料と資源の不足が喧伝されていたため、世界恐慌による危機感が増幅されたのであろう。先行する各章でも記述したとおり、すでに明治期の後半から人口の「過剰」が鼓吹されていた。ただ、戦間期に限れば、大戦中の米騒動と、それにつづいた戦後の不況によって年来の懸念が倍化した。驚くほど高位の政治家も、そのころに焦慮にみちた発言をのこしている。

たとえば原敬首相は、ワシントン会議に臨むにあたり、日本が「厖大なる人口と物資の欠乏」という不均衡に陥り、そのために「国民生存」が危殆に瀕していると訴えた。そこで原は、永続的な平和を打ち立てるには、少なくとも原料と製品の自由な移動を保障する「世界の解放」が「必須要件」になると力説する。世界各国が「衣食住の安定」を得て、はじめて平和が訪れると原はいう。これがワシントン会議を前にした「日本国民の世界観」であった[180]。

原の暗殺によって首相となった高橋是清も、原と同様に「全世界の門戸開放」を提唱した。高橋の場合、それは「原料互給の衡平並(ならび)に資源開発の自由」にくわえ、「人口移動の自由」をも含む。増える人口を養うには外国より入手した原料をもとに「産業立国」を図りつつ、それでも失業者が出れば、海外に移民を送り出す必要があるためである。なお、高橋のいう「資源開発の自由」とは、外国にある資源の開発に対して資金ばかりか「労力」を送り出す自由を指す[181]。

じつは労働運動の側でも、失業や低賃金の原因を「過剰人口」に帰する見方が共有されていた。友愛会を創立した鈴木文治は、日本では「労力の供給が常に需要を超過して居る」ため、いつまでも労働者の地位が改善しないと考えていた。そこで鈴木は、移民の奨励や工業の発展、さらには「領土拡張」まで種々の打開策を比較考量した末、人口の制限を「万止むを得ざる最後の窮策」として推奨した[182]。これが日本労働総同盟の方針となる[183]。

一九二〇年代後半の昭和恐慌に突入すると、いよいよ人口の問題が国民的な議論を巻き起こす。そのころは経済的な事情で人口が「過剰」に見えたばかりか、現実に人口が急速に伸びていた。東京帝国大学経済学部で植民政策学を講じていた矢内原忠雄は、「雑誌といふ雑誌、論客といふ論客にして人口問題を論ぜざるものはない有様となつた」と書きつづっている[184]。その一端を顧みるにも、節をあらためる必要があろう。

7 人口問題の再燃

一九二五年の自然増加が八七万人、翌年は九四万を超えると政府が発表して、いよいよ一〇〇万人の大台が目前に迫ると、国民の危機感は高潮に達する。この状況を受け、一九二七年には首相の田中義一を会長に据え、内閣に人口食糧問題調査会が設置された。そのような折、社会学者の高田保馬が、時代に逆らって「産めよ殖えよ」と説く刺激的な小論を発表した。高田の認識では、「真の問題は来るべき出生率の減少」にあり、そのために「人口増加の止むことを如何にして防止すべきか」こそ検討されなければならなかった[185]。

この主張に猛然と抗議したのが、同じく京都帝国大学にいた経済学者の河上肇である。河上は高田の説を「現代経済組織の弁護論」と批判した[186]。たしかに、「食へないと云ふのは一定の体面が保てないと云ふことにすぎない」と述べる高田は、社会の改革など考えもしなかった[187]。それに対して河上は、マルクスの理論を手がかりに資本主義の下で「過剰人口」が発生する必然性を説明した。

河上によると、生産の大規模化と機械化が進むにつれ、生産設備や原料の購入にあてられる「不変資本部分」が総資本に占める割合が増す反面、労働者の賃金に振り向けられる「可変資本部分」の割合は相対的に減少するため、その絶対額が資本全体の拡大にともなって増えるにしても、結局は労働者の増加には追いつかず、そのために人口の一部が「資本の需要せざる過剰分」となる[188]。これを解消するには資本主義そのものを転覆するほかない。明言は避けつつも、資本主義の存続を前提とした「姑息療法」では活路は開けないと言い放った河上は、ただ「根本療法の那辺に存するやは自ら明であ」ると指摘する[189]。

河上の反論に直面した高田は、それを少しも意に介さない。高田は相変わらず、日本には「たゞ放任の一途あるのみ」と言いきる。高田の見立てでは、日本は依然として消費が過剰の状況にあり、いずれは生産の縮小が避けられない。それにともなって労働の需要が減って賃金が下がれば、国民の生活水準は低下するはずであり、その縮小均衡から経済の再建が始まるであろう。このように高田は展望した[190]。

このように高田と河上の論争を顧みると、そこから浮かび上がるのは、典型的な自由主義と社会主義の対立である。しかし、この対照に目を奪われて二人の一致を見失ってはなるまい。両者は「過剰人口」の存否すら争っているが、産児制限の是非については、二人の立場に違いはなかった。

一方で高田が「過剰人口」の存在を認めなかったのは、産児制限に議論が及ぶ余地を封じるためであった。高田は、人口の増加に歯止めをかけようと思えば「必然の結論は出生制限を讃美するに在る」と憂慮していた。高田が考えるには、絶大な人口増加率のほかに「有色人種の白人に対抗しうる武器」がなかったからである。その「武器」を失えば「有色人民族自滅の時である」とまで高田は書いている。立論はともかく、この強烈な危機感ゆえに高田は日本の人口を「過剰」とは認めたくなかったようである[191]。

さらに高田が人口増加の「極限」に言及しているのは興味をひく。

地球上の人口が極限に達するまでには、日本の人口密度などはなほ五倍、十倍になるであらう。そこまで行く間は、まだ〳〵、増加の余地がある訳ではないか。他の民族よりも先に増加の極限に達すると云ふのに、何の危険があり、不利があるとするのであるか[192]。

ここに建部遯吾の感化を見て取るのは誤りではなかろう。日本社会学院の第一回大会で大会委員を担い、最後の年報では編集を委嘱されるなど、高田は建部と近い関係にあった。

他方の河上も、産児制限は「民族をただ退嬰衰亡の一路に駆るの外はない」と非難していた。しかも河上は、「社会改良の主要方策」として産児制限を提唱する者がいれば、「私は絶対的にこれを排斥する」と言いきった。高田と同じく河上も、人口が「過剰」に見える状況の克服よりも人口の維持ないしは増殖を優先している。したがって、労働運動家の鈴木文治に対する河上の評価は低い。前節の末尾で言及したように、鈴木は雇用情勢を改善する手段として産児制限を支持していた。鈴木は「日本労働運動の一リーダア」であるとはいえ、その「人口過剰問題に関する対策は、実に此の如きものなのである」と河上は失望を露わにしている[193]。

当時、河上や高田と同じ理由で産児制限を拒む者は少なくなかった。たとえば那須皓(しろし)も、日本が「飽満状態」にあると認めつつ、他民族が「膨脹する」なかで日本のみ「膨脹」を阻まれるのは「不当なること」を訴え、産児制限を選択肢からはずした。人口問題の専門家として太平洋問題調査会のホノルル会議(一九二七年)に参加した那須は、そこで移民を送り出す自由の確保を主張している[194]。東京帝国大学農学部教授の那須は、のちに松井春生や蠟山政道らと昭和研究会の常任委員を務め、一九三七年には首相となった近衛文麿に「満蒙開拓青少年義勇軍編成に関する建白書」を提出している[195]。

また、雑誌『太陽』は、一九二六年に二号にわたって「産児調節批判」の特集を組み、数多の識者に意見を仰いでいる。なかには、政治学者の浮田和民のように「元来人口の大なるのみが富国強兵の要素ではない」と諭す者もいたが[196]、より目立ったのは、たとえば斎藤隆夫のように「人口の増加は民族の発展を意味するものなれば、之を奨励すべく決して阻止すべきにあらず」と説く意見であった[197]。斎藤と同じく衆議院議員の佐々木尚山は、「地球上到る処に我民族の足跡を印する必要より人口は寧ろ増加を望む」と気炎を上げた。ここまでの勇ましさはないにしても、かつて河上が師事した元東京帝国大学教授の横井時敬(ときよし)は、いつまでも「黄色人種」が「雌伏状態」を抜け出せないのは「其数が白人より少いが為めである」と論じている[198]。

日露開戦前に「七博士」を主導した戸水寛人も意見を求められ、相変わらず「日本を隆盛ならしむることは人口増加を以て第一要件と為す」と主張している。さらに戸水は、アジア大陸は「豊饒にして広漠」で「日本の移民を待つこと久し」いゆえ、移住の便宜を図るべく「殖民政策」を立案するよう注文した[199]。同じく回答した建部は、産児制限を支持する「敗北主義者」に向かって、「産児調節に先だちて生命短縮を実行なさい」と棘のある言葉を吐くにとどまった。よほど建部は簡便な「往復葉書式問答」が気に入らなかったのであろうか[200]。

ただ、建部の門下で東京帝国大学教授の今井時郎は、現状では「僅かに五千数百万の人口」にして「東洋平和の保障の任」を負っている日本としては、産児制限どころか「一人でも人口の多からむこと」が求められると論じている。ついでに今井は、より多くの若者を海外に送り出すべく、「日本の飯を喰はず満蒙西比利亜(シベリア)太平洋沿岸の外他の飯を喰ふ」次世代人の育成を提案した[201]。このような意見を建部も抱いていたのではなかろうか。日本社会学院の会員であった日本石油会社長の内藤久寛も、日本は「宜しく植民政策、食糧政策等について研究努力するの方針をとるべきであらう」と書いている[202]。

高田と河上の論争を経済学界の「人口論戦」と称した矢内原忠雄も、産児制限を実践する動機は「生活向上の為め」よりも「生活享楽のため」ではないのかと訝っていた。おまけに矢内原は、人口問題の主な原因が富の「分配状態如何」にあるため、その解決にとって産児制限は「効果に乏しきのみならず、問題の把握に於て正当でない」と主張した[203]。

しかし、人口の「過剰」を緩和する手段として産児制限を封じると、その分だけ選択の幅が狭まる。現状を放置するのでなければ、残るは根本的に資本主義経済を変革するか、さもなければ殖産興業を図るか、あるいは移民を送り出すしかなかろう。移民については、行き先が外国と自国の植民地とに分けられるが、後者には既存と新規の別があるため、最後の選択肢は移民の振興と新領土の獲得とに分けられよう。版図の拡大は眼中になく、資本主義下では「商工業振興」によって失業が「却つて益々大規模に回帰する」と指摘する矢内原は、資本主義の改良と移民の促進に期待を寄せるほかない。現に矢内原は、既存の「生産及分配制度」を固守する姿勢を戒めるとともに、いつの時代であっても移民が「人口問題の有効なる一対策たること」を確認している[204]。

さらに矢内原は、移民の効果を否定する意見の背後には「移民排斥法を有する諸国に対する気兼ね」があると疑っているが、たしかに一九二四年にアメリカで新移民法が通過したあと、以前の立場を覆す者がいた。ただ、移民の否定は必ずしも産児制限の肯定を意味しない。むしろ版図の拡大に活路を見出す者もいたからである。

たとえば早稲田大学教授の副島義一は、一九二四年以前には「移民政策振興の必要」を説いていた。ここで移民とは、植民と違って本国の支配を離れ、移住先の法制に従う者を指す[205]。しかし、一九二六年に既述した『太陽』誌の質問に回答を寄せた副島は、シベリアやオーストラリアを例に挙げ、「世界は広し、日本人の行くべき空地は到る所に横在す」と論じた。とくに副島は、「日本の隣接地たる満蒙」に注意を喚起し、もし日本が躊躇すれば、その間にロシアに併合されるであろうと焦燥感を煽った[206]。産児制限につづいて海外移民が選択肢から消えると、その次の手としては早くも武力の利用が隠見する。

このような傾向については河上も憂慮していた。じつは高田に批判を投げかける前、河上は別の論文を槍玉に挙げていた。河上が評するには、それは「最も多くの頁を「武力的解決方法」に費してゐる」論文であった[207]。そこにもアメリカの移民法に対する憤怒がにじみ出ていた。その著者によると、もし南北アメリカの移住に適した地域が日本人に「開放」されていれば、国内で「過剰人口」で発生する恐れはない。しかし実際には、それらの地域が「有色人種」に対して「閉鎖」されているため、もっとも簡便な打開策としては「強制的に其門戸を開放せしむるの外はない」という。つまり、ヨーロッパ人が「剣を以て四方を征服し掠奪した」ように「剣を以て戦う」のである[208]。これを読んだ河上は、一般的な「過剰人口論」も欧米人の支配に対する義憤が加わると、いとも簡単に「帝国主義謳歌の理論的(?)根拠」に成り代わると論評している[209]。

この論文を書いたのは、すでに本章にもたびたび登場している小野塚門下の神川彦松であった。神川は武力の行使を示唆するばかりか、人口問題を「我が史上稀に見る一大難関」と形容しているが[210]、この危機感は小野塚ゆずりであろうか。

小野塚自身は、アメリカの移民法について直接には何も発言していない。ただ、一般論としては、「小面積の状態」が長くつづく一方で産業が顕著に発展しなければ、国内には「人口過剰」が発生するため、国家は「合理的に膨脹政策を採用すべきである」と小野塚は昭和の初年まで講義で諭していた[211]。ここで「膨脹」が版図の拡大を指していないとすれば、それは販路の拡張や領有権を伴わない居住地の拡大を意味していたのであろうか。このように考えると、居住地の「膨脹」を遮ったアメリカ移民法の成立は、小野塚にも相応の衝撃を与えたであろう。そのうえに販路の「膨脹」を阻む世界恐慌が重なると、小野塚も非常手段の行使に首肯したであろうか。

すでに日中戦争が始まっていたころ、「小野塚学派」を自任していた松井春生は、移民の送り出し先としても、また製品の販路としても、満州国と中国に期待する心境を忌憚なくつづっている。

今や友邦満洲国に向け大規模なる移民の計画が樹てられ、着々実行に進みつゝあることは、誠に喜ばしい限りと言はねばならぬ。蓋し、原料問題と併せて人口問題を総観するとき、我が国の海外依存性の相当大なることは之を認識せらるを得ないのであつて、茲に満洲国及支那に対して、多大の期待を有すべきことは、多く言はずして明かである。即ち今後益々振興せらるべき工業に伴ふ販路及原料供給地たると共に、我が移植民地として、之を満洲国及支那に求めざるを得ないからである[212]。

結局は販路と資源の模索が東南アジアまで伸びるが、この過程を「人口扶養力拡大」の努力として弁護する者も小野塚の門下から現れた。その人物とは、河合栄治郎の後任として東京帝国大学経済学部の教授に就くかたわら、厚生省人口問題研究所の研究官を兼ねるなど、人口問題の専門家として活躍した北岡寿逸である。北岡が振り返るには、世界恐慌によって輸出が難しくなった「持たざる国」が、そのために原料や食料を輸入する能力を失い、ますます「人口扶養力」を縮小させたのが第二次大戦の原因であった。ほかに「人口扶養能力」を拡大する方法がない場合には、領土の拡大を図るほかないのは「今も昔も異る所はない」と北岡は指摘する。北岡は欧州の大戦を「独伊の人口扶養力増大政策の表現」と見なす一方、日本の満州事変から太平洋戦争に至る道程を「人口扶養力拡大運動の最大なる現象」と解釈した。

人口の「過剰」ゆえに戦争に突入したにもかかわらず、人口の「急激ニシテ且ツ永続的ナル発展増殖」を謳った「人口政策確立要綱」が一九四一年に閣議決定された矛盾についても、北岡は説明を与えている。貿易の縮小で窮地に陥った日本が「自滅」を避けるには、自力で資源を手に入れるほかなく、そのためには「益々人口を増殖して国力を養ふ」のが「根本策」になると北岡は主張する[213]。自ら立案にかかわったからか、北岡は「人口政策確立要綱」を自著の巻末に収録している。

おわりに

ラッツェルの翻案を介してダーウィンの進化論を継承した小野塚の学説は、一九三〇年代の日本にあつらえ向きの教えであった。以前よりつづく「過剰人口」の懸念にくわえ、貿易の停滞によって資源が手に入らなくなる恐怖が広がり、しかも現に大陸への侵攻が進んでいた事情も手伝い、当時の日本では版図の拡張に活路を見出す風潮が芽生えていた。そのような期待を根拠づける理論として急速に浸透したのが、とりわけドイツで発展していた地政学である。その地政学がラッツェルの学説に由来していただけに、小野塚に政治学を教わった門下たちは、そのような時代に適応する素養を身につけていた。

ドイツで雑誌『地政学評論』(*Zeitschrift fur Geopolitik*)を主宰したハウスホーファーによれば、地政学とは、国家間の「生活空間」をめぐる「生存闘争」に適応するための「科学的基礎」であった[214]。領土の価値を多面的に分析しつつ、国家間の「生存競争」に打ち勝つ「競争力」の要素を追究した小野塚の政治学も、この定義に見事に当てはまる。地政学そのものに飛びついた神川彦松や蠟山政道ばかりではなく、資源や人口に関する知見を供出した松井春生、澤田謙、北岡寿逸らも、多分に時代の要請にこたえていた。

しかし本来的には、小野塚の教えは戦時以外にも役立てられたはずである。北岡や松井が第二次大戦後にのこした足跡からは、その可能性が見て取れる。北岡の場合は戦後に鮮やかな転回を遂げ、もはや領土の獲得を人口問題の解決策とは考えなくなった。戦時中の北岡は、昭和期前半の相次ぐ戦争を回顧する後世の歴史家は「必ずやその根本的動因として人口問題を説く」であろうと展望していた[215]。しかし戦後になると、北岡は前言を翻し、過ぎ去った大戦が「我国人口増加の必然の運命とは思はない」と語った。著しい人口の増加も「経済的発展」で乗り切れたはずであり、さらに「産児制限に依つて人口を抑制すれば一層よかつた」とさえ北岡は振り返っている。ただし北岡は、日本の「人口過剰」が「侵略戦争」につながると予見した「世界の人口学者」にも注意を喚起する。不可避の因果関係ではないにしても、北岡は依然として「人口過剰は戦争に導く」と考えていたようである[216]。

自衛隊の創設を前にして「自衛軍」の是非が取り沙汰されていたころ、再軍備への支持を『真の平和への道』（一九五三年）のなかで表明した北岡は、軍が侵略にはしらないための予防線として産児制限を提唱した。北岡が考えるには、「人口過剰」こそ日本を「侵略戦に駆り立てる根本動因」にほかならないからである[217]。松井の場合は、日本が資源を追い求めて同じ轍を踏まないで済む方法を模索した。そのためには「先ず日本の資源を……日本の自由に利用し得る資源を開かねばならぬ」と松井は主張する。したがって、外貨を稼ぐために「何でも輸出、輸出って、血道をあげるのはまちがってる（ママ）」のであり、むしろ「日本の国内の資源を開発するということが第一義であってその結果として輸出がある」と松井は力説している[218]。

口で唱えるばかりか、松井は持説を実践すべく、一九五二年にオリエンタルコンクリート株式会社を設立した。電柱を木からコンクリートに変えて「木材資源の保育」[219]に役立てるのが松井の意図であった。実際の事業は電柱の製造にとどまらず、橋梁の建設でも成功を収めたという。とくに鋼弦橋の事業には松井も「熱を入れた」と語っているが、それは「セメントと共に日本の地下資源の尤たる砂鉄を開発することができると願ったから」にほかならない[220]。

松井が望んだような国内資源の持続的な利用を、政策の次元で検討する立場にあったのが蠟山である。蠟山が委員を務めた資源調査会は、首相に勧告する権限をもつ省庁横断的な機関として一九四七年に経済安定本部内に設置された。経済安定本部が一九四八年に発表した「経済復興第一次試案」には、「日本経済の復興は第一義的には明かに原料輸入の如何に懸っている」[221]と明記されているため、松井のような発想が実際の政策に反映されたとは言いがたい。しかし、貿易が制限されて海外の資源に頼れなかった時代の知見は、今日再び脚光を浴びている[222]。

註

1――松井春生が経済的な理由で研究をつづける困難を口にしても、小野塚は「自分の書斎も共用したらいいではないか」と説得をつづけたという。松井春生ほか「日本行政の回顧（その一）」『行政と経営』昭和三六年四号、二九頁。

2――資源局の設立に至る経緯については、山口利昭「国家総動員序説――第一次世界大戦から資源局の設立まで――」『国家学会雑誌』九二巻三・四号（一九七九年）、二六六―二八五頁、纐纈厚『総力戦体制研究』社会評論社、二〇一〇年、五九―八〇頁。資源局が設立された当時、松井は総務と企画の両課長を兼ねていた。

3――読売新聞社編『昭和史の天皇16』読売新聞社、一九六一年、一五一頁。松井自身も「私は頭から、資源局と資源審議会という提案を致したのでありましたが、当時全く耳新しい言葉なので、なかなか難航でした」と回顧している。松井春生ほか「日本行政の回顧（その三）」『行政と経営』昭和三七年二号、七―八頁。

4――松井春生ほか「日本行政の回顧（その四）」『行政と経営』昭和三七年三号、一八頁。

5――松井春生ほか「日本行政の回顧（その五）」『行政と経営』昭和三八年一号、二七頁。

6――とくに追放の理由に自著の『経済参謀本部論』が挙げられていた事実を松井は批判している。同書は「牧野英一委員長、堀教授等全員に反帝国主義と確証されたばかりでなく、アメリカ側の委員で後に吉田総理の平和会議の通訳をされたハーバート出身（ママ）の秀才からは、デモクラシーの教科書だと思うと言われた」と松井は語っている。同前、一五頁。

7――三重県立第一中学校を受験した際に津市で行軍将棋を買って帰り、そのために「父から叱られた」のは「私の一生涯で、温情そのものの父に叱られたのは、後にも先にも、この時ただ一度」であったと松井はいう。また松井は、中学校では修身の教師から軍閥への強い批判を聞かされ、自分も「その後のいろんな教養の関係もありますが、その時分から、軍というものに対するある感じが培われた」と語っている。松井ほか、前掲「日本行政の回顧（その一）」、一九―二〇頁。

資源局の名称にも軍部の台頭を牽制する狙いを込めていたと松井自身は語る。軍部から見れば「国家総動員」の名を隠した機関名は「カモフラージュ」にほかならないにしても、松井の方は「こっちはカモフラージュどころか、真剣に実質において、そういうふうに平和の方向、民力涵養に進めたいと思った」という。つまり総合的な資源の概念を前面に出して「軍需資源の増大を急いで国民を肺患にするような需要のごとき」を抑制する意図で、松井は機関の名称として「資源局と資源審議会の案を立て、創設、運営に当り、資源行政に関与すること前後十余年に及んだ」と回想している。松井ほか、同前、一一、一三頁。

8――同前、二七-二八頁。

9――松井ほか、前掲「日本行政の回顧（その三）」、五五頁。

10――松井ほか、前掲「日本行政の回顧（その一）」、二九頁。

11――南原繁・蠟山政道・矢部貞治『小野塚喜平次』岩波書店、一九六三年、三〇三-三〇四頁。

12――同前、三一二頁。澤田謙と北岡寿逸は、河合栄治郎の推薦で小野塚邸の別棟に入ったという。ただ、途中で澤田は抜け、代わりに入ったのが蠟山政道であった。北岡寿逸『我が思い出の記』北岡寿逸、一九七六年、五〇頁。

13――澤田謙『ヒットラー伝』大日本雄弁会講談社、一九三四年、序二頁。

14――澤田謙『独裁期来！』千倉書房、一九三三年、序一-三頁。

15――澤田、前掲『ヒットラー伝』、序二頁。

16――本文でも後述するが、たとえば小野塚が日露開戦を促した「七博士」に加わったのは、「吉野〔作造〕と同じように、「専制」に対して「自由」を擁護するという考え方から発していたと考えられる」と推測されている（三谷太一郎『大正デモクラシー論――吉野作造の時代とその後』中央公論社、一九七四年、一七八頁）。また、第一次大戦後の小野塚については、その「英米との経済的・政治的連携の主張は、小野塚の東大時代の同級生であった浜口雄幸や幣原喜重郎、とくに後者との国際情勢観・外交方針の相似性という点で、興味をひく」との評がある（田口富久治『日本政治学史の源流――小野塚喜平次の政治学』未來社、一九八五年、二〇七頁）。
田口の著書は『政治学大綱』を軸にして小野塚の全著作に目配りをきかせた包括的な研究ではあるが、主眼が現在に通ずる思想、すなわち「小野塚の政治観におけるデモクラティックな側面」ないしは「小野塚の政策論の民主主義的性格」、あるいは「小野塚の高らかなデモクラシー賛歌」の抽出にある。そのため、田口は小野塚が進化論より受けた感化を認識しつつも、それを「当時のダーウィン主義の流行」（七二頁）にそった副次的な側面に押し込めている。たとえば、参政権の拡大や議会による監督機能の強化を求めた小野塚の見解は、民主主義的な発想にくわえて「国際競争における対外競争力に与える影響という面からも」（一〇九頁）補強されていたと記述される。

17——三谷、前掲『大正デモクラシー論』、一七八頁。田口、前掲書も三谷の解釈を引用している。

18——高橋作衛「七博士意見書起草顛末」『満洲問題之解決』高橋作衛、一九〇四年、四頁。

19——伊澤多喜男伝記編纂委員会編『伊澤多喜男』羽田書店、一九五一年、四三頁。

20——高橋、前掲「満洲問題之解決」、三八頁。

21——蔵原惟昶編『日露開戦論纂』旭商会、一九〇三年、一七〇頁。

22——高橋作衛「満洲問題之解決」『満洲問題之解決』高橋作衛、一九〇四年、三八頁。先の研究とは、高橋作衛「制海権力論一般」『国家学会雑誌』一〇巻一一四号、一一五号(一八九六年)を指していよう。

23——高橋作衛「満洲問題の解決」『日本人』一九三号(一九〇三年)、一七頁。

24——戸水寛人「満州問題討究の見地」『外交時報』六九号(一九〇三年)、七七-七八頁

25——小野塚喜平次「学問ノ独立ト学者ノ責任(戸水教授休職事件ニ就テ)」『国家学会雑誌』一九巻一〇号(一九〇五年)、一二六頁。南原ほか、前掲書、一二八頁にも、この小野塚の証言が引用されている。このような評価ゆえに、評伝のなかでも、その後も、小野塚が「七博士」の一員となった理由が深く追究されてこなかったのであろう。

26——戸水寛人『回顧録』戸水寛人、一九〇四年、三一〇頁。

27——小野塚と同時に富井政章も離脱していて、その二人が「最モ穏和ナル説」をとっていたという。同前、三〇九頁。

28——小野塚喜平次「国家膨脹範囲ノ政治学的研究」『法学協会雑誌』二二巻八号(一九〇四年)、一〇五八頁-一〇五九頁。

29——高野岩三郎「輓近本邦人口増加ノ比較研究」『国家学会雑誌』一九巻七号(一九〇五年)、一九-二四頁。

30——戸水、前掲書、三三四頁。

31——稲田周之助「日本民族の将来」『日本人』一八五号(一九〇三年)、一〇頁。

32——小野塚、前掲「国家膨脹範囲ノ政治学的研究」、一〇五五-一〇五七頁。

33——探検家、地理学者としても活躍したヴァーグナーは、アルジェリアでの三年にわたる調査を通じて地理的な隔離の重要性に気づいた。その説でダーウィンに挑むも、支持者はいなかったという。遺伝の仕組みが発見されてからは、もはやヴァーグナーは顧みられなくなる。Mayr, Ernst, *The Growth of Biological Thought: Diversity, Evolution, and Inheritance*, Cambridge: Belknap Press, 1982, pp. 562-566.

34——のちの日本では、ヴァーグナーとは逆に、人間の移住を説明するために生物の移動を引き合いに出す生物学者がいた。あたかも日米間で移民問題が紛糾していたころ、日本にダーウィン進化論を伝えたモース(Edward Sylvester Morse)の講義録を『動物進化論』(一八八三年)として刊行するなど、進化論の普及に尽力した東京帝国大学教授の石川千代松は、動物は「一箇所に棲住し得る数」を超えて繁殖するため、どの動物も原産地を離れて移動する「本能」を具備すると説くとともに、人間も動物と「全く同様に」発祥の地から「始終移動したものであるに相違ない」と述べている。石川千代松「生物学から見た移民問題」『太陽』二六巻一〇号(一九二〇年)、九一-九三頁。

35——ヴァーグナーの知的影響については、シュタインメツラー、前掲書、一四三-一五二頁。

36——同前、一四九-一五〇頁。因果関係の説明はないが、同じころからラッツェルは、環境や自然の摂理には還元されない人間の意志を重視するように変わったとシュタインメツラーは指摘している。同前、九六-一〇〇頁。本文で後述するが、のちに『政治地理学』(一八九七年)のなかで、ラッツェルが「文化」の役割を強調しているのは、この思想的な転換とかかわっていよう。

なおシュタインメツラーは、『人類地理学』(一八八二年、一八九一年)に射程を絞っているせいもあり、その後にラッツェルが国家の「空間的膨張」に寄せた関心を十分に書き留めていない。とくにシュタインメツラーが、ラッツェルの論文「国家の空間的膨張の法則」(一八九六年)を本文で取り上げていないばかりか、それをラッツェルの著作一覧にも含めていないのは問題であろう。この論文を重視しているのは、Strausz-Hupé, Robert, *Geopolitics*, New York: G.P.Putnam's Sons, 1942, pp. 30-31; Johannes Mattern, *Geopolitik: Doctrine of National Self-Sufficiency and Empire*, Baltimore: Johns Hopkins Press, 1942, pp. 54-60. 蠟山政道がドイツの地政学を日本に紹介した際も、この論文(「国家の地域的膨脹の法則」)を引用している。蠟山政道「ゲオポリティーク」中山伊知郎・三木清・永田清編『社会科学新辞典』河出書房、一九四一年、一〇二頁。

37——Ratzel, Friedrich, "The Territorial Growth of States," *Scottish Geographical Magazine*, Vol. 12, No. 7 (1896), pp. 351-361.

38——Mattern, *Geopolitik*, p. 60.

39——Smith, Woodruff D., "Friedrich Ratzel and the Origins of Lebensraum," *German Studies Review*, Vol. 3, No. 1 (1980), p. 66.

40——小野塚喜平次『政治学大綱』下巻、博文館、一九〇三年、一六四頁。

41——ここで使用された「生存競争」の概念は、生物学からの転用である。小野塚は「生存競争ハ生物界ニ於ケル法則ニシテ人類モ亦其支配ヲ免ル、コト能ハス」と書いている。同前、下巻、一三頁。

42——同前、上巻、一五六－一五七頁。

43——同前、上巻、一五七－一五八頁。

44——Ratzel, Friedrich, *Politische Geographie*, Dritte Auflage, Munchen und Berlin: Druck und Verlag von R. Oldenbourg, 1923, S. 169-180. 第九章の表題が「周囲との相互作用における国家の膨張」(Das Wachstum des Staates in Wechselwirkung mit seiner Umgebung) とされている。

45——ここでラッツェルは、実例として日本を思い浮かべていたのかもしれない。ラッツェルは、別の著書に「日本人もまた西欧民族による力づくの開国がなければその成長が自由にならなかったに違いないことは、新しい植民空間すなわち成長空間を求める激しい要求が日本の近代の政治をいっぱいに満たしていることに示される」と書いている。由比濱省吾訳「人類の地理的分布」『フリードリッヒ・ラッツェル人類地理学』古今書院、二〇〇六年、一六二頁。

46——Ratzel, *Politische Geographie*, S. 174.

47——ただし英訳では、「文化」(Kultur) は「文明」(civilization) と記されている。Ratzel, "The Territorial Growth of States," p. 351.

48——Ratzel, *Politische Geographie*, S. 153. ただし、ラッツェルの「文化」は意味が一定していない。一方で「文化」は人口の規模を規定するとして、ラッツェルは「一定の面積に居住する人間の数は常に文化の状態に依存する」(由比濱訳、前掲書、一六八頁)と述べている。しかし他方で、ラッツェルは「文化」を人口に従属させ、「一定の空間の民族人口は本質的に文化の発展段階を決定する」(同前、一八一頁)と書いている。ラッツェルは、現実と理論の齟齬を調整する役割を「文化」の概念に期待していたのであろうか。ちなみに、第一次大戦後のドイツで台頭した地政学者たちも、地理的な決定論と政治的な目的の矛盾を調整するために「文化」の概念に頼っていたという (Murphy, David Thomas, *The Heroic Earth: Geopolitical Thought in Weimar Germany, 1918-1933*, Kent: The Kent State University Press, 1997, pp. 32-35)。

49——小野塚、前掲『政治学大綱』上巻、一六三頁。この指摘は学生に強い印象を残したのか、のちに松井春生は、自著のなかで「現代の文化国に於ては、何れも皆、或る程度に於て、自覚的に、資源の保育に努めざるはない」（松井春生『日本資源政策』千倉書房、一九三八年、三五頁）と書いている。これは小野塚の一文を資源の観点から翻案したように思われる。

50——神川彦松『小野塚博士・政治学講義』東京大学大学院法学政治学研究科附属近代日本法政史料センター原資料部蔵、八六－一〇一頁。

51——同前、八六頁。

52——Ratzel, *Politische Geographie*, S. 17.

53——小野塚喜平次『政治学完・大正十二年度東京帝国大学講義』、一九二四年、国立国会図書館蔵、および小野塚喜平次『政治学』国文社、一九二八年。

54——戸水寛人「満州の撤兵と日本民族の奮起」『外交時報』六三号（一九〇三年）、五九頁。

55——寺尾亨「進取の国是と満洲問題」『東洋』（一九〇一年）、六二頁。

56——Ratzel, Friedrich, *Der Lebensraum: Eine biogeographische Studie*, Tübingen: Verlag der H. Laupp, 1901, S. 51-52, S. 54-56.

57——横山又次郎「列国の領域膨脹の上に現るゝ地理的傾向」『太陽』一七巻八号（一九一一年）、四八頁。

58——吉野作造「民本主義鼓吹時代の回顧」（一九二八年）『吉野作造選集』一二巻、岩波書店、一九九五年、七九－八〇頁。

59——松井、前掲「日本行政の回顧（その一）」、二八頁。

60——小野塚、前掲『政治学大綱』下巻、七〇頁、九〇頁、一六四頁。

61——同前、四四頁。

62——松井、前掲「日本行政の回顧（その一）」、二八頁。

63——金井延「社会政策ト個人主義」『法学協会雑誌』三〇巻九号（一九一二年）、一四五〇頁。

64——蔵原惟昶編『日露開戦論纂』旭商会、一九〇三年、八八頁。

65——桑田熊蔵「帝国主義と社会政策」『太陽』七巻三号（一九〇一年）、二〇頁。

66——桑田熊蔵「社会政策管見」（初出年不明）桑田一夫編『桑田熊蔵遺稿集』、一九三四年、一七〇－一七一頁。

67——Charles Darwin, *The descent of Man and selection in relation to sex*, London: John Murray, 1871, p. 82. すでに序章でまとめたとおり、ここにダーウィンの解釈をめぐる論争が浮上する。ダーウィンの残した教訓を「適者生存」の概念に見出し、その広がりを描いた研究としては、Richard Hofstadter, *Social Darwinism in American Thought*, Boston: Beacon Press, 1955. 逆に「相互扶助」の重要性を読み取った立場は、今日では「改革的進化論」(Reform Dariwinism) と呼ばれている。その広範な浸透を掘り起こした先駆的な研究としては、Robert C. Bannister, *Social Darwinism: Science and Myth in Anglo-American Social Thought*, Philadelphia: Temple University Press, 1979、とくにフランスに焦点を当てた研究としては、Linda L. Clark, *Social Darwinism in France*, Alabama: University of Alabama Press, 1984がある。

68——ピョートル・クロポトキン（大杉栄訳）『相互扶助論』（一九一七年）、大沢正直編『大杉栄全集』一〇巻、現代思潮社、一九六四年、三一頁。

69——Darwin, *ibid.*, p. 166.

70——*Ibid.*

71——Novicow, J., *La politique internationale*, Paris: Felix Alcan, 1886, p. 257.

72——いかに陸羯南がノヴィコウの『国際政治』を利用していたかについては、本田逸夫「明治中期の「国際政治学」――陸羯南「国際論」とNovicow, J., *La politique internationale*をめぐって」『法学』五九巻六号（一九九五年）、九〇五－九三二頁。

73——Novicow, J., *La critique du darwinisme social*, Paris: Felix Alcan, 1910, p. 3. ノヴィコウは、『国際政治』のなかでは外交を「社会有機体間の生存競争を遂行する技法」と定義するなど「生存競争」の意義を強調していたにもかかわらず、この著書で「社会ダーウィン主義」を明確に否定したため、変節を遂げたと見られている (Clark, *ibid.*, p. 124)。ただし、その間もノヴィコウの植民地に対する評価が一貫していた事実は看過されている。

74——Novicow, Jacques, "The Mechanism and Limits of Human Association: The Foundations of a Sociology of Peace," *American Journal of Sociology*, Vol. 23, No. 3 (1917), p. 342-344.

75——そのためにこそ、ノヴィコウが植民地支配を正当化していた一面が看過されがちになる。たとえばCrook, Paul,

Darwinism, war and history, Cambridge: Cambridge University Press, 1994, pp. 112-115もノヴィコウの『国際政治』には言及していない。

76——建部遯吾『戦争論』金港堂書籍、一九〇六年、二〇-二一頁。この点については、酒井哲哉『近代日本の国際秩序論』岩波書店、二〇〇七年、一九八頁でも指摘されている。

77——酒井、前掲書、一九八頁。

78——吉野作造編『政治学研究』二巻、岩波書店、一九二七年、五二七頁。すでに忘れ去られて久しい書籍ではあるが、かつては国際的に広く読まれていたのかもしれない。たとえばカーも、国際関係の文脈に進化論を持ち込んだ典型例として『国際政治』を引用している(Carr, Edward Hallett, *The Twenty Years' Crisis, 1919-1939: An Introduction to the Study of International Relations*, New York: Harper Collins, 1964, p. 48)。

79——Novicow, "The Mechanism and Limits of Human Association," p. 347.

80——小野塚、前掲『政治学大綱』下巻、一五二頁。

81——同前、一五四頁。ただし小野塚は生まれながらにして富裕な者に同情しない。「吾人ノ優者ト称スルハ歴史的ノ上等社会ヲ指スニアラス其階級ノ如何ヲ問ハス現在ニ於テ箇人的ニ優等ナル能力ヲ具有スル者ヲ云フ」。同前、一四四頁。

82——Darwin, *ibid.*, p. 168.

83——社会政策学会編『社会政策学会論叢第三冊・移民問題』同文舘、一九一〇年、一〇四頁。

84——社会政策学会、前掲『社会政策学会論叢第一冊・工場法と労働問題』、一頁。

85——小野塚、前掲『政治学大綱』下巻、三三-三四頁。

86——小野塚喜平次「現代独逸ノ軍国主義トトライチケノ学説」(一九一五年)『欧洲現代政治及学説論集』博文館、一九一六年、四三二頁。

87——小野塚、前掲『政治学大綱』下巻、六四頁。

88——同前、五六頁。

89——小野塚喜平次「政治学ノ系統」『国家学会雑誌』一一六号(一八九六年)、一一一八頁。

90——小野塚、前掲『政治学大綱』上巻、八五頁。

91——建部遯吾『社会理学』金港堂書籍、一九〇五年、二二九頁。本書第三章第四節参照。

92——小野塚喜平次「戦後の国際連盟」(一九一八年)『現代政治の諸研究』岩波書店、一九二六年、二三〇頁。

93——同前、一八九頁。

94——小野塚喜平次「英仏米三国政治家ノ大戦観」(一九一八年)『国家学会雑誌』三二巻一号(一九一八年)、三頁。

95——落合直文『改修言泉』大倉書店、一九二九年、一四四七頁。

96——本文で挙げる事例以外では、たとえばロシア皇帝ニコライ二世がハーグ平和会議の開催を呼びかけるに際して発した詔書の翻訳に「国際政治」の語が登場する。小山正武「国際競争に於る準備の必要」『太陽』第一一巻第一六号(一九〇五年)、六七頁。同じ詔書の英語版では「国際政治」の部分は「国際政策」(international policy)となっている。Holls, Frederick W., *The Peace Conference at the Hague: And Its Bearings on International Law and Policy*, New York: Macmillan, 1900, p. 9. また『国民之友』誌上の海外注目記事を紹介する欄に「国際政治の中心点」の表題を付された文章が訳出された例もある。『国民之友』三六八号(一八九八年)、四七八頁。

97——陸羯南『原政及国際論』(一八九三年)、西田長寿・植手道有編『陸羯南全集』一巻、みすず書房、一九六八年、一五一頁、一五四頁。

98——同前、一五八頁。

99——建部、前掲『戦争論』、二二頁。

100——神川彦松「国際政治」社会思想社編『社会科学大辞典』改造社、一九三〇年、三四九頁。

101——横田喜三郎「国際政治」中山・三木・永田、前掲『社会科学新辞典』、一一七頁。

102——小野塚は「政治」を「国家機関及ヒ国民ノ行為ニシテ直接ニ国家ノ根本的活動ニ関スルモノ、総称」と定義している。小野塚、前掲『政治学大綱』下巻、四八頁。

103——蠟山政道『政治学の任務と対象』巌松堂、一九二五年、四九〇頁。

104——ただし蠟山の場合には、本人が引いていたバーンズ(C. Delisle Burns)の影響もあろう。バーンズは「対外政策の一般的な目的は、他国との対立が想定された個別的な利益の獲得にある」ため、「国際政治と、いわゆる「対外」政治との間には区別を立てるべきである」と指摘していた。Burns, C. Delisle, *International Politics*, London: Methuen, 1920, pp. 5-6.

105――小野塚も「対外政策」と「外交政策」を互換的に使用していた。『政治学大綱』第三編第四章「外交政策」の原型となった論文は、題目が「対外政策概論」であった。『国家学会雑誌』二〇〇号（一九〇三年）、一－一四頁。

106――小野塚喜平次「国際連盟総会第一会期の成績」（一九二一年）、前掲『現代政治の諸研究』、二六八－二九三頁。

107――小野塚喜平次「国際連盟協会連合会議」（一九二〇年）、前掲『現代政治の諸研究』二三五－二六七頁。

108――同前、二六五－二六六頁。

109――小野塚、前掲「戦後の国際連盟」、一三二頁。

110――南原・蠟山・矢部、前掲『小野塚喜平次』、一〇二頁、一三四頁。

111――穂積重遠「法学部総説」東京帝国大学『東京帝国大学学術大観・法学部経済学部』東京帝国大学、一九四二年、二五頁。

112――南原繁「カントに於ける国際政治の理念」吉野作造編『政治学研究』一巻、岩波書店、一九二七年、五六二頁。

113――丸山眞男・福田歓一編『聞き書南原繁回顧録』東京大学出版会、一九八九年、一三〇頁。

114――南原・蠟山・矢部、前掲書、三一〇頁。

115――東京大学百年史編集委員会編『東京大学百年史　部局史一』東京大学、一九八六年、一九二頁。

116――丸山・福田、前掲書、一三二頁。

117――東京大学百年史編集委員会、前掲『東京大学百年史　部局史一』、二〇〇頁、二〇三頁、二一〇頁、二一六頁、二二〇頁。

118――神川、前掲「国際政治」、三四九頁。

119――北岡寿逸『我が思ひ出の記』北岡寿逸、一九七六年、五〇頁、南原・蠟山・矢部、前掲書、三一二頁。

120――蠟山政道「ジュリアン・ハックスレーの社会思想」社会思想研究会編『現代社会思想十講』社会思想研究会出版部、一九四九年、二四八頁。

121――のちに蠟山は『日本における近代政治学の発達』（一九四九年、ここで引用するのは新泉社、一九六八年）を著すが、ここでは加藤弘之（三五－四〇頁）、有賀長雄（一〇七－一〇九頁）、そして小野塚（八二－九〇頁）の思想が取り上げられているにもかかわらず、一度も「進化論」の語が出てこない。スペンサーが言及される場合も、その思想は「近代政治思想」（三二頁）、「個人主義的な社会学」（一〇七頁）、「総合科学たる性格をもつ社会学」（一四二頁）、あるいは「社会哲学」(二一六頁)と形容され、進化論が浮上しない次元で扱われている。小野塚の場合も含め、日本の政治学に対する進化論の影響が十分に顧みられていない理由の一端は、この著書が古典として今も読み継がれているためではなかろうか。

122——蠟山政道「科学としての地政学(ゲオ・ポリティーク)の将来」『社会地理』四号(一九四八年)、四頁。
123——同前、四頁。
124——神川彦松「世界新秩序と大地域主義」『地政学』一巻一号(一九四二年)、三-一八頁。
125——蠟山の地政学については、波多野澄雄「「東亜新秩序」と地政学」三輪公忠編『日本の一九三〇年代——国の内と外から——』創流社、一九八〇年、三六-三八頁、三輪公忠『日本・1945年の視点』東京大学出版会、一九八六年、一五四-一五八頁。
126——蠟山、前掲「ゲオポリティーク」、一〇八頁、一〇二頁。
127——一九三〇年代以降にかかわる第五節以下の記述では、小野塚本人が大学行政に身を転じて著述からは遠ざかるため、専ら小野塚の門下に資料を求める。小野塚が主導的な地位にあった初期の日本学術振興会については、大崎仁「日本学術振興会の歩み——財団法人の35年と特殊法人の30年——」『学術月報』五〇巻一一号(一九九七年)、二九-三七頁、小野沢永秀「日本学術振興会70年の歩み——学術振興に関する理念の確立と事業展開の歴史——」『学術月報』五五巻五号(二〇〇二年)、二二一-二二九頁。また、松井春生が中心的な役割を担っていた資源局と日本学術振興会の関係を描き出した広重徹『科学の社会史』(上巻、岩波書店、二〇〇二年、一三七-一六九頁)は、本章にとって示唆に富む。
128——藤澤親雄「ルドルフ、チェレーンの国家に関する学説」『国際法外交雑誌』二四巻二号(一九二五年)、一五五-一七五頁。
129——神川、前掲『小野塚博士・政治学講義』。
130——ルドルフ・チェレーン(阿部市五郎訳)『生活形態としての国家』叢文閣、一九三六年。
131——チェレーン『生活形態としての国家』の原書がスウェーデン語で出版されたのは一九一六年で、ドイツ語版は翌年に刊行されている。ただ、その後、小野塚がチェレーンの著書を読んだのは確かであろう。東京大学法学部の「小野塚文庫」にはKjellen, Rudolf, *Der Staat als Lebensform*, Leipzig: Hitzel, 1917が含まれている。

132——東京帝国大学法科大学時代の藤澤親雄は、高等文官試験の準備のため、北岡寿逸や澤田謙らとともに軽井沢で一夏を過ごしたという。北岡、前掲『我が思い出の記』、五六頁。

133——神川彦松「勢力均衡に就ての一考察（二）」（一九二五年）『神川彦松全集』七巻、勁草書房、一九六九年、二九四頁。

134——吉野作造編『政治学研究』二巻の巻末には「政治学一般参考書」の一覧に「Kjellen, R., Der Staat als Lebensform. 1916」（五二二頁）が見えるのにくわえ、「政治史、外交史一般参考書」の一覧にも「Kjellen, R., Dreibund und Dreiverband, die diplomatische Vorgeschichte des Weltkrieges, 1921」（『三国同盟と三国協商——世界大戦に至る外交史』）（五三〇頁）が挙げられている。

135——矢野暢『「南進」の系譜——日本の南洋史観』千倉書房、二〇〇九年、五三-六〇頁。

136——横山、前掲論文、五四頁。

137——チェレーン、前掲書、一〇〇頁。

138——同前、一〇九頁、二二三頁。邦訳一〇九頁に「ノイマン Neumann」と書かれているのは、もちろん「ナウマン Naumann」の誤りである。Kjellen, Rudolf, *Der Staat als Lebensform*, Leipzig: Hitzel, 1917, S. 75.

139——小野塚喜平次「ナウマン中欧論を読む」（一九一六年）、前掲『現代政治の諸研究』、二九頁、三五頁。

140——近衛文麿「元老重臣と余（未発表遺稿）」『改造』三〇巻一二号（一九四九年）、三三頁。

141——阿部市五郎『地政治学入門』古今書院、一九三三年、三-四頁。

142——蠟山が「ブロック経済の批判」（増井光蔵・蠟山政道『賠償問題・世界恐慌とブロック経済』日本評論社、一九三二年、六三-九六頁）を書くにあたって「参考文献」としてラッツェル、チェレーン、ハウスホーファーにくわえ、ボーマン（Isaiah Bowman）やマッキンダー（Halford J. Mackinder）など幅広く地政学関連の図書を挙げているのは（九三頁、九五頁）、蠟山も基本的には地政学を第三章で言及した「国民的自給自足の教義」として認識していたからであろう。蠟山が『社会科学新辞典』に「ゲオポリティークの研究内容の中で最も科学的価値に富み、その将来性を有してゐるものは、生活圏（Lebensraum）従つてそれに規定される生活秩序——（Lebensordnung）の問題であらう」（蠟山、前掲「ゲオポリティーク」、一〇八頁）と記しているのも、この見方を傍証する。

143——志賀重昂『世界山水図説』（一九一二年）、志賀富士男編『志賀重昂全集』三巻、志賀重昂全集刊行会、一九二七

年、二九二－二九三頁。ダーウィンの生誕百年、『種の起源』出版五十年にあたる一九〇九年、志賀は「ダーウィン祭」を主催し、浮田和民や三宅雪嶺らを招いたという。右田裕規『天皇制と進化論』青弓社、二〇〇九年、二九－三〇頁。

144——志賀重昂「『日本人』が抱懐する処の旨義を告白す」（一八八八年）志賀富士男編『志賀重昂全集』一巻、志賀重昂全集刊行会、一九二八年、二頁、五頁。

145——志賀重昂「日本民族独立の方針」（一八八九年）志賀富士男、前掲『志賀重昂全集』一巻、四四頁、四六頁。

146——志賀重昂『地理学』志賀富士男編『志賀重昂全集』四巻、志賀重昂全集刊行会、一九二七年、二七一－二七二頁。

147——志賀重昂『世界当代地理』（一九一八年）志賀富士男編『志賀重昂全集』六巻、志賀重昂全集刊行会、一九二八年、二九七頁。これは第三章で紹介した建部の大戦観と合致するが、このように記された著書『世界当代地理』の売り上げが累計「三十余万」（「凡例」志賀富士男編、前掲『志賀重昂全集』六巻、一頁）部にも達した事実は、そのような見方が広範囲に共有されていた可能性をうかがわせる。

148——志賀重昂「刻下の満蒙」志賀富士男、前掲『志賀重昂全集』一巻、三八九頁。全集では初出年が抜けているが、文章中に「大正十五年の新年に入り」との記述があるため、書かれたのは一九二六年ではないかと推測される。

149——志賀、前掲『世界当代地理』表紙。

150——志賀重昂『日本風景論』（一八九四年）、志賀富士男編『志賀重昂全集』四巻、志賀重昂全集刊行会、一九二七年、二二八頁。志賀は国産「石油の九割五部は越後より産出し、本邦の石油業に非ずして越後の石油業と呼ぶべ」き状況を憂い、新たな油田の探索と開発を唱えている。

151——より端的に「油の供給の豊富なる国家は光り栄へ、油の無き国家は自然に消滅す」とも志賀は書いている。志賀重昂『知られざる国々』（一九二六年）、志賀富士男、前掲『志賀重昂全集』六巻、三二八頁。

152——志賀、前掲「刻下の満蒙」、三八九頁、三九一頁、三九二頁。三輪公忠は、原則として「商業主義」を唱える志賀が石油の不足に注意を喚起したのは「日本の国家的安全の保証を通じて国際戦争の危機を避けようとする」ためであったと解し、この平和志向の先に将来的な「闘争のない人類社会」への希望を読み取っているが（三輪公忠「志賀重昂（一八六三－一九二七）〈一明治人の国際関係理解について〉」東京大学教養学部日本近代化研究会編『日本近代化とその国際的環境』東京大学教養学部日本近代化研究会、一九六八年、九五頁、七二頁）、このような評価はノヴィコウを好意的に評価する見方と似ている。志賀の帝国主義に通ずる構想については、その顕在化する過程を追った中野目徹が指摘している(中野目徹「志賀重昂の思想――「国粋主義」とその変容――」犬塚孝明編『明治国家の政策と思想』吉川弘文館、二〇〇五年、二五三-二八二頁、同「日露戦争後における志賀重昂の国際情勢認識――蒲郡市小田家所蔵史料の紹介を兼ねて――」『近代史料研究』一一号(二〇一一年)、六三-七三頁)。ただし中野目も、そこに影響していたであろう志賀のダーウィン的な発想については十分に検討していない。

153――柳川平助「満蒙問題の再認識」『外交時報』六六八号(一九三二年)、四八頁。

154――松岡洋右「満蒙は我国の生命線である」『動く満蒙』先進社、一九三一年、二二四頁。

155――三輪公忠『松岡洋右――その人と外交』中央公論社、一九七一年、七九-八一頁。

156――松岡洋右「満蒙と国家経済」、前掲『動く満蒙』、二六七頁、同「満蒙問題とは何ぞや」、同、二七九-二八〇頁。

157――松岡、前掲「満蒙問題とは何ぞや」、二八〇頁。

158――飯塚靖「満鉄撫順オイルシェール事業の企業化とその展開」『アジア経済』四四巻八号(二〇〇三年)、一八頁。

159――松岡、前掲「満蒙問題とは何ぞや」、二七六頁。

160――松井春生「日本より観たる太平洋の資源」『太平洋』二巻五号(一九三九年)、四頁。

161――「巻頭言」『太平洋』三巻八号(一九四〇年)、一頁。

162――『太平洋』三巻一一号(一九四〇年)、一頁の「巻頭言」には「もし日本にして大陸政策に成功し、南西太平洋を我等が経済圏に編入しその資源開発により重要資源の自給自足に事欠かぬならば、日本に対する封鎖戦は毫も恐るるに足りない」と記されている。

163――蠟山政道「大東亜広域圏論――地政学的考察――」太平洋協会編『太平洋問題の再検討』朝日新聞社、一九四一年、三七-三八頁。

164――神川彦松「海南島の占領と其の軍事的、国際的意義」『太平洋』二巻三号(一九三九年)、一二頁。

165――「巻頭言」『太平洋』二巻三号(一九三九年)、一頁。

166――神川、前掲「海南島の占領と其の軍事的、国際的意義」、三頁。

167――「編集後記」『太平洋』二巻二号(一九三九年)。

168――「編集後記」『太平洋』二巻一〇号(一九三九年)。

169――この間は澤田が『太平洋』誌の「巻頭言」を書いていたのかもしれない。たとえば、二巻三号(一九三九年)の「巻頭言」には、澤田の著書『太平洋資源論』(高山書院、一九三九年)の記述との重複がある。「巻頭言」のほうに「北国の常として、その開発には、多大の資本と年月とを必要とする」と書かれているのは、著書にある「温帯乃至寒帯における経済開発の特徴は、それが多額の資本を要することと、其の資本回収速度が非常に遅いといふこと」という指摘と重なる。また、三巻八号(一九四〇年)の「巻頭言」にある「栄養線」も、やはり『太平洋資源論』にある「営業線」(五二頁)を想起させる。

170――北岡、前掲『我が思ひ出の記』、五七頁。

171――澤田謙『国際政治の革命』厳松堂書店、一九二二年、自序一頁。

172――澤田謙『国際連盟概論』厳松堂書店、一九二三年、序二頁。

173――澤田、前掲『太平洋資源論』、七-八頁。

174――澤田謙『ムッソリニ伝』大日本雄弁会講談社、一九二七年、序一頁。じつは神川彦松も、一九二一年にイタリアを旅行した際、政権奪取を前にした「ファスチスチ運動」の広範な浸透を肌で感じて「多大の感動に打たれざるを得なかつた」と告白している。それは「伊太利人であるといふアムール、プロプルを有する若き青年を奮起せしむる或力強きものである、大羅馬帝国の建設者として史上に爀灼たる光明を放てる大羅馬人の自覚を抱く若き伊太利を魅了する有力なる運動である、ルネッサンスの淵叢として近代欧洲文明の源流となり近代欧洲の魁をなした大先進国である確信に生ける新伊太利人を支配する主義」であると神川はファシスタ党を激賞している(神川彦松「伊太利の旅の印象」『経済往来』一巻八号(一九二六年)、七二-七三頁)。

175――澤田、前掲『独裁期来!』、序一頁。

176――澤田、前掲『太平洋資源論』、四〇頁、五二頁、六一-六二頁。

177――澤田謙『大南洋』豊文書院、一九四〇年。

178――澤田謙『南洋民族誌』日本放送出版会、一九四二年、序二頁。

179――澤田謙『宝庫ミンダナオ』六興商会出版部、一九四三年、九三頁。

180――原敬「恒久平和の先決考案(華盛頓会議に際して日本国民の世界観を陳ぶ)」『外交時報』四〇五号(一九二一年)、三八頁。

181――高橋是清「全世界の門戸解放」『外交時報』四三六号（一九二三年）、六―八頁。

182――鈴木文治「我国の人口問題と労働問題」『太陽』二七巻三号（一九二一年）、九四頁、九八頁。

183――河上肇『人口問題批判』叢文閣、一九二七年、三〇頁。

184――矢内原忠雄「時論としての人口問題」『中央公論』四二巻七号（一九二七年）、三四頁。

185――高田保馬『人口と貧乏』日本評論社、一九二七年、九一頁。

186――河上、前掲書、五三頁。

187――高田、前掲書、九三頁。

188――河上、前掲書、四一頁。なお、人口の増加率が「可変資本部分」の絶対的な増加率を上回るという主張は、証明を欠いた前提にすぎない。外山正夫「マルクス＝レーニン主義の人口論」南亮三郎編『人口論史――人口学への道――』勁草書房、一九六〇年、一八六―一八九頁。

189――河上、前掲書、四二頁。

190――高田、前掲書、一六三―一六六頁。

191――高田、前掲書、九三―九五頁。高田保馬の思想に少子化問題への目覚めを読み取る見方があるが（杉田奈穂「少子化問題と社会政策――ミュルダールと高田保馬」『人口・家族・生命と社会政策――日本の経験――』法律文化社、二〇一〇年、一四―三七頁）、それは高田が出生率の低下を恐れた理由を不問に付している。そこまで追究していれば、高田の位置づけも揺らぐであろう。そもそも、高田と同様の理由で産児制限に反対した者は、本文で紹介するとおり、かなりの数にのぼる。

192――高田、前掲書、九二―九三頁。

193――河上、前掲書、三三頁、五〇頁。

194――那須皓「人口食糧問題」井上準之助『太平洋問題――一九二七年　ホノルヽ会議』太平洋問題調査会、一九二七年、一四七頁。

195――農業の保全を前提として人口問題への対策を考える那須の思想を、高岡裕之は「農本主義的人口政策論」と呼び、それを上田貞次郎・東京商科大学教授の「商工業主義的人口政策論」と対置している（高岡裕之『総力戦体制と「福祉国家」――戦時期日本の「社会改革」構想』岩波書店、二〇一一年、一〇五―一一〇頁）。同様の対立は一九世紀後半のドイツにも見られ、ラッツェルは農業を重視する立場をとっていたという(Smith, *op. cit.*, pp. 54-66)。

196——浮田和民「国家問題として見たる産児調節」『太陽』三二巻一二号(一九二六年)、三一頁。

197——「産児調節批判・第一回」『太陽』三二巻一二号(一九二六年)、六二頁。

198——「産児調節批判・第二回回答発表」『太陽』三二巻一三号(一九二六年)、一四九頁。横井時敬は、河上が「人口増殖の関係より農業保全の必要を論ず」(河上肇『日本尊農論』(一九〇五年)、『河上肇著作集』一巻、筑摩書房、一九六四年、一九九頁)る意図で著した『日本尊農論』に序文を寄せている(同前、一三一-一三二頁)。

199——前掲「産児調節批判・第一回発表回答」、六四頁。

200——同前、六六頁。

201——前掲「産児調節批判・第二回回答発表」、一六〇頁。

202——同前、一六五頁。

203——矢内原忠雄『人口問題』日本評論社、出版年不明、二九-三〇頁。

204——同前、二六-三一頁。

205——副島義一「移民政策振興の必要」『太陽』二八巻五号(一九二二年)、二五頁。

206——副島義一「産児制限問題」『太陽』三二巻一二号(一九二六年)、三六頁。

207——河上、前掲書、二四頁。

208——神川彦松「人口問題の見地より我が外交政策の基調を論ず」『神川彦松全集』一〇巻、勁草書房、一九七二年、六一頁。

209——河上、前掲書、二一頁。

210——神川、前掲「人口問題の見地より我が外交政策の基調を論ず」、五五頁。

211——小野塚、前掲『政治学』、一九二八年、七二頁。

212——松井、前掲『日本資源政策』、六八-六九頁。

213——北岡寿逸『人口政策』日本評論社、一九四三年、一二二頁、二二九頁。高田保馬に注目する杉田菜穂は、北岡の人口政策にも関心を寄せているが、それが「当時としては珍しく戦時人口政策とは一定の距離をもつ」(杉田菜穂「北岡寿逸の社会政策論——出生政策を中心に——」『同志社政策研究』五号(二〇一一年)、六九頁)と評価しているのは、検証の不足と評するほかない。

214——ハウスホーファー(佐藤荘一郎訳)『太平洋地政学』岩波書店、一九四二年、一頁。

215——北岡、前掲『人口政策』、序一-二頁。

216——北岡寿逸『人口問題と人口政策』有斐閣、一九四八年、一〇八-一〇九頁。

217——北岡寿逸『真の平和への道』日本及日本人、一九五三年、序四頁。

218——松井春生ほか「日本行政の回顧(その四)」『行政と経営』昭和三七年三号、二〇頁。

219——松井春生ほか「日本行政の回顧(その七)」『行政と回顧』昭和三八年三号、三三頁。

220——同前、三四頁。

221——有沢広巳監修・中村隆英編『資料・戦後日本の経済政策構想』三巻、東京大学出版会、一九九〇年、五二頁、浅井良夫「一九五〇年代における経済自立と開発」『年報日本現代史』一三号(二〇〇八年)、五九頁。

222——佐藤仁『「持たざる国」の資源論——持続可能な国土をめぐるもう一つの知』東京大学出版会、二〇一一年、一〇一-一三五頁。

第五章 進化論から地政学へ——神川彦松の国際政治学

はじめに

一般に憲法改正の有力な提唱者として知られる神川彦松は[1]、他方で日本に国際政治学を根づかせるにあたって多大な功績をのこした人物でもある[2]。現存する日本国際政治学会の設立(一九五六年)を主導した神川は、その理事長を十二年間にわたって務めている[3]。吉田茂元首相の提唱で、英国王立国際問題研究所などを範に設立された外交・安全保障に関する政策シンクタンク、日本国際問題研究所の創立(一九五九年)にあたっても、初代理事長に迎えられた神川は、その構想から資金の調達にまでかかわったという[4]。

小野塚喜平次に政治学を学んだ神川は、学生時代に第一次大戦に遭遇している。そのころの思索は多かれ少なかれ以後の学究生活に影響したであろうが、はたして神川は大戦期に何を考えていたのであろうか。その時期、大学院生ながら『外交時報』の編集に携わっていた神川は、大戦に関連して夥しい数の記事を書いている。もっぱら戦局の動向を伝える記事だが、ほかに神川が関心を寄せたのは、国際関係の表舞台に急浮上した民族主義の勢力であった。しかし、大戦が終結し講和に至ったとき、神川が第一に訴えたのは、意外にも「人種問題解決の緊要」であった。つぶさに大戦を観察していたとはいえ、その裏で厳しさを加えていた日米間の移民問題こそ、もっとも神川の心をとらえていたようである。

のちに神川は、当時の自分が「カリフォルニヤに於ける日本人排斥問題」に「大なる印象」を受けていたと振り返っている[5]。講和会議が始まる直前に書かれた論文のなかには、年を追うごとに「愈々駸々たる日本人口増殖の趨勢」を案じ、日本の人口は「果して如何にして外部に溢れ出でずして止むであろうか」と憂う気持ちがつづられている。日本の苦悩をよそに移民を受け入れる余地のある国々が白人以外に門戸を閉ざしているようでは、いずれ日本は「必ずや如何なる手段に訴えても自国発展の血路を切り開かざるを得ざるに至るであろう」と神川は脅すように書いている。

その神川から見れば、南洋群島と山東半島の処分などは世間の注目に反して「日本の将来の運命に大影響を来さしむべき性質の問題では無」く、講和会議に臨む日本政府の最優先課題は「人種問題」であった。それこそ「日本国民の死命を制すべき大問題である」と神川は強調している[6]。偶然にも牧野伸顕全権の一行と同じ船に乗り合わせた神川は、パリに向かう「太平洋上、天津丸の甲板に於て自分は親しくこの件を牧野全権に進言した」という[7]。

結局、講和会議では日本政府の提案が通らず、さらに一九二四年には、アメリカで日本を含むアジアからの移民を全面的に禁ずる法案が成立する。前章でもふれたが、そのころに『中央公論』に発表された神川の論文を読み、河上肇は「最も多くの頁を「武力的解決方法」に費やしてゐる」と評した。その文面に神川の悲憤慷慨がにじみ出ていたからであろう。この事件を「我が史上稀に見る一大難関」と形容した神川は、その突破に「我国の将来が懸っている」とまで書いている[8]。ただ神川は、アメリカに門戸を開かせるには「剣を以て戦う」のが「最も的確なる方策」であろうと武断をちらつかせながらも、当時の国際関係が「領土拡張又は民族発展の為に戦争に訴うるを許さない」のを重々承知していた[9]。この翌年に『国際連盟政策論』(一九二七年)を出版した神川は、国際連盟による紛争の解決に期待を寄せていた。

その望みを砕いた「十五年戦争」のあと、「過去三十余年」にわたる研究生活の集大成として『国際政治学概論』(一九五〇年)を刊行した神川は、そこに人口に対する変わらない関心を書き込んだ。大著を結ぶにあたり、神川は「国際政治進化の自然的根本動力は、政治集団の人口の増加である」[10]と記している。これは同書だけでなく、神川の「過去三十余年」を貫く認識であった。神川が描いた国際政治学の構想にも、それが刻印されている。

本章が描くのは、このような神川の一貫した問題意識が目まぐるしい時局の変動に翻弄され、やがて戦後を迎えるまでの紆余曲折の軌跡である[11]。

1 国際政治学の体系

本人が主張するとおり、神川の『国際政治学概論』は、たしかに「国際政治学」と銘打つた、本邦における最初の書物」であろう[12]。しかし、今日の国際政治学を知る者が読めば、その内容に若干の戸惑いを覚えるのではなかろうか。現代の教科書を開けば必ず叙述されている「主権国家」や「ウェストファリア体制」などの概念が、そこには見出せない。しかも巻末まで読み進めると、前述した「国際政治進化」に突き当たる。神川は制度的な取り決めよりも、それに先立つ「生物学的自然法則」へと読者の関心を誘う。

まず神川は、あらゆる政治集団は環境の許す限り「無限に増殖し、繁栄し、膨脹しやうとする根本的衝動をもつ」と仮定する。この性質は「一般生物」と変わらないという。そう考えると、すべての政治集団は、増える人口を養うために絶えず「土地と労働力と資本」の補給を必要とするであろう。しかし、一つの政治集団が土地や資本を増やすには、「たゞ従前の領土を超えて外部に対して膨脹するの外はない」と神川は言いきる。したがって、その企図は「政治集団と政治集団との対立及び闘争」に発展せざるをえない[13]。

前章の小野塚喜平次と比べ、生物学的な語彙の多用が目立つ立論ではあるが、発想の根源には師の政治学があろう。神川が初期に発表した著作を見れば、より鮮明に小野塚の影響が見て取れる。たとえば、小野塚の東京帝国大学在職二十五周年を記念して編まれた『政治学研究』(一九二七年)に、神川が寄稿した論文「民族主義の考察」が収められている。この論文のなかで神川が描く国家像には小野塚の教えが反映されている。第四章で詳述したとおり、小野塚が説く国家とは、対外的な競争に備えて対内的な宥和を保つ組織である。神川も同様に、国家が対内的には「無数の社会群及個人間の利害及闘争を調節し」て内部の「秩序と統一を維持する」一方、対外的には他国や他民族との「競争に於て敗者ならざるやう努力する」と記した[14]。

つづいて神川は、国家という「形式」から民族という「内容」を切り離し、民族に固有の動態を描くが、そこにも小野塚の影響を思わせる記述がある。神川の理解では、民族は民族主義の働きで発展を促される。民族が他民族の支配下に置かれている場合、民族主義は「国家形成の原理」として従属の脱却を目指す。ついに独立が得られると、次に民族主義は国内の統合を深めるために「国家統一の原理」に転化する。しかし、一たび「内包的発展」が完了すれば、今度は「外延的発展」に向かうべく、民族主義は「国家拡張の原理」として働く[15]。一連の過程は、より生物学的な語彙を駆使した『国際政治学概論』のなかで、以下のようにまとめられている。

一民族は、自由・独立な一国家を形成しやうとする本能的欲望を固有しており、まづそのために奮闘する。だが一度び、その民族が民族主義的欲求を遂げて、一民族国家を建設すると、それはそれに満足して休止するかといふと、決してさうではない。民族といふ社会有機体は生長・発展して止まない本能的欲望を具へてゐるから、自己の民族国家を建設してしまふと、直ちに、その充実した国力を提げて、外部に向つて膨脹・発展を企てるにいたるを常とするのである[16]。

「民族主義の考察」論文に戻ると、そこで神川が民族の「膨脹」を促す要因として挙げていたのは、第一に「自然的膨脹たる人口の増加」であり、第二に「経済的原因」であり、そして第三に「文化的原因」である[17]。この三点は、いかにも小野塚の影響を思わせる。小野塚は日露戦争中に「過剰人口」の移出先として朝鮮半島に目をつけていたのであり、また『政治学大綱』のなかで、国家は「其領土、経済範囲、及ヒ文化範囲ノ拡張」を企てずにはいられないと論じていた[18]。

なお神川は、民族を「有機体」になぞらえる一方、その本質を「民族意識といふ主観的、心理的のもの」に見出す[19]。この一見すると矛盾する立場は、神川の持説と同時代の主流的な考え方の齟齬を映し出している。神川も認めるように、民族の本質を主観に見出す点で「今日の学説は大体に於て一致を見るに至つてゐる」状況であった[20]。その主流と折り合いを模索しつつも、神川の本音は、民族を主観的に定義すると「民族の範囲を客観的に確定することは不可能である」という困惑にあったと思われる。結局、神川は民族の範囲を考察からはずし、国家は「民族の範囲に関係なく」、「軍事上、経済上、地理上の理由等」にもとづいて最適な国境を追求する「自然的傾向」をもつと結論づけた[21]。ここでは、さまざまな境界の意義を考察した小野塚の「領土ノ政治的観察」が反映されているのであろうか[22]。

このような「膨脹」する「有機体」としての民族を単位に据え、神川は国際関係の概略を描き出す。それが『国際政治学概論』の第二篇「国際政治科学」を構成している。神川の定義によれば、それは「歴史的・経験的な国際政治事象を対象として、普遍化的方法をもつて研究するところの経験科学」を指す[23]。第二篇全一〇章のうち、第一章から第五章までは「民族」ないしは「民族主義」を表題に含む[24]。つづく第六章から第八章は、表題に「帝国」ないしは「帝国主義」を含むが、神川は「民族主義が発展して極限に達すると、直ちにその反対物である帝国主義に転化するといふ必然的傾向をもつ」[25]と考えていたから、この三章は前五章の延長にすぎない。

残る二章は、二つ以上の民族ないしは帝国が衝突して起こる二つの現象、すなわち勢力均衡と戦争にあてられている。各国は「自己の勢力を全地球上、できるだけ広き範囲の土地及び人民の上に及ぼさうと努力する」以上、それらの間で必然的に「激烈な生存闘争」が繰り広げられる。ただし、国家間の勢力が拮抗する場合には「闘争の勝敗なく、静止状態に帰着する」であろう。これが勢力均衡であり、それは「いはゞ国際間の自然的秩序」と観念される[26]。しかし均衡が破れると、これまた「いはゞ一種の自然現象とも見らるべき」現象が待ち受けている。それが戦争である。神川は、戦争を理解するには、それを「生物学の光に照らして」観察する必要があると主張する[27]。

民族の「膨脹」という表現に取り込まれるため、『国際政治学概論』を通読しても人口への言及は少ない。それゆえに神川は、わざわざ最後の第四篇に至り、人口の増加こそ「膨脹」の主因にあたると明記したのであろう。

同じ『国際政治学概論』の第三篇は「国際政治政策学」にあてられている。この部門では、将来的に望まれる「国際政治理想」を仮定して、その実現に要する「正しい手段・方法」が模索される[28]。前述の「民族主義の考察」論文も、じつは「国際政治政策上の立場」[29]より書かれていた。そこで神川は、客観的に民族主義の諸相を詳解しつつ、とりわけ「国際政治の基礎理念」と相容れない「絶対的民族主義」ばかりは「絶対に排斥せらるべきものである」と断じて稿を結んでいる。

ここで「国際政治の基礎理念」とは、国家間の「連帯関係」を指す。神川が「絶対的民族主義」を否定するのは、それが「国際平和、国際道徳、国際法律の存立を認めず、国際間の連帯関係を無視する」ためにほかならない。逆に神川は、民族間の「共通利害、協同相互性、連帯関係」を承認するのであれば、民族主義も「正当と認むべき」であると主張する。そのような「相対的民族主義」は「国際連帯主義」と調和するからである[30]。

それでは、国際関係を「理想」へと導く「国際連帯主義」とは、具体的に何を意味するのであろうか。神川本人は『国際連盟政策論』の参照を促す。この著書は、もともと「国際政治政策論」の表題で出版を予定されていて[31]、それが若干の修正を加えられたうえで『国際政治学概論』の第三篇に収録されている。

神川が「国際連帯主義」の典拠として明示しているのは、すでに第一章と第四章で言及したクロポトキンおよびノヴィコウである。ダーウィンの学説を根拠に戦争の必然を説く者を批判するにあたり、神川は「クロポトキン、ノヴィコフ、等の証明するところ」を持ち出す[32]。既述のとおり、一方でクロポトキンは、シベリアでの観察を引き合いに出しながら、競争よりも「相互扶助」(mutual aid)の習性を発達させた種ほど繁栄すると論じていた。同様にノヴィコウも、競争ではなく「連帯」(association)こそ「もっとも自然界で普及した現象」にあたると主張した[33]。

このように「相互扶助」と「連帯」の間に意味の差は見出しにくいが、神川の用法では、人類にのみ「連帯」があてがわれている。神川は「連帯」を「法則」と見なす一方、それが「理性」の働きによって発達するとも考えていた。その「連帯」に導かれて、人類は「家族を成し部落を成し民族を成し国家を成す」に至ったと考える神川は、さらに人類が「普遍的統一的人類社会の実現に迄進まねばならぬ」と訴える[34]。そして神川自身は、人類が国家の分立から「普遍的統一的人類社会」の形成に至る経路を描き出す。そのような国際関係の進展にも「連帯の法則」が作用している[35]。

2 国際連盟の理想

神川の理解では、中世ヨーロッパの「世界帝国」が崩れたのち、世界は長い「組織解体の時代」に入った。はじめの三百年は「勢力均衡」の時代がつづいたのち、ナポレオン戦争を経て世界は再び組織化の途につく。一八一五年のウィーン会議を機に欧州協調が始まり、さらには第一回ハーグ万国平和会議によって世界は「飛躍的の進歩を遂げ」て「国際組合」の段階に入る。常設仲裁裁判所の設立によって「幼稚なるも法的組織」を備えた「国際組合」は、世界大戦の勃発を防げなかったものの、それがかえって「国際連盟」の時代を招来した。ジュネーヴの国際連盟、国際労働機関、そして常設司法裁判所を併せ、ついに世界は「常設的の立法機関、執行機関、司法機関を具備する統一的組織体たるの観を呈するに至つた」と神川は解釈する。このような「世界的連邦の形式と実質を有する」国際関係自体を、神川は「国際連盟」と称している[36]。

世界が次の段階に移行するには、何が求められているのであろうか。その詳細な検討が『国際連盟政策論』の本論を構成している。そのなかで神川が国際連盟に期待した役割とは、言うなれば小野塚喜平次が説いた「社会政策」の国際版である。前章で指摘したとおり、小野塚は市場競争の「正当ナル敗北者」が「相当ノ最下限」を下回らない程度の救済を唱えつつ、原則的には「正当競争ノ結果」に対する政府の干渉を否定していた[37]。ちなみに、小野塚が設立にかかわった社会政策学会の趣意書も、「余輩は放任主義に反対す」の書き出しで始まり、返す刀で「余輩は又社会主義に反対す」とつづく[38]。

この理念を国際関係に持ち込んだ神川も、望ましい「自由貿易」を実現するためにこそ、経済活動を各国の「個別的管理」に任せず、国際連盟による「共同的管理」の実施を訴えた[39]。そもそも大戦後の世界は、各国とも輸入に高関税をかけて「事実上保護貿易の制度」が敷かれている状況にあった。そこで、貿易に対する「監督権」を手にした国際連盟が関税障壁を取り除き、さらには放任された自由貿易に付随する諸々の弊害を抑え込めれば、そのときに「自由貿易の制度は始めて無害に行はれ得る」と神川は主張する[40]。

自由貿易の下で国際連盟に託されるのは、いわば弱者の救済である。経済力の格差があるなかで「自由貿易の制度」が実施されれば、それは「先進産業国」を利して「後進国」を害するであろう。そこで神川は、「後進国が先進国に圧倒せられ其犠牲となるが如き場合」を防ぐため、国際連盟は「必要なる措置」を講じなければならないと注文する[41]。くわえて神川は、工業生産に欠かせない「原料の公平なる分配」にも論及する。

> 本来地球上に存する一切の天然資源は人類全体に与へられたものであつて或国民がこれを独占する事は正義の観念の許さゞるところである。よし一国の領土内に産する原料品と雖も其国がこれを独占する事なく公平に各国に対し分配すべきが正当である[42]。

一見すると大胆な意見ではあるが、実際にも一九二〇年代初頭の国際連盟では「原料問題」が審議に上っていた。一九二〇年十月の国際連盟理事会ではイギリスとイタリアの代表が論戦を繰り広げ、結果として国際連盟の経済金融機構に調査が付託されている。それを受けた機構のほうでは、いわゆるジニ係数で知られる経済学者のジニに予備的な検討を依頼し、その結果を踏まえて暫定経済金融委員会が『原料問題の特定の側面に関する報告書』(*Report on Certain Aspects of the Raw Materials Problem*)を一九二一年九月に提出した[43]。

加盟諸国に重大な権限の委譲を迫る困難、各国の国内経済に国際的な管理を及ぼさずして価格や配給量を設定する無理、そして国際的な官僚機構に必然的にともなう不効率など、報告書は五点を列挙して原料の分配を国際機関が担う難しさを指摘している[44]。しかし神川は、原料の「処分権」を当該国家の手に留める限りは「公正なる国際分配を期することは困難である」と主張して、あくまでも「原料品の分配を国際連盟の管理の下に置く」必要性を説く[45]。

以上の改革を実現しても、人口の規模と扶養力の間に不均衡が解消されない国については、最終的には外国に移民を送り出して調整を図る必要がある。そのような人口の移動についても、各国の自由に「放任する」のではなく、国際連盟が「特別の機関」を設置して「管理せねばならぬ」と神川は主張する。もし「不正」に移民の受け入れを拒む国があれば、「国際の平和は脅威されざるを得ない」からである。国際連盟は「此不正行為の匡正」を図り、平和の再確保に努めなければならないと神川は力説する[46]。アメリカでいわゆる排日移民法が成立したあとも、神川が『中央公論』誌上で提言したのは、国際連盟の場で「人種平等、移転自由権」を訴える対応であった[47]。

国際連盟が移民の出入りにも口を挟むとなれば、人口と領土の不均衡に由来する国家間の葛藤にも光明が差す。先行する各章で指摘したとおり、この矛盾を根拠に版図の拡大を唱える言説が日露戦争のころから横行していた。神川も、「有限の地球上に於て、各民族が無限に発展せんとすれば」必然的に「激烈なる生存競争」が引き起こされ、その「生存競争」ゆえに戦争は避けられないと主張する論者が、同時代に「少なからず存する」実情を認識している。しかし国際連盟に期待する神川は、一国内で人口の偏在が「平和的」に解決されるのであれば、世界全体でも同じく「平和的方法」によって「人口過剰の問題」が解決されない理由はないと主張する。たとえ世界の人口が「此有限の地球上に於て繁殖し得可き極限」に達したとしても、人類は「腕力」に頼らず、持ち前の「道徳性智性」によって打開策を見つけられるであろうと力説するあたりは、破滅的な「絶対国際競争」への邁進を説いた第三章の建部遯吾に対する反論を思わせる[48]。

ここまで『国際連盟政策論』を読み込むと、神川が描き出した「国際政治理想」の本質が浮かび上がろう。神川が国際連盟に託したのは、人口・資源・領土の不均衡に起因する国際的な「生存競争」の克服にほかならない。しばしば「理想主義」と評される『国際連盟政策論』であるが[49]、それは能天気な国際連盟の賛美ではなく、いかにして平和が崩れるのかを踏まえたうえで提起された国際関係の代案である。

脅威の認識についても、そこから抜け出す方向についても、神川は小野塚と一致している。小野塚のほうも、人類が過度の「国際競争」に窮して「国際協戮」へと進路を切り替えつつあると期待していた[50]。ただし、方向の転換を生物学的に説明する神川の立論は、小野塚の思惑とは違っていたのかもしれない。神川は「連帯の法則」による「生存競争」の駆逐として国際連盟の成立を描いたが、小野塚は「理想ノ観念ハ人為的ナリ」と考えていたからである[51]。しかも大戦後の日本では、世界全体が「連帯」で覆われるという展望は説得力をもちにくかったであろう。

3　国際的連帯の限界

一九二〇年代の日本では、「連帯」や「相互扶助」が成立する範囲をめぐって論争が繰り広げられていた。きっかけとなったのは、一九二〇年の森戸事件である。東京帝国大学経済学部が創立して間もなく、その機関誌『経済学研究』の創刊号に掲載された森戸辰男の「クロポトキンの社会思想の研究」が政府の忌諱にふれ、森戸は大学に休職に処せられるも、結局は新聞紙法違反で検挙されるに至った事件である[52]。この論文のなかで、森戸はクロポトキンに事寄せて痛烈な国家批判を展開していた。つまり、民衆にとって「国家の本質」とは「隷従」にほかならないため、国家が存在する限り、民衆の間で「真実の連帯」は成り立ちえないという[53]。逆に国家の否定は、必ずしも社会の破壊と「万人の万人に対する永久の戦争」への復帰を意味しない[54]。このような主張の背後にあったのは、国家ぬきの「社会」を再興して人間の本来的な「連帯」を取り戻すクロポトキンの構想である。

世上を賑わせた事件だけに、その直後から『改造』誌や『中央公論』誌に関連する記事が掲載されたが[55]、そこで浮上した争点の一つが「生存競争」と「相互扶助」の葛藤であった。両者は単純に二律背反をなすのか、あるいは逆に両立するのであれば、どのような条件で両立するのか。このような論点が争われた。たとえば『中央公論』誌では、「生存競争説と相互扶助論」の特集が組まれ、森戸事件の特別弁護人を務めた三宅雪嶺は、そのなかで「優勝劣敗は事実であり、相互扶助は理想である」[56]と明快に整理している。しかし、同じようにクロポトキンの説を「事実（Sein）」ではなく「当為（Sollen）」として擁護した早稲田大学教授の木村久一は、それにもかかわらず、異種間にしか生存競争を認めず、同種間では認めない「クロポトキンの生物学説は立派に落第である」と言い放った。人間同士の間でも「生存競争」は起きるし、それゆえにこそ「相互扶助」が発達すると木村は考えていたからである。木村が主張するには、「相互扶助はstruggle for existenceの一形式であつて、これに対立するものではない」[57]。

そのことはクロポトキン自身も知悉していたであろう。そのように思わせる逸話を、木村の同僚でロシア文学者の片上伸が、『改造』誌上で組まれた特集「クロポトキン思想研究」のなかで紹介した。かつてモスクワのトルストイ博物館を訪れた片上は、訪問者が自由に感想を書き込める帳面に「ペー・クロポートキン」の署名を見つけたが、そこには「自然と人類の歴史とは吾等に教へて曰く、いかなる社会も先づ外界の敵より自己を保障せんことを力むと」と記されていたという[58]。ついでに片上は、革命後のロシアでクロポトキンが戦争の継続を訴えていた事実を暴いている。

再び『中央公論』誌上の特集に戻ると、木村と片上の同僚で社会学者の杉森孝次郎は、戦中と戦後を比べ、その間に「生存競争」と「相互扶助」の境界線が変動したと指摘している。大戦の最中も、国内は「挙国一致」となり、国家間でも「二大組合」が形成され、そのために「或程度まで」は「相互扶助」が意識されたものの、「人類同志の戦ひ」が繰り広げられているとあって「相互扶助」の範囲には限界があった。しかし大戦後、その反動として「人類的相互扶助熱」が高まったと杉森はいう[59]。

ただ、同じ特集を通読する限りでも、杉森のいう「反動」が一時の流行に終わる兆候が見て取れる。特集を締めくくった東京帝国大学教授の石川千代松は、専門の生物学者にふさわしく、細胞間の分業を「相互扶助」の原型として説明しつつ、それは「個体の維持の為め」の作用にすぎないと強調した。さらに石川は、分子は「個体の生存」に必要であれば「自分をも捨る事もあるし、又他の分子をも除去する事もある」と指摘しているが、これは意味深長である。そして、クロポトキンを「似而非学者」呼ばわりした石川は、その説を鵜呑みにするのは「甚だ危険である」と非難した。最後に石川は、人類の「相互扶助」に明確な限界を設定して稿を結んでいる。石川によれば、人間の「相互扶助」は「全世界の人間に対して絶対の相互扶助」ではなく、あくまでも「一団の民族又は国家の生存競争に関する扶助」にとどまる。しかも石川は、それが「各個人間の扶助」でもなく、ただ「国家なる団結体に対するものでなくてはならない」という。石川が説くには、隣人をも顧みず、ひたすら国家に奉仕するのが人間の「相互扶助」である[60]。

森戸事件の記憶が薄れたあとも、総合雑誌上では、「生存競争」と「相互扶助」が「現代生活を象徴する二大思潮」[61]として取り上げられている。たとえば一九二八年の『改造』誌では、昆虫学者の松村松年が「相互扶助は生存競争の一手段であつて、蓋し攻守同盟に外ならない」と主張した。石川と同じく「彼の有名なるクロポトキン」を批判する松村は、動物でも「相互扶助」の及ぶ範囲は「甚だ狭く」、せいぜい「自身の属する団体生活や、民族生活」に限られると指摘する。したがって松村には、他国民との「相互扶助」など考えも及ばない。

現代の社会に色々の民族の相対峙しある時に、自国民族の協力一致、相互扶助は大なる一種の武具である。此場合若し他国民を扶助する者がありとすれば、それこそ裏切者で、国賊である。此場合、世界同胞主義や、博愛主義を宣伝し居れば、遂には協力一致せる民族に滅されて仕舞ふ。

松村が考えるには、そもそも「相互扶助」は「お互に衣食足つて、而して後」にしか成立しない。逆に、「衣食」が足りなければ「生存競争」が発生する。これはダーウィンの学説にほかならない。それゆえに松村は、富の総量が増えない、すなわち「一定の富を有する社会」では、「共存共栄の現象は決してあり得べからざるものである」と言いきる。人口が増えるにつれ、ますます「相互扶助」が弱まるのも、したがって「火を見るよりも瞭である」と松村は指摘する[62]。

松村の論文が発表された当時は昭和恐慌の只中にあり、しかも年間百万人に迫りつつあった人口の増加が喧伝され、食ないしは職と人口の不均衡が扇情的に書き立てられていた。この状況で政府のとった対応が、第四章第七節でふれた人口食糧問題調査会の設置である。要するに不況下で人口が増えつづけた一九二〇年代後半は、とても「お互に衣食足」るような時世ではなく、それゆえに「相互扶助」の観念が説得力をもちにくい情勢であった。

4 満州事変と国際連盟

不況に入ってもしばらくは、国家間の「連帯」を信じる神川の立場は揺るがなかった。恐慌に突入する直前ではあるが、人口問題に論及した神川は、相変わらず「国際連帯」への信頼を語っている。

人口食糧問題調査会が設置される予定を知り、そこで内国植民の振興が結論として準備されていると伝え聞いた神川は、それに痛烈な批判を書いた。そのなかで神川は、まず国際的な「不正不義」を糾弾している。つまり、一方に「無人の儘に放ち、荒蕪にまかせてある所」があるにもかかわらず、他方には「掌大の土地に数千万の人間が押籠められ身動きも出来ない所」がある不平等である。ただし神川は、何も領土の拡張を求めていたのではない。いまや「国際連帯」が提唱される時代であり、もはや「戦争を是認するものは一人もあるまい」と神川は言いきる。それゆえにこそ神川は内国植民を否定した。すでに「帝国主義の時代は去って国際連盟の時代が来た」以上、世界に向かって「人種の平等各国植民地の開放、機会均等の原則」を訴えるのに憚る理由はないからである[63]。

満州事変の始まる二週間前に『文藝春秋』誌の企画で座談会「満蒙と我が特殊権益」に出席した神川は、そこでも「国際主義的の解決」を懐に「帝国主義的の解決」の批判に徹した。もし日本が「帝国主義的の解決」を強行すれば、必ずや中米ソの強力な反攻に遭うと神川は警告する。政友会の森恪が、米資本の撤退を示す事例を挙げ、アメリカの介入を否定しても、その度に神川は「けれども」「然し」と食い下がる。しかし結局は、民政党の中野正剛にも「支那の不当な要求に日本人は断じて一歩も譲らんということは不合理の主張ではないと思う。そこで米国と衝突する憂いがあるというのか」と異議を挟まれ、さらには参謀本部第一部長の建川美次には「アメリカが武力などで出て来るものか」と断言され、神川は孤軍奮闘のうちに閉会を迎えている[64]。

座談会では「国際主義的の解決」の披露を封じられた神川は、事変の勃発により、あらためて発表の機会を得た。そこで神川が提起した「満洲委任統治論」[65]は、一見すると既成事実の追認とも読める。しかし本人としては、それは持論との辻褄を熟慮した末に紡ぎ出した構想であったと思われる。その基底に据えられた「国際主義」とは、他民族と相互の「生存権」を承認しあうとともに「相譲り相協力」する思想を指す[66]。それは神川自身が、以前に「民族主義の考察」論文のなかで唱道した「相対的民族主義」と重なる。さらに付言すると、それは国際関係を「生存競争」に陥らせず、国家間の「連帯関係」を持続させるための条件である。

この「国際主義」を満州の処分に当てはめつつ、日本を受任国とする委任統治が導き出されるのは、それこそ双方の「生存権」に配慮した日中の痛み分けになると神川が考えていたからである。じつは神川も、日本が「生存」するには「満蒙の資源」が必要であり、満州を「勢力圏内」に組み込んでおかなければ、人口が「軈て一億、一億五千万となった時にどうするか」と憂慮していた。それゆえに「満洲はどうしても離す訳には行かぬ」と考える国民が多いのは「已むを得ない」と神川は弁護する。すでに世界恐慌が始まっていた当時、このような発想が広く流布していた様子は第四章第七節に記述したとおりである。しかし他方で、日本ほどには人口の問題で「行詰っては居らぬ」にしても、中国人民の困窮は「日本よりひど」く、それゆえに「満蒙の地に楽天地を求めるのは当然であ」るとも神川は認めていた[67]。そこで神川が、満州を「満、韓〔ママ〕〔漢?〕、蒙、鮮、日、露六民族の生存競争の巷」[68]から脱出させる方法として考えついたのが、そこを日中いずれの一国にも任せきらない国際連盟の委任統治にほかならない。

日本を辛うじて国際連盟内に引き留めておくのも、世界の「連帯」を保つ方便として意識されていたであろう。事変の進行にともなって国際連盟と日本の対立が深まるなか、のちに「当時自分は脱退反対の急先鋒として戦った」[69]と振り返ったとおり、たしかに神川は性急な判断を戒めた。なるほど、国際連盟の多数を占める小国には「好んで言論を弄し、過激なる決議を強いんとする」きらいが認められるとしても、最終的には「大国の賛成を得ざれば之を実行に移すを得ない」のが実情であり[70]、しかも「英仏の如きは内心に於ては必ずしも日本の対満政策に反対するものでは無い」ため[71]、神川は残留を説く。たとえ対日制裁が議論に上るとしても、諸大国がそれに「絶対に反対する事は言を待たざるところである」ため、日本にとって「最悪の場合」でも、国際連盟は「道徳的圧迫以上の有力なる実力的圧迫を加ふる事は全く不可能である」と神川は言いきる[72]。しかも、「世界内閣に於ける常任大臣の地位」を「一朝にして抛棄するは、悔を千載に貽す所以であろう」とも神川は付言している[73]。

しかし結局、リットン報告の採択を受けて日本が脱退を決意するや、神川は簡単に政府の決定を追認している。日本は「正直一徹」の国であり、しかも「恥を知り名を尚ぶことに於て世界に冠たる」国民性をもつため、もはや「連盟に留るを潔しとせざるは誠に当然と言はなければならない」と神川は言い放った[74]。ただし神川は、国家間の「連帯主義」までをも放棄したのではない。国際連盟に残留する代わりに神川が提唱した「極東連盟」の新設とは、本人が回顧するには「連盟主義と同じき、世界的連帯主義」を時局の必要に迫られて「極東の地域に臨時に適用せんとするもの」であった[75]。その当時も、たしかに神川は「極東連盟」が「国際連盟の依って立つ原理原則をその根拠とする」と書いていた[76]。それは、いわば「地方的国際連盟」であり、国際連盟との関係は「一は一般的、一は特別的。一は世界的、一は地方的たるの差異あるに止まり、其本体においては二者全く同一である」とも神川は説明している[77]。

しかし一九三三年に「極東連盟」に関する二編の論文を発表したのにつづき、一九四〇年に『外交時報』誌上で「三度び東亜連盟を説く」までの間に神川は転回を遂げる。組織の呼称が「極東連盟」から「東亜連盟」に改められたばかりではない。神川が時局に配慮して「ここに謂う「連盟」は、英語のLeague of NationsのLeagueに該当する言葉ではなく、東洋的な独特の意義と含蓄を有せる連盟である」と断っているのも取るに足らない[78]。何よりも目をひくのは、神川が「東亜連盟はその本質・性格に於て全く国際連盟と異なり、その基礎、範囲に於て、その原理原則に於て両者は全く別個の存在である」[79]と述べ、新たな組織を国際連盟から完全に切り離した点であろう。この背後に近衛首相による「東亜新秩序」の声明があるのは言うまでもない。神川自身も、「目下我が対外国策の目標として確立せる東亜新秩序の建設」[80]に一役買う意気込みを口にしていた。ただ、世上に氾濫していた「東亜協同体」の議論とは視点を変え、神川は「東亜協同体という地盤」に根ざす「政治的建物」に焦点を絞って「東亜連盟」の構想を提起している[81]。

5 連帯観念の変容

世界を統合に導く思想としては無用になったとはいえ、神川は「東亜協同体」の紐帯としては相変わらず「連帯主義」を提唱した。一九四三年の大東亜共同宣言を受け、そこに謳われた「共存共栄」の概念が「かのいわゆる欧米流のSolidarity「連帯」の観念と異な」[82]ると神川は指摘しているが、それは「連帯」自体の否認を意味しない。神川が主張するには、欧米の「連帯主義」とは、行き過ぎた「近代的・徹底的個人主義・利己主義・自由主義・利益万能主義、並に権利本位主義」に対する「自己抑制の救済策」にすぎず、いまだ「真実の連帯主義ではなく、似而非的擬装的連帯主義に過ぎない」。逆に、儒教、仏教、そして神道の「社会本位的・愛他的・平等的・倫理的・義務本位的特色」を挙げた神川は、「東洋思潮こそは古来本来の連帯主義的思想である」と持ち上げた[83]。

東洋思想への回帰は、時局に由来する流行であった。たとえば、近衛文麿を支える昭和研究会が発行した冊子『協同主義の哲学的基礎』(一九三九年)のなかでは、東西を対比すると「西洋の利益社会的文化に対して、東洋には古来の共同社会的文化が、その特徴を失はぬままに今日まで存してゐる」と指摘されているのにくわえ、それゆえに「我々が東洋に発見し、以つて西洋の思想を是正するに足ると見るものは、その独特なる連帯の思想であり、協同の思想である」と主張されている[84]。この非売品を神川は蠟山政道あたりから入手したのであろうか。上記の引用箇所に赤の傍点を振った神川は、さらに表紙には「連帯主義の研究　神川文庫」と書き込んでいる[85]。きっかけは時流に掉さすためであったにせよ、もともと持説と親和的な思潮は、神川には便乗しやすかったようである。このような遍歴を経て、戦後に『神川彦松全集』が編まれた際、そこに収録された『国際連盟政策論』には「こゝに附言したきことは、この連帯といふ思想は、われわれ日本人にとって、特になじみ深い思想だといふことである」[86]と新たな注が加えられている。

しかし「連帯」の覆う範囲が世界から東アジアに縮小した結果、以前になく「連帯」と平等の扞格が鮮烈に浮かび上がる。もともと両者が重複しないのは神川も知悉していた。国際連盟についてでさえ、神川は「国際連盟の産婆役たりし諸政治家」が「大国の優越を打破し、諸国家の平等を打建てんとしたかといえば、決してそうではなかった」と指摘している[87]。そのため、ポーランド、スペイン、ブラジルの三国が一九二六年に常任理事国への昇格を求めた際、この要求は「連盟の政治的本質に重大変更を与うる重大問題」[88]に当たると神川は警告した。総会では「国際法上の国家平等権の原則」を採用し、結果として「弱小国の優越」が認める代わりに、理事会では明白に「強大国の優越権」を認め、それによって「従来の国際政治上に於ける事実上の不平等国際政局に於ける大国制覇の実情」と折り合いをつける構成にこそ[89]、国際連盟を設計した「産婆役」の企図が表れている。それを覆す三国の声が通れば、「連盟創立者の意思」は「全く破壊せらる」と神川は厳しく非難する[90]。

とはいえ、国際連盟の設立によって「強国専横の旧世界は閉じられて万国対等の新乾坤が開かれた」とも神川は強調している。たしかに規約の第一条で「領地又ハ殖民地ニシテ完全ナル自治ヲ有スルモノ」にも加盟の資格を与えた国際連盟には、いわゆる「列強」と並んでオーストラリア、カナダ、南アフリカ等、英連邦に属する自治領、さらには英領インドまでもが正式の「加盟国」として参加していた。国際連盟の取り決めなくしては、「滅亡に瀕せる一弱国」にすぎない中国が、「国際連盟の内閣とも言うべき理事会の椅子を占むる雄邦大国」にはなれまい。あるいは、「普通人には地理上の存在すら知られていない中米の眇たる一小共和国サルヴァドル」が、連盟理事会に列席して「英仏の大国と対等に応酬している」姿も見られなかったであろう[91]。いくつもの例を挙げて、神川は「万国対等の新乾坤」を描いた。

それゆえに神川は、国際連盟のなかで大国が「優越権」を握る根拠を単なる武力以外に探し求めなければならなかった。そこで神川の目に留まったのが人口である。いずれの「強大国」も大人口を抱えていた実情を念頭におき、神川は「国家間に於ける民主々義」に代わる「一般人民間の民主々義」を提起した。理事会のなかでも「強大国の優越権」を否定し、代わりに「強大国も弱小国も平等の地位」を付与すれば、たしかに「国家平等の原則は貫徹され得る」としても、他方で「世界の人口の半数以上を占むる強大国」が圧倒されれば、それによって「一般人民の平等権の原則」は踏みにじられ、それも「正義の観念に背反する」と神川はいう[92]。人口の大小のみを比べれば、今も昔も中国とインドが最上位に躍り出るが、この不都合な事実を打ち消すには、神川は「文明」の基準を追加的に持ち出すほかなかった。つまり神川は、「文明人」と「未開人」の差を踏まえ、人口を割り出す際の「計算の基礎を異にせしむること」に言及している[93]。

関係諸国の自主的な意思をぬきにして「東亜新秩序」の構想が推進されるなか、国家間の平等は以前よりも虚構の色合いを濃くする。その時勢に乗って神川も、自身の提唱する「東亜連盟」とは、国際連盟のように「平等なる諸国家の自由なる連合」ではなく、あくまでも「本来不平等な諸国諸民族の運命的結合であるのだ」と言い放った[94]。しかし、不平等な「連帯」は実質的に支配と変わらない。この問題を神川自身が直視し始めるのは、日本が被支配者の側に転じた第二次大戦後となる。米ソ二国を中心として進む世界の統合も「連帯」の延長線上に位置づけられようが、そのときばかりは神川も、それは「道徳的に、是認しがたい」と訴えた[95]。

かつて『国際連盟政策論』のなかで、人類が「連帯の法則」に導かれて「無秩序的なる勢力均衡の時代より欧洲協調へ、欧洲協調より世界組合へ、世界組合より世界的国際連盟へと進化した」軌跡をたどった神川は、その先に未踏の「連邦国（Bundesstaat）としての世界共和国」を位置づけ、そこに向って「前進しつゝあるものであらうか、否か、之が人類の将来に残されたる問題であらねばならぬ」と問うた[96]。この問いかけからは「世界共和国」への期待も読み取れよう。

第二次大戦後の神川も、将来の世界は「大体において、「組織・統一の時代」に属すべき」とは見ていたが、もはや「世界共和国」の展望は遠のいていた。その実現は「人類にとり真に、永遠の課題」に後退し、代わって「一つの世界帝国もしくは准世界帝国」の出現する可能性が浮上していた。二度の大戦で次々と「闘技者」が脱落したため、もはや「多数の近代帝国が世界支配を争ふところの乱離・角闘の一時代」は過ぎ去り、いまや「舞台上たゞ二人を残すのみ」となったからである。しかし、「東亜新秩序」をも「連帯主義」のあらわれと評した神川自身の基準に照らせば、冷戦の構図も「連帯主義」の具現として解されかねない。そこで神川は、将来の世界に対する希望として「世界帝国」に代る「真実な民主々義的、連帯主義的世界連合」の創建を訴え、『国際政治学概論』を結んでいる[97]。

ただし神川自身は、国際連盟のような多国間の枠組みによる「真実な民主々義的、連帯主義的世界連合」の実現を構想せず、新しく出現した「世界帝国」への個別的な抵抗に終始した。神川は「大英帝国の真只中にあつて、あくまで独自一己を保持しようと悪戦苦闘したアイルランド国とアイルランド人の歴史」[98]に学ぶ意義を説き、具体的には再軍備に主眼を置いた憲法改正の運動に精力を傾けている。神川が元同僚の矢部貞治らと結成した憲法研究会は、一九五五年に岸信介や鳩山一郎らと合流して自主憲法期成同盟に発展する。そして神川は、翌年に内閣に設置された憲法調査会の委員に座るが、それに先立って開かれた衆議院の公聴会には、新聞紙上で「レギュラー」[99]と評されるほど頻繁に出向いたという。とりわけ第九条を敵視した神川は、「もし、一国だけ軍備を撤廃する場合には、その国はたちまち独立国たるをやめ、他国の植民地ないし属邦に転落する」と警鐘を鳴らした[100]。

神川は一九八八年に九九歳を前に亡くなったが、その訃報を伝える新聞記事には、国際連盟の脱退に反対した戦前の経歴と、自主憲法期成同盟の会長を務めた戦後の経歴とが併記されている[101]。この間に不連続があるとすれば、それは「真実な民主々義的、連帯主義的世界連合」を模索する舞台が、多国間外交から一国の外交へ、あるいは「国際政治」から「外交政策」の次元へと移行したためであろう。この転換と軌を一にして、神川による対外情勢の分析と外交提言の双方で前面に浮上したのが地政学であった。

6　地政学への傾倒

神川は新憲法を「マッカーサー憲法」とけなすばかりか、日米安全保障条約を「属国条約」と非難した。それに付随した行政協定によってアメリカの軍人および軍属に「広範極まる治外法権の特権」が譲許された結果、あたかも「インペリウム・イン・インペリオ（国家内の国家）」に類する区域が国内に出現したからである[102]。しかし神川は、日米安全保障条約の廃棄ではなく、あえて改定を唱えた。その背景にはソ連の脅威があるが、それを神川が重視し始めたのは一九五〇年代に入ってからである。最初の核実験に成功した際も、依然として神川は、「ソ連は到底アングロ・サクソン帝国に拮抗しうるような力をもつているものではない」と判断していた。ソ連は「ただ一地方的な雄国にすぎない」と見くびっていたからこそ、神川は「アングロ・サクソン帝国」が「世界帝国」に近づくとさえ見通していた[103]。しかし、朝鮮戦争および第一次インドシナ戦争と「中途半端な休戦協定」の締結がつづき、神川は米ソ二国が「均勢」に達したと認識を改める。

ほかにも神川がソ連を恐れる理由があった。それはマッキンダーの「予言」である[104]。それまで無敵を誇っていた海軍力に陰りが見え始め、漠然とした不安が漂う一九世紀後半のイギリスに居合わせたマッキンダーは、独特の理論に即して長期的な脅威の所在を指し示し、一躍名をはせるに至った。まず世界史を手がかりに考察を始めたマッキンダーは、西欧諸国が繁栄していられる条件として、大陸奥部からの圧力にさらされない環境を指摘している。これを裏返せば、ユーラシア大陸の奥深くを掌握する国の出現が、その外側に位置する西欧諸国にとって最大の脅威となる。この論理をマッキンダーは地図の上に展開する。つまり、ユーラシア大陸とアフリカ大陸とを併せた「世界島」(World-Island)の深遠部を一手に収める国が現れると、この「枢軸地域」(Pivot Area)ないしは「ハート・ランド」(Heartland)は海上からの接近を受けつけない一方、逆に大陸縁辺部の西欧を含む「沿海地域」(Inner Marginal Crescent)の攻略には恰好の拠点となるため、その国は終局的に「世界島」全体を支配下に収め、ひいては「島嶼地域」(Outer or Insular Crescent)を含む世界全体に君臨しうるという。

この歴史的かつ地理的な理論を根拠に据え、マッキンダーは「ハート・ランド」を一手に握る勢力の出現を未然に阻む必要性を説きつづけた。マッキンダーが二〇世紀初頭から警戒していたのはドイツであったが、第二次大戦中に書かれた最後の論文には「一地点を除いて、ソ連の領土はハート・ランドと合致する」[105]と暗示的に記されていた。

この論文を読んだのかは定かではないが、神川も「枢軸地域」が「大体において、不思議にも今日のソ連圏に該当している」と理解した。それにくわえ、英米二国と南米諸国や日本が「島嶼地域」に入り、東西欧州や朝鮮半島、あるいはインドシナ半島が「沿海地域」にあたると考えると、マッキンダーが提起した世界の三分は、概ね冷戦の構図と重なる。それゆえに神川は、「五十年前のマッキンダーの予言」が「まさしく適中している」と手放しでたたえた[106]。

もっとも、世界の三分割といっても、第三の「沿海地域」には「弱小の国家」が群がっているのみで、そこは「国際真空地帯（インターナショナル・ヴァキュアム）」に等しい。したがって、形式的には「三つ」であっても実質的には「二つ」である。とくに長期的に考えると、「二つの恐ろしい大きな塊」に挟まれた小国の将来は、いかにも心もとない。そのはかない命運を表現するのに、神川は気象を引き合いに出す。もし南北に「高気圧」があって、その中間に「低気圧」があるとすれば、南北の「高気圧」から「低気圧」に向かって「気流が突入して暴風を生ずる」のは避けられない。国際関係も同じで、もし両端に「大きな力の塊」があり、その中間には「全然力のない地域」が存在するとすれば、必ずや南北の力が中間地帯に流れ込み、そこに「嵐を起こす」に違いないと神川は展望する[107]。

いわゆる「ドミノ理論」は、したがって「地政学的に正しい見方であるといわねばならない」[108]。米ソの間で中立を貫くなど望むべくもない。神川によれば、中立を標榜している国々も「ほんとうに、国際上、中立不偏の地位を有するもの」ではなく、多くは単に「見せかけのもの」にすぎない[109]。このように強硬に中立を否定したのも、対米同盟の堅持を説くためであろう。日米同盟は「わが国の生存上有利かつ必要とみなければならない」[110]と神川は主張する。

なお、ソ連が「ハート・ランド」の支配者として君臨し始める前の神川は、マッキンダーとは対照的に「シー・パワー」(sea power)の優位を描く書物を引き立てていた。たとえば、日本学士院賞を受けた『近代国際政治史』(一九四八年―一九五〇年)のなかでは、神川は何度もシーリーとマハンに言及している。そして、この歴史叙述は、「シー・パワー」の勝利で幕を閉じる。近世の初頭から四世紀にわたって存続した「列強争覇の土俵」の上で、第二次大戦を経て「イギリスと、その与国である米国とが、真の勝利者として残った」という[111]。

地理的な条件の政治的な意味を強調する地政学的な理論に神川が魅了されやすかったのは、政治学の一環として「領土ノ政治的観察」を重視した小野塚の教えが影響していよう。そもそもマハンの『海上権力史論』(*The Influence of Sea Powers upon History 1660-1783*)(一八九〇年)は小野塚が学生時代に翻訳した著書であり、シーリーもまた小野塚が好んだ学者であった。シーリーの格言として知られる「史学ナキノ政治学ハ根柢ヲ欠キ、政治学ナキノ史学ハ果実ヲ欠ク」の一文は、小野塚が頻繁に講義で口誦していたという[112]。同じ句を座右の銘として受け継いだ神川は、国際政治学と国際政治史の関連を重視する一環として「外交史の講義も、国際政治学の基礎理論から始められた」と教え子が記憶している[113]。

イギリスやアメリカの地政学者ばかりにとどまらず、第四章で紹介したチェレーンにも神川は早くから注目していた。チェレーンの造語である「ゲオポリティーク」(Geopolitik)が「地政学」として訳出され[114]、さらに「ルドルフ、チェレーンの国家に関する学説」[115]が紹介された一九二五年、神川も『国家学会雑誌』に掲載した論文のなかで「チェルレン」に言及している。国家の対外活動を説明するには「チェルレン」にならい、国家を個人と同じ「感性的理性的実在(Sinnlich vernünftige Wesen)」に見立てるのが望ましいと神川は書いた[116]。翌一九二六年に神川が発表した「民族の本質に就ての考察(一)」論文にも、チェレーンの引用を思わせる記述が目につく。たとえば民族と領土の間には「謂はゞ有機的の関係」があって「其土地を離れては其民族を観念することを得ない」という一節は[117]、チェレーンが「国家はその本土から分離し得ない」[118]と記していたのと共鳴する。この論文が戦後に『国際政治学概論』第二篇の第二章第二節として書き改められた際、チェレーンの『生活形態としての国家』(*Der Staat als Lebensform*)(一九一七年)が新たに参考文献として注に加えられている[119]。

ただ、このような早い例があるにせよ、神川の著作にチェレーンとの相似が目立ち始めるのは、一九三〇年代に入ってからである。世界恐慌を契機に各地で「ブロック経済」の建設が進むなか、その根本的な理由を探った神川の答えがチェレーンの学説と合致する。

神川が「ブロック経済」の直接的な引き金として指摘したのは、第一次大戦後に浮上した民族自決の思想である。あたかも一国内で「政治的デモクラシー」が実現したのちに「経済的デモクラシー」の要求が生じるのと同じく、国際関係でも「政治的民族主義」が達成されれば、次に「経済的民族主義」が台頭するのは「必然の発展」であるという。

しかし、一民族が単独で「アウタルキー」を追求しても、一般に一民族の領土は自給自足的な経済を確立するには「余りに狭隘である」ため、結局は他民族と結合して「ブロック経済」を形成する必要が出てくる。国家の数が増えた分だけ、統合の動きも増える。このような民族自決の逆説を神川は指摘する。すでに植民地を保有する国家も、その領域だけで「ブロック経済」を完成するのは「困難であるか又は不可能である」場合が多い。それゆえに一九三〇年代に入り、やはり民族自決とは逆行する「帝国主義の対外的発展」までが横行するに至ったのである[120]。

このような叙述のなかで、神川はチェレーンの名を出してはいない。とはいえ、政治と経済の両面で自立してこそ国家は独立を遂げ、そのために国家は必然的に「アウタルキー」を追求するという論理は、いかにもチェレーンの思想と符合する。チェレーンが説くには、国家が「政治的自決」を確立するには、まず「経済的独立性」の確保が「一前提」であり、そのためには領土のなかで「或る程度まで自足し得なければならない」。このような国家の志向を、チェレーンは「アウタルキーの大法則」と称していた[121]。

世界恐慌のなかで貿易が滞り、資源の調達に不安が広がった一九三〇年代、チェレーンの学説には需要があった。日本を「空間なき国民」[122]と呼んだ阿部市五郎は、のちにチェレーンの『生活形態としての国家』を訳出している。日本の一九三〇年代は、神川の活躍が約束された時代であった。

7 ハウスホーファーと神川彦松

神川の活躍を支えていたのは、チェレーンばかりではない。神川の読書歴をたどると、チェレーンと同様の説を唱えていた者が少なくなかったからである。たとえば、神川が民族の本質を探る文章のなかで引いたシュモラーは[123]、経済活動と政治的な統治の範囲が地理的に一致する意義を一九世紀の後半に説いていた。シュモラーが主張するには、国家は「権力組織および法律組織の主たる担当者が同時に経済組織の担当者たる場合」にこそ、「偉大な業績」をのこす[124]。

しかもシュモラーは、経済の単位が「小さな社会的団体」から「大きな社会的団体」へと絶えず拡張してきた歴史的な趨勢を指摘する[125]。それが継続するならば、英米露のように一国内で経済の自給自足を実現しうる巨大な国家のみが存立する将来が訪れよう。現にシュモラーは、将来の世界は「三大帝国」に分かれ、その三国が「所謂獅子ノ分前」を手にする一方、残りの国々は「僅カニ其残滓ヲ甞メ得ル」ばかりになると見通していた[126]。この展望をいち早く日本に紹介したのが、小野塚喜平次の同僚であった松崎蔵之助である。同時代の欧州で、諸大国が「他国ノ供給ヲ待タズ独立シテ以テ万端ノ需用ヲ充サントスルノ方針」をとり、それゆえに「貿易通商上ノ交通ヲ遮断セントスル」傾向を伝えた松崎は[127]、その先をも見通した先覚としてシュモラーの名を挙げている。

北清事変の終結後も満州に駐兵をつづけるロシアに抗議すべく、戸水寛人らとともに「六教授」の一人として意見を表明した松崎は、その文章のなかでも「欧羅巴に於ける二三の経済学者」が「将来世界に於ける三大帝国説」を唱えていると紹介しつつ、日本が「将来発達の舞台、発達すべき舞台を失ひまする」事態に懸念を表している[128]。対露開戦を訴えた「七博士」の焦慮には、シュモラーの学説も一役買っていた。

一九三〇年代後半から一九四〇年代はじめにかけ、「東亜新秩序」や「大東亜共栄圏」の構想が持ち上がったころ、再びシュモラーの学説が耳目を集めたようである。シュモラーの論文「重商主義とその歴史的意義」(Das Merkantilsystem in seiner historischen Bedeutung)が、六〇年もの歳月を経て一九四四年に単行本として日本語で出版されている。神川が引用していたのも同じ論文である。

第三章と第四章でも述べたが、チェレーンの創案を継承したドイツの地政学も、そのころには日本に浸透していた。この学知体系に神川が共感したのは言うまでもない。独自の「東亜連盟」構想を説明するために書かれた次の文章には、ラッツェルに発してチェレーンを介し、ハウスホーファーに引き継がれた語彙が持ち込まれている。それは序章でも言及した「生活空間」である[129]。


東亜の地域は、東亜諸民族にとりては経済的にその生命保存に必要なる領域である。欧洲大陸が欧洲連合体にとり当然生命領域であり、両米大陸が汎米連合にとり、必然にその生命領域なるが如く、東亜の地域が東亜連盟にとり、その生命圏たることは自然であるといわねばならぬ[130]。

シュモラーやドイツ地政学の系譜にくわえ、さらに神川の関心をひいたのは、クーデンホーフ・カレルギーの「汎欧州」(Paneuropa) 案である。神川は早くも一九二七年に「日支経済同盟の急用」を説いていたが、その背景にはクーデンホーフ・カレルギーの構想があった。その運動が実って「欧洲団体」が成立すれば、日本は熾烈な「経済的戦争」に巻き込まれると神川は案じたのである[131]。国権回収熱が燃え盛る中国に向け、もし東アジアが「東亜連盟の如き一の団体」を組織しなければ、とても「世界政治に於て有利な地位を確保することは困難であらう」と諭した際も[132]、神川は「汎欧州」の思想を意識していたであろう。もっとも、満州事変前の神川は「アジア連合」が実現する見込みは「極めて乏し」いと踏んでいた[133]。

日本が国際連盟を脱退して独立独行を始めると、神川は周囲の関心と軌を一にしてモンロー主義の研究に取り掛かる。ただし、欧米諸国による対中援助に反対する旨を表明した「天羽声明」が出されたころ、まだ神川はモンロー主義が東アジアの文脈に準用されうるとは想定していなかった。すでにアジアの大部分が「ヨーロッパの政治的並に経済的侵略に征服されてしまってい」た以上、欧米諸国が新たな植民地の獲得に乗り出す見込みは小さいため、日本がモンロー主義を宣言しても「何等の利益がない」からである。そればかりか、既存の植民地については黙認するモンロー主義の原義を勘案すると、むしろ宣言の意図とは「反対の結果、反対の解釈を招く虞れがある」とも神川は指摘する[134]。もともとのモンロー主義は失地の回復を意図していない。

一九三八年一〇月に広東が占領されると、ようやくモンロー主義の機が熟す。神川の判断によれば、広東の占領によって「はじめてわが国の実力が全支那大陸に及んだ」ため、ついに「東亜モンロー主義の標榜と相応ずるに至った」[135]。その翌月に発表された近衛文麿首相の「東亜新秩序」宣言は、神川には「東亜モンロー主義」の表明と解されたであろう。それを受けて神川が提起した既述の「東亜連盟」案は、日本の主導による「東亜の自主保全を目的とするところの東亜モンロー主義」[136]の実践にほかならなかった。

同じころに神川は、自身の構想した「東亜連盟」を含め、居並ぶ「大地域協同体」間の関係を調整する仕組みとして、国際連盟に代わる「世界連合」の創設を提案しているが、これは本人も示唆するようにクーデンホーフ・カレルギーが提唱した国際連盟の改造案と大差ない。クーデンホーフ・カレルギーの構想では、新たな国際連盟は「大陸的連邦主義（コンティネンタル フェデラリズム）」に基づき、「汎欧州」、南北米大陸、英連邦、ソ連邦および極東の各代表が集う「首脳機関」として再編される[137]。神川の「世界連合」も、各「大陸的連邦」によって構成される「一の組合組織」であり、その管轄は「全世界的問題又は各大陸間の問題」に限定されていた[138]。

以上の思索を集成した論文「世界新秩序と大地域主義」が、雑誌『地政学』創刊号の巻頭を飾った。この雑誌は、日米開戦の直前に創設された日本地政学協会の機関誌である。ドイツ語の「ゲオポリティーク」に「地政学」の訳語をあてた飯本信之、チェレーンの『生活形態としての国家』を翻訳した阿部市五郎、ハウスホーファーの『太平洋地政学』(*Geopolitik des pazifischen Ozeans*)（一九二四年）を翻訳した江澤譲爾[139]、そして『米洲広域国際法の基礎理念』（一九四三年）を著した松下正寿らとともに、神川は協会の評議員に就任している。ついでに顧問をも兼務した神川は、協会のなかで一目置かれた存在であったと思われる。

この論文で神川が眼前の「世界大戦」に与えた意味は、日独が追求する「アウタルキー」志向の「大地域主義」と、英米が標榜する「デモクラシー的秩序論」との相克である。日独と英米の衝突を秩序観の新旧に還元する発想は、喧しく「近代の超克」が叫ばれていた当時にあっては少しも珍しくない。しかし、英米が望む秩序の特徴を「デモクラシー」と表現するあたりは、マッキンダーの影響と考えられなくもない。前節で紹介したマッキンダーの西欧防衛構想は、『デモクラシーの理想と現実』(*Democratic Ideals and Reality*)（一九一九年）の表題でまとめられていたからである。

ただし神川は、マッキンダーと同様の図式で国際情勢をとらえていたにしても、ハウスホーファーがマッキンダーの戒めを逆用して提起した日独ソの「ユーラシア同盟論」[140]には乗らなかった。その構想を打ち砕いた独ソ開戦ののち、神川はハウスホーファーの著書『大陸ブロック論』(*Der Kontinentalblock*)(一九四一年)を想起させる題名の論文「大陸連合体建設の基礎条件」を発表しているが、そこで提示された「陸塊」の区分とは、ユーラシアを引き裂く「アジヤ＝オーストラリヤ陸塊」と「ヨーロッパ＝アフリカ陸塊」、そして「アメリカ陸塊」の三つであった[141]。しかも神川が先蹤として引用したのは、内村鑑三の『地人論』(一八九四年)であり、ハウスホーファーの名は一度もふれられていない。内村の著書では、アフリカ、南米、オーストラリアの「南三大陸」は、その北に位置するヨーロッパ、北米、アジアの「属物」であり、いずれ「欧は非を同化し、北米は南米に伸び、亜は其理想を濠に施」すに至ると展望されていた[142]。

独ソ不可侵条約の締結により、一見するとハウスホーファーの構想は実現に近づいたが、その際も神川は、その提携が日本に及ぶ可能性に少しもふれていない。むしろ神川は、ドイツと手を打ったソ連が「二面戦争の脅威を免れた以上、後顧の患いなくして東亜に進出する自由と余裕とを得るに至ったこと」[143]を指摘して、警戒を呼びかけている。

神川はハウスホーファーの「ユーラシア同盟論」を知ってはいたであろう。戦後の文章ではあるが、神川の論文「日本民族、日本民族主義概説」には、ハウスホーファーの著作が八冊も参考文献として挙げられている[144]。それでも最後までハウスホーファーの構想には与しなかった神川は、マッキンダーの理論を逆手にとった戦略が招くであろう英米の反発を意識したのであろうか。公職追放に処せられた際に「私は戦争防止のために最後まで戦った学者の一人だ」[145]と公開状まで作成して反論した神川は、このささやかな抵抗を思い浮かべていたのかもしれない。

おわりに

本章の冒頭で述べたとおり、神川が第一次大戦から教訓として汲み取ったのは「人種問題解決の緊要」であった。その意図は、とくに日本の移民を阻む障壁の除去である。一見すると大戦とは関係がないが、ダーウィン的な進化論を受け継ぎ、人口の「過剰」が戦争を誘発すると考える者にとっては、さほど不思議な発想ではなかったであろう。たとえば第四章でふれた志賀重昂は、人口の「甚だ急激」な増加を経験したドイツが、もはや「此の如き狭小なる国土にては到底喰へなくなる」と見通し、かつ「他に取るより外に致シ方無」いと判断したために大戦が勃発したと説明していた[146]。また第三章の建部遯吾も、ドイツの増えつづける人口に大戦の原因を求めた。つまり英仏などの「先進列国」が「世界の植民地としての結構なる所」を占有するなか、ドイツは「此膨脹発展力に対する抵抗力が、比較的随分薄弱なる所」を衝いて結局は大戦を招いたという[147]。

二度目の大戦を経たあとも、神川の思考に転換は訪れなかった。神川は以下のように日本の失敗を説明している。

わが国土はこのように、過剰の人口を養うには、面積狭小にすぎ、資源貧困にすぎるために、時あって、わが国は対外的に膨脹発展の政策をとらざるをえなかった。ところが、このような政策は、また、国土狭小、資源貧困というその二大欠陥のために、結局、失敗に帰するの外はなかったのだ。世界の資本主義列強と角逐して、世界の市場を争奪し、海外の植民地を獲得しようと欲せば、その国自身、相当に有力な近代資本主義的体制と、相当に強力な近代的軍備を必要とすることはいうまでもない。ところが、わが国は、国土狭小で、資源貧困であるがために、このような近代的産業施設と近代的軍事設備とを整備する基盤をもたなかった[148]。

しかしながら、神川が人口の「過剰」を解消に導く指針として提起した構想は、いわゆる「十五年戦争」の間に反転している。第一次大戦後の神川は、創立されたばかりの国際連盟による「原料品の公平なる分配」や「国際的移転の管理」に期待をかけていた。それが実現すれば、「有限の地球上に於て、各民族が無限に発展せんとす」る矛盾に由来する国家間の相克についても、平和的な解決を望めるであろう。この連盟を機軸とした国際関係の改造案は「国際政治政策学」と名づけられ、第一次大戦後に始動した国際政治学の一面を構成していた。

ところが、満州事変のために日本が国際連盟を脱退し、さらに決定的な転機として日中戦争中に「東亜新秩序」の追求が宣言されると、神川も一転して自力救済に活路を見出し始める。その思索は一国の版図を越えた地域の囲い込みに帰結したが、その際に神川の手引きとなったのは、クーデンホーフ・カレルギーの「汎欧州」案や米国の標榜するモンロー主義、そして「国民的自給自足の教義」[149]とも評されたドイツの地政学であった。

このころに頼みにした地政学を、神川は第二次大戦後も手放さなかった。とくにドイツの地政学は、ダーウィンの進化論を共有しているだけに「国際政治科学」とは見事に整合する。しかしそれは、国際的な「生存競争」の克服を本旨としていた「国際政治政策学」とは齟齬をきたさずにはいられない。情勢を分析するにも、対策を提言するにもドイツ地政学に頼るに至った神川は、それを以前の「国際政治政策学」に優先させたようである。そのため、すでに発表した著作も書き換えが必要となった。神川が「過去三十余年」に及ぶ研究の集大成として『国際政治学概論』をまとめた際も、単に過去の業績を再録するだけでは済まなかった[150]。

一例を挙げると、国際連盟の設立を説明するために引かれていたクロポトキンやノヴィコウの評価が、第二次大戦の前後で反転している。大戦前の神川は、過度に「生存競争」を強調する論者は「人類の進化が生存競争と同時に生物の相互依存に依つて促進されて居るといふ事実」を看過する「誤に陥つて居る」と『国際連盟政策論』のなかで批判し[151]、また別の論考では、「生存競争」を金科玉条とする「社会ダーウィニズム」は、もはやクロポトキンやノヴィコウによって「謬説たるを免れないこと」を論証されていると書いていた[152]。第二次大戦後の『国際政治学概論』のなかでも、神川は「「社会ダーウィン主義」に欠陥のあることは、ノヴィコフ等の指摘するところである」と一応は認めている。しかし、つづく一文で、神川は「社会ダーウィン主義を平和主義的見地から、一概に排斥することは正しくない」と切り返した[153]。以前ほど神川はクロポトキンやノヴィコウに共感していない。

神川の国際機関にかける期待も縮小した。第二次大戦後の神川も、依然として「世界の原料及び資源の自由にして公平な分配こそ、国際平和を確保するための最も重大な要件の一つである」と認識してはいた。しかし神川は、本当に「原料及び資源の公正な国際的分配」を実現するには、それを「世界連合の監理に帰せしめる外はない」と指摘しつつ、それは「ゆるき世界連邦にすぎない「国際連合」などの到底企て及ぶところではない」と冷たく言い放った[154]。これでは「国際政治政策学」自体の存在意義が見出せない。現に神川は、自らの描く理想の実現に要する「必要にして充分な条件」が「現実には、存在しえな」いため、それは「結局、不可能であることに帰着する」と論断している[155]。師の小野塚喜平次が国際政治学に託した希望は、ここに至って潰えたのである。

*神川彦松の著作については、それが『神川彦松全集』全一〇巻、勁草書房、一九六六－一九七二年に収録されている場合には全集版を典拠とした。

註

1——一度は放棄された憲法の改正が近年になって再び政治の議題に上るなか、あらためて神川の言説も脚光を浴びている。岸信介ほか六〇名の議員が提出した「憲法調査会法案」をめぐって賛否が交わされた一九五六年三月一六日の衆議院内閣委員会公聴会を再録した保坂正康監修『50年前の憲法大論争』(講談社、二〇〇七年)には、そこに公述人として出席した神川の発言も全文が収録されている(二九－四九頁)。その意見をめぐって社会党の石橋正嗣と激しい応酬が繰り広げられた(八七－一二二頁)。

2——中曽根康弘がたびたび明治大学の神川研究室を訪ねているのは、憲法改正と国際関係の両面で神川の教えを請うためであろうか。市川正明「神川彦松先生と私——日本国際政治学会草創期のころ——」『JAIR Newsletter』四九号(一九八九年)、一頁。

中曽根自身は、大学時代の思い出として「外交史は充実していた」と振り返っている。神川「先生の学殖の深さは印象に残った」という。また、「国家の統治」に対する考え方についても、とくに矢部貞治と神川の「二人から影響を受けている」と中曽根は語っている。中曽根康弘『中曽根康弘が語る戦後日本外交』新潮社、二〇一二年、四五－四七頁。

3——神川は学会の設立にあたって私財を投入したという。大畑篤四郎「日本国際政治学会三〇年の歩み」『国際政治』日本国際政治学会三〇周年記念号、一九八六年、一七〇頁。

4——市川正明「神川先生と日本国際問題研究所」神川彦松『近代日本国際政治史』原書房、一九八九年、二九五－二九七頁。

5——神川彦松『神川彦松全集』九巻、勁草書房、一九七一年、五七〇頁。

6——神川彦松「人種問題解決の緊要」(一九一九年)、前掲『神川彦松全集』九巻、五七五頁。

7——神川、前掲『神川彦松全集』九巻、五七〇頁。神川は留学のために欧州に向かっていた。同前、三頁、綿貫哲雄「この人とともに」『神川彦松全集月報』七号(一九六九年)、一頁。

8——神川彦松「人口問題の見地より我が外交政策の基調を論ず」(一九二六年)『神川彦松全集』一〇巻、勁草書房、一九七二年、五五頁。

9——同前、六一-六二頁。

10——神川彦松『国際政治学概論』(一九五〇年)、神川彦松『神川彦松全集』一巻、勁草書房、一九六六年、四三五頁。

11——従来の研究では、一九二〇年代に国際連盟を信奉していた神川が、第二次大戦後に日本の再軍備を強硬に訴えるに至る不連続が強調されていたが(二宮三郎「日本の国際政治学の開拓者たち」『流通経済大学論集』二七巻一号(一九九二年)、五九頁、Kawata, Tadashi, and Saburo Ninomiya, "The Development of the Study of International Relations in Japan," *Development Economies*, No. 2 (1964), p. 200.)、ここでは神川の一貫した問題意識に注目する。ただし、その関心から時代背景に応じて違った政策提言が繰り出される様子を描く点で、進化論の概念や論理に頼りつづけた神川の一貫性に焦点を当てた拙稿「国際政治学の生物学的基礎——神川彦松の忘れられた一面——」『国際政治』一四八号(二〇〇七年)、八九-一〇三頁とは異なる。

12——神川、前掲『国際政治学概論』、四頁。

13——同前、四三六-四三七頁。

14——神川彦松「民族主義の考察」吉野作造編『政治学研究』岩波書店、一九二七年、四七〇頁。

15——同前、四六九-四八六頁。

16——神川、前掲『国際政治学概論』、一六四頁。

17——神川、前掲「民族主義の考察」、四八三頁。

18——小野塚喜平次『政治学大綱』下巻、博文館、一九〇三年、一六四頁。

19——神川、前掲「民族主義の考察」、四七二頁。

20——神川彦松「民族主義の本質に就ての考察(一)」(一九二六年)『神川彦松全集』七巻、勁草書房、一九六九年、

三三四頁。なお第二次大戦後に著された『国際政治学概論』上では、神川は「主観説」と「客観説」の「折衷説」に自分を位置づけている。神川、前掲『国際政治学概論』、六〇頁。

21——神川、前掲「民族主義の考察」、四七二 - 四七三頁。

22——神川彦松『小野塚博士・政治学講義』東京大学大学院法学政治学研究科附属近代日本法政史料センター原資料部蔵、一〇〇 - 一〇二頁。

23——神川、前掲『国際政治学概論』、二六頁。

24——『国際政治学概論』第二篇の各章と原型となった論文の関係は次のとおり。まず既出の「民族主義の考察」論文の第二節「民族及民族主義思想」が第二篇第一章「民族に関する学説」と第三章「民族主義に関する学説」に発展している。つづく第四章第一節「民族主義の根本原理」と第二節「政治的原理としての民族主義」は、「民族主義の考察」論文の第三節と第四節の表題をそのまま受け継いでいる。また一九二六年に『国家学会雑誌』四〇巻一二号に掲載された「民族の本質に就ての考察（一）」論文の場合は、その序言につづく第二節「民族意識」が第二篇第二章の第四節に、さらに第三節「民族と土地との関係」と第四節「民族と種族との関係」が、それぞれ表題を少し変えて第二篇第二章第二節に第一款「土地共同体としての民族」と第二款「血縁共同体としての民族」として継承されている。第二篇第二章の第三節「文化共同体としての民族」は、一九三一年に『国家学会雑誌』四五巻七号上に発表された同名の論文の縮刷版である。そして同じく一九三一年の『国家学会雑誌』一一号上に載った「民族国家の概念」論文は、第二篇第五章の「近代民族国家」の基礎をなしている。

25——同前、一六四頁。

26——同前、一九二 - 一九四頁。

27——同前、二一八頁。

28——神川、前掲『国際政治学概論』、二七頁。

29——神川、前掲「民族主義の考察」、四一八頁。

30——同前、四八八 - 四九一頁。

31——神川の回顧によると、「本来、本書の題名は、初めから、「国際政治政策論」とうたひたかつたのであるが、昭和初年ごろでは、まだわが国は勿論世界的にも「国際政治」といふことばは殆ど使はれていないやうな有様であつた」ため、「やむなく、「国際連盟政策論」とよんだ次第であった」。神川彦松『国際連盟政策論』（一九二七年）、前掲『神川彦松全集』一巻、四五六頁。

32——同前、五四〇頁。

33——Novicow, J., *La critique du darwinisme social*, Paris: Felix Alcan, 1910, p. 85.

34——神川、前掲『国際連盟政策論』、五四一頁。

35——神川彦松「国際政治」社会思想社編『社会科学大辞典』改造社、一九三〇年、三四九頁。

36——以上の記述は、神川、前掲『国際連盟政策論』、四六六－四七一頁。神川は「国際関係諸形態の歴史的発展系列」を描くにあたって、Schücking, Walther, *Die Organisation der Welt*, Tübingen: J.C.B. Mohr,1908 を参照しているが、シュッキングの理論については、Suganami, Hidemi, *The Domestic Analogy and World Order Proposals*, Cambridge: Cambridge University Press, 1989, pp. 62-66 に、その一端が紹介されている。

なお神川は、一九二〇年にジュネーヴに創立された国際機関をも通例にならって「国際連盟」と呼んでいるが、こちらの名称は小野塚喜平次と二人で考案したという。神川、前掲『神川彦松全集』九巻、五七〇頁。以下、本文では、国際関係の様式を意味する「国際連盟」には鍵括弧を付し、特定の国際機関を指している場合には鍵括弧なしで記す。

37——小野塚喜平次『政治学大綱』下巻、博文館、一九〇三年、一五四頁。

38——社会政策学会編『社会政策学会論叢第一冊・工場法と労働問題』同文舘、一九〇八年、一頁。

39——神川、前掲『国際連盟政策論』、六三二頁。

40——同前、六四一頁。

41——同前、六四一－六四二頁。

42——同前、六三九頁。

43——一連の経緯については、李修二「国際原料問題」藤瀬浩司編『世界大不況と国際連盟』名古屋大学出版会、一九九四年、二九〇－二九二頁。

44——League of Nations, Provisional Economic and Financial Committee, *Report on Certain Aspects of the Raw Materials Problem (with the relevant documents submitted to the Committee by Professor Gini)*, Geneva, 1921, p. 10.

45――神川、前掲『国際連盟政策論』、六三九頁。
46――同前、六二二頁。
47――神川、前掲「人口問題の見地より我が外交政策の基調を論ず」、八三頁。
48――神川、前掲『国際連盟政策論』、五四三―五四四頁。
49――二宮三郎「戦後日本における国際政治学の動向」『国際政治』二五号(一九六三年)、一一八頁、Kawata and Ninomiya, "The Development of the Study of International Relations in Japan," p. 200.
50――小野塚喜平次「国際連盟協会連合会議」、前掲『現代政治の諸研究』二六五―二六六頁。
51――小野塚、前掲『政治学大綱』下巻、六四頁。
52――事件の経緯については、宮地正人「森戸辰男事件――学問の自由の最初の試煉――」我妻栄編『日本政治裁判史録・大正』第一法規出版、一九六九年、二二八―二七二頁。
53――森戸辰男「クロポトキンの社会思想の研究」『経済学研究』一巻一号(一九二〇年)、七五頁。
54――同前、八二―八三頁。
55――『改造』二巻二号(一九二〇年)には「帝国大学新旧思想衝突批判」が、同じく二巻三号には「クロポトキン思想研究」が、そして二巻五号には「クロポトキン著作総評」が特集として組まれている。また『中央公論』誌上では、本文で後述するように三五巻四号(一九二〇年)に「生存競争説と相互扶助論」の特集が組まれていた。
56――三宅雪嶺「優勝劣敗と相互扶助」『中央公論』三五巻四号(一九二〇年)、一〇六頁。
57――木村久一「生存競争と相互扶助」『中央公論』三五巻四号(一九二〇年)、一一三―一一六頁。
58――片上伸「クロポートキンに就て」『改造』二巻三号(一九二〇年)、一三二頁。
59――杉森孝次郎「生存競争説と相互扶助説」『中央公論』三五巻四号(一九二〇年)、一一〇頁。
60――石川千代松「生存競争と相互扶助」『中央公論』三五巻四号(一九二〇年)、一三〇―一三二頁。
61――一條忠衛「『競争』の倫理と『協同』の倫理――現代生活を象徴する二大思潮の考察」『中央公論』三九巻一三号(一九二四年)、八七―一〇一頁。
62――松村松年「生存競争と相互扶助」『改造』一〇巻六号(一九二八年)、三二頁、四二頁、四八頁。
63――神川彦松「幣原外相の消極的移民政策を排す(人口食糧問題調査会に対する希望)」(一九二六年)、神川、前掲

『神川彦松全集』一〇巻、九二－九六頁。

64――「満蒙と我が特殊権益「座談会」」（一九三一年）、神川、前掲『神川彦松全集』一〇巻、一九四－一九七頁。

65――神川彦松「満洲委任統治論」（一九三二年）、神川、前掲『神川彦松全集』一〇巻、二五五－二六八頁、同「満洲委任統治論」（一九三二年）、神川、前掲『神川彦松全集』一〇巻、二六九－二八〇頁。全集上で「掲載誌不明」とされている後者の初出は、『外交時報』誌の六五〇号（一九三二年）である。

66――神川彦松「満洲問題の国際政治学的考察」（一九三一年）、神川、前掲『神川彦松全集』一〇巻、二四一頁。

67――神川彦松「国際政治学上より観たる満洲問題」（一九三一年）、神川、前掲『神川彦松全集』一〇巻、二一九－二二〇頁。

68――神川、前掲「満洲委任統治論」、二六六頁、二六七頁。

69――神川、前掲『神川彦松全集』一〇巻、三五一頁。

70――神川彦松「連盟脱退論を排す」（一九三二年）、前掲『神川彦松全集』一〇巻、三六二頁。

71――神川彦松「国際連盟は如何に我国に対する乎」『経済往来』七巻一一号（一九三二年）、一八頁。

72――神川彦松「満洲は如何に帰結するや」『経済往来』八巻一号（一九三三年）、三〇頁。

73――神川、前掲「連盟脱退論を排す」、三六三頁。

74――神川彦松「極東連盟の建設を提唱す（連盟脱退と今後の我が新対外国策）」（一九三三年）、神川、前掲『神川彦松全集』一〇巻、三九七頁。

75――神川、前掲『神川彦松全集』一〇巻、三九〇頁。

76――神川彦松「亜細亜連合か極東連盟か」（一九三三年）、神川、前掲『神川彦松全集』一〇巻、四一七頁。

77――神川、前掲「極東連盟の建設を提唱す」、四〇六頁。

78――神川彦松「東亜連盟概論――三度び東亜連盟を説く――」（一九四〇年）、神川、前掲『神川彦松全集』一〇巻、八二一頁。

79――同前、八二〇頁。

80――同前、八一九頁。

81――同前、八二五頁。

82——神川彦松「大東亜会議と大東亜共同宣言」(一九四四年)、神川、前掲『神川彦松全集』一〇巻、九六二頁。

83——神川彦松「大東亜政治の指導的理念」『日本評論』一八巻一一号(一九四三年)、七六‐七八頁。ただし神川は、当時の知的流行であった「近代の超克」をも意識している。神川は、東洋の伝統思想は「前＝近代的思想」であるため、「そのまゝでは後＝近代的な現代的思想たり得ない」とも認め、そこで東西の思想を「融然と綜合したもの」を「新時代の新連帯主義理念」として提示した。それは「一言以て掩へば社会即個人的・愛他即利己的・自由即秩序的・王道即覇道的・奉仕即権利的思想体系であらねばならぬ」と神川はいう。同前、八一頁。

84——昭和研究会事務局『協同主義の哲学的基礎——新日本の思想原理続篇——』昭和研究会、一九三九年、四頁。

85——既出の『小野塚博士・政治学講義』など、現在は東京大学大学院法学政治学研究科附属近代日本法政史料センター原資料部に所蔵されている自筆帳面類とともに、神川彦松の三男、故神川正彦氏が所有していた。

86——神川、前掲『国際連盟政策論』、五五七‐五五八頁。

87——神川彦松「連盟理事会の組織変更問題と我国の対策」(一九二六年)、前掲『神川彦松全集』一〇巻、九九頁。

88——同前、一〇八頁。

89——神川彦松「連盟主要機関の構成に関する理想と現実——国際政治の進化は漸進的であれ——」『国際知識』六巻七号(一九二六年)、二六頁。

90——神川、前掲「連盟理事会の組織変更問題と我国の対策」、一〇八頁。

91——神川、前掲「幣原外相の消極的移民政策を排す」、九二頁。

92——神川、前掲「連盟主要機関の構成に関する理想と現実」、二七‐二九頁。

93——同前、二三頁。神川は一米国人が発案した「白人の三に対し有色人の一を以てする」人口の計算方式を紹介しているが、その案は「日本本土の人のみは之を白人種と同等の価値を有するものと看做し唯一の例外となしてゐ」たのは言うまでもない。

94——神川、前掲「東亜連盟概論」、八二七頁。

95——神川、前掲『国際政治学概論』、四五二頁。

96——神川、前掲『国際連盟政策論』、四七四頁。

97——神川、前掲『国際政治学概論』、四五〇‐四五二頁、傍点引用者。

98――神川彦松「「世界国家」の考察」武藤和夫編『藤井先生還暦記念・法政の諸問題』有斐閣、一九五三年、二六頁。
99――神川彦松『神川彦松全集』六巻、勁草書房、一九六九年、二二六頁。
100――神川彦松「「マッカーサー憲法」を改廃せよ」(一九五二年)、前掲『神川彦松全集』六巻、三三五頁。
101――『読売新聞』一九八八年四月六日、『毎日新聞』一九八八年四月六日。
102――神川彦松「いわゆる神川証言」(一九五二年)、前掲『神川彦松全集』一〇巻、一〇六八頁。
103――神川、前掲「「世界国家」の考察」、二二頁。それなのに「世人はソ連帝国の実力と潜勢力とを過大評価するの誤りに陥つている」と神川は批判する。同前、二三頁。
104――戦後の神川がマッキンダーの理論に傾倒していた様子については、つとに永井馨「神川彦松の権力政治思想形成に関する一考察」『大東法政論集』五号(一九九七年)、二〇五-二三四頁が描いているが、そこでは第二次大戦前の神川が考察の対象から省かれているため、マッキンダーの影響が過度に強調されているきらいがある。なお、マッキンダーの思想については、曽村保信『地政学入門』中央公論社、一九八四年、二六-八四頁に要領を得た解説がある。
105――Mackinder, Halford J., "The Round World and the Winning of the Peace," *Foreign Affairs*, Vol. 21, No. 4 (1943), p. 598.
106――神川彦松「ロカルノ方式か二重保障政策か――東南アジアと日本の安全保障――」(一九五五年)、前掲『神川彦松全集』一〇巻、一一四五-一一四七頁。
107――神川彦松「国際政治の新情勢――人類史最大のジレンマ――」(一九五六年)、前掲『神川彦松全集』九巻、一一三七頁。
108――神川彦松「インドシナ戦争の重大段階とわが国の運命――わが国と東亜大陸対岸との関係の国際政治的考察――」(一九七〇年)、前掲『神川彦松全集』一〇巻、一二八五頁。
109――神川彦松「中立主義概観」日本国際問題研究所『中立主義の研究(上)』日本国際問題研究所、一九六一年、二六頁。
110――神川、前掲「インドシナ戦争の重大段階とわが国の運命」、一一八四頁。
111――神川彦松『近代国際政治史』(一九四八年-一九五〇年)、『神川彦松全集』三巻、勁草書房、一九六七年、七五六頁。

112——南原繁・蠟山政道・矢部貞治『小野塚喜平次』、岩波書店、一九六三年、一〇八頁。

113——小林龍夫「国際政治史学の金字塔」『神川彦松全集月報』二号、一九六七年、八頁。神川本人も「国際政治史と国際政治学の調査研究上において、右のシーリーの教訓は、むしろ、バーデン学派の科学方法論よりも、より多く、たよりとなったのである」と語っている(神川彦松「わが国際政治学の生立ちについて」、前掲『神川彦松全集』七巻、八七頁)。

114——飯本信之「人類争闘の事実と地政学的考察(一)」『地理学評論』一巻九号(一九二五年)、八五六頁。

115——藤澤親雄「ルドルフ、チェレーンの国家に関する学説」『国際法外交雑誌』二四巻二号(一九二五年)、一五五-一七五頁。

116——神川彦松「勢力均衡に就ての一考察」(一九二五年)、前掲『神川彦松全集』七巻、二九四頁。

117——神川、前掲「民族の本質に就ての考察(一)」、三四三頁。

118——チェレーン(阿部市五郎訳)『生活形態としての国家』叢文閣、一九三六年、七九頁。

119——神川、前掲『国際政治学概論』、六三頁。

120——神川彦松「民族主義の確立とアウタルキー」(一九三三年)、前掲『神川彦松全集』七巻、六四九-六五三頁。

121——チェレーン、前掲書、一〇〇頁。

122——阿部市五郎『地政治学入門』古今書院、一九三三年、三頁。

123——神川、前掲『国際政治学概論』、八一頁。

124——シュモラー(正木一夫訳)『重商主義とその歴史的意義』伊藤書店、一九四四年、六頁。

125——同前、八一頁。

126——松崎蔵之助「新重商主義及所謂世界ノ三大帝国」『国家学会雑誌』一六五号(一九〇〇年)、六-七頁。

127——同前、三頁。

128——戸水寛人『回顧録』戸水寛人、一九〇四年、一三〇頁。同様の発想は複数の経路を伝って日本に入ったようである。日露戦争中、スコットランドやハワイの例を挙げ、国家が統合に向かう長期的な趨勢を指摘した海老名弾正は、その歴史観を、熊本洋学校を創設したジェーンズ(Leroy Lansing Janes)に教わったようである。中山善仁「海老名弾正の政治思想——儒学的キリスト教・「共和国」・「帝国主義」」『国家学会雑誌』一一三巻一・二号（二〇〇〇年）、一四七頁。

129——ただし、「生命圏」ないしは「生活空間」（Lebensraum）の起源については諸説ある。たとえばシュタインメツラーはゲーテ（Johann Wolfgang von Goethe）説を紹介しているのに対し（ヨハネス・シュタインメツラー（山野正彦・松本博之訳）『ラッツェルの人類地理学——その課題と思想——』地人書房、一九八三年、六五頁）、シュトラウス・ユペはトライチュケ（Heinrich von Treitschke）を挙げる（Robert Strausz-Hupé, *Geopolitics: The Struggle for Space and Power*, New York: G.P.Putnam's Sons, 1942）。いずれにしても、ラッツェルは先人の概念を継承していたようである。

なお、神川がドイツ地政学の系譜から受け継いだのは「生命圏」の概念ばかりではなかった。神川は、満州など大国間の係争地となりやすい地域を「国際中間地帯」と称したが、これも「政治地理学の鼻租（ママ）フリードリヒ・ラッツェル」に由来するという（神川彦松「永世中立と国際情勢との関連に関する研究」『神川彦松全集』五巻、勁草書房、一九六八年、一一五頁）。日本に併合される前の朝鮮半島は「極東における第一の典型的な「国際中間地帯」」であったが、その後に新たに「東亜における最も典型的な「国際中間地帯」」として浮上したのが満州であったという（神川彦松「近代国際政治史における日本」、前掲『神川彦松全集』五巻、二三〇頁）。満州事変のころも、神川は満州を「国際中間地域として定型的であり純粋」と性格づけている（神川彦松「満洲新国家の国際政治的展望」『経済往来』七巻四号（一九三二年）、九頁）。独仏伊の三大国に囲まれながらも自ら独立を守るだけの力を欠いていた第一次大戦後のオーストリアも、まさに典型的な「国際中間区域」と形容された。そこが「欧洲の戦場（コックピット）」になると、神川は早くも一九三〇年代なかばに見通していた（神川彦松「欧洲国際戦線の異状と中欧の危機を語る」『経済往来』九巻四号（一九三四年）、一〇〇–一〇一頁）。

130——神川、前掲「東亜連盟概論」、八二九頁。

131——神川彦松「日支経済同盟の急用」『経済往来』二巻二号（一九二七年）、四九–五一頁。

132——神川彦松「国際主義を理解せよ」『外交時報』五八四号（一九二九年）、一三四頁。

133——神川彦松「アジア連合は果して可能なるか」（一九三一年）、前掲『神川彦松全集』一〇巻、二五三頁。

134——神川彦松「満洲問題と亜細亜モンロー主義」（一九三三年）、前掲『神川彦松全集』一〇巻、四七九–四八一頁。

135――神川彦松「広東占領と南支に於ける国際争覇戦」(一九三九年)、前掲『神川彦松全集』一〇巻、七三四頁。

136――神川、前掲「東亜連盟概論」、八二八頁。

137――「クーデンホーフ・カレルギ伯の国際連盟改造案」『国際知識』一四巻三号(一九三四年)、一三三頁。

138――神川彦松「世界新秩序論」(一九四二年)、前掲『神川彦松全集』八巻、四六六－四六七頁。

139――飯本と江澤の思想については、福間良明「「大東亜」空間の生産(Ⅰ)――地政学における空間認識の動態性とナショナリティの再構築――」『政治経済史学』四四〇号(二〇〇三年)、一－二五頁が、両者の空間認識とナショナリティとの関係に焦点を当てて紹介している。

140――いわゆる「ユーラシア同盟」ないしは「ユーラシアブロック」の構想が日本の知識人と政界に浸透していた様子については、波多野、前掲論文、四一－四七頁。昭和研究会の一員であった亀井貫一郎は、一九三七年九月に「近衛内閣及び陸軍使節」としてドイツを訪れ、その際に「日独ソ提携の推進を打ち合わす」ために「ラウマー、ヘッス、ハウスホーファーと会談」したと備忘録に書き留めている(日本近代史料研究会『亀井貫一郎氏談話速記録』日本近代史料研究会、一九七〇年、二〇〇頁、クリスティアン・W・シュパング(中田潤訳)「日独関係におけるカール・ハウスホーファーの学説と人脈　1909－1945」『現代史研究』四六号(二〇〇〇年)、四五－四六頁)。ハウスホーファーへの言及は一切ないものの、同じ構想の政治的な可能性を探った著作として、三宅正樹『スターリン、ヒトラーと日ソ独伊連合構想』朝日新聞社、二〇〇七年。

141――神川彦松「大陸連合体建設の基礎条件」(一九四二年)、前掲『神川彦松全集』一〇巻、九三七－九三八頁。

142――内村鑑三『地人論』警醒社書店、一八九四年、二一一頁、二二八頁。

143――神川彦松「独ソ不侵略条約の締結と其の影響」(一九三九年)、前掲『神川彦松全集』九巻、九四四頁。

144――神川彦松「日本民族、日本民族主義概説」(一九五六年)、前掲『神川彦松全集』七巻、七〇六頁。ただし『大陸ブロック論』は挙げられていない。

145――『毎日新聞』一九八八年四月六日付。

146――志賀重昂『世界当代地理』、志賀富士男編『志賀重昂全集』六巻、志賀重昂全集刊行会、一九二八年、二九七頁。

147――建部遯吾「世界戦乱の本性を明にして戦局収拾の方針を策定す」『国体国是及現時の思想問題』弘道館、一九二〇年、五一一－五一四頁。

148――神川、前掲「日本民族、日本民族主義概説」、六八四頁。

149――Mattern, Johannes, *Geopolitik: Doctrine of National Self-sufficiency and Empire*, Baltimore: Johns Hopkins Press, 1942.

150――『国際政治学概論』が『神川彦松全集』一巻（一九六六年）に再録された際も、細かな修正が施されている。たとえば、第二篇第二章第二節第一款「土地共同体としての民族」に付された全集版の注には、原書にはなかった「Sir Halford Mackinder, The Geographical Pivot of History」が新たに追加されている。神川、前掲『国際政治学概論』、六三頁。神川が一九五〇年から一九六六年の間にマッキンダーを重視し始めたことが見て取れる。

151――神川、前掲『国際連盟政策論』、五四〇頁。

152――神川、前掲「戦争学説」、三九九頁。

153――神川、前掲『国際政治学概論』、一四〇頁。

154――同前、四一三頁。

155――神川彦松「国際政治学の課題と現状」（一九七〇年）、前掲『神川彦松全集』七巻、一一四頁。

終章

国際政治学の起源と忘れられた理想

1　現状への批判と改革の精神

第五章で紹介したとおり、神川彦松は日本で「国際政治学者」を名乗った最初の人物である。ただし、その学問は更地のうえに築かれたのではない。国際関係の主動因を人口の増加に見出した神川は、限りある国土のうえで人口ばかりが増えつづける恐怖に怯えた学統につらなる。なぜ、この思想的系譜から国際政治学が誕生したのであろうか。また、初期の国際政治学は、この出自ゆえにどのような特徴を帯びていたのであろうか。このような問いの解明を通じて、本論を総括したい。以下ではまず、なぜ国際政治学の首唱者が小野塚喜平次であったのかについて考える。

新学問の名称には、それが第一次大戦後にしか誕生しえなかった事情が映し出されている。というのも、大戦前には「国際政治」の語が一般に流通していなかっただけでなく、そもそも中央政府を欠く国際関係に「政治」が成立することなど想定されていなかったからである。政府と人民の「上下関係」に政治の本質が見出されている限り、「独立国と独立国との間には政治の関係存在せず」と認識されるであろう[1]。しかし、政治の典型を「衆民政」に見出し、公共的な行為の全般を政治と見なせば、第一次大戦中の国際関係に現れた新たな動向は、ある種の「政治」と考えられる。自らの「国家内に局限せずして広く世界の将来を考へ」る視野をもち、それだけに世人も「超国家的影響の発生を期待する」人物が登場したからである。そのような政治家を小野塚は「国際的政治家」と呼んだ[2]。つまり小野塚は、国際関係を舞台とした政治を見出したのである。ウィルソンの「国際連盟」案に共鳴した小野塚は、その思想に「同情ある研究」をかき立てるべく[3]、東京帝国大学法学部内で「国際政治学講座」の新設を提起したのである。

このような経緯を振り返ると、国際政治学の成立を可能にした歴史的な条件が浮かび上がる。そのうえに小野塚の創意があった。加藤弘之、有賀長雄、建部遯吾の三人が、たとえ同じ境遇に居合わせたとしても、同じように「国際政治学」の構築を提起しなかったであろう。そもそも建部は、小野塚と同じ西暦一八七一年生まれであった[4]。しかし大戦後の建部は、未曽有の戦禍を被っても「国際競争は益々激甚を加へ」ると先を見通した[5]。建部には、新たな学問を立ち上げる必要性や、ましてや国際連盟に「同情ある研究」を促す意義など、考えもつかなかったであろう。自ら主宰する日本社会学院の大会で、建部は「彼の平和主義運動」に共鳴する者を「尤も国運を危うするもの」と一喝した[6]。

じつは大戦の前から、建部と小野塚には見解の相違があった。文明と「武暗」とを天秤にかけ、もし「文明は必然弱く、武暗は必然強きもの」であるならば、文明は「左程に尊敬せらるべきものではない」と明快に割り切る建部と違い[7]、小野塚は簡単に理想を捨てられなかった。国際関係では武力が濫用されやすいだけに「国家カ先ツ力ノ組織及ヒ運用ニ非常ノ重キヲ置ク」のはやむを得ないにしても、さすがに「力ノミヲ目的トシテ其他ヲ省ミサル」政治は「善政ト云フヲ得ス」と小野塚は苦言を呈している。たとえ「善政ナラサル政治」であっても「毫モ政治ノ存在ナキニ優ル」と打算の末、ようやく小野塚は実情の追認にたどり着く[8]。ここには現状に躊躇なく身を投ずる建部と、二の足を踏む小野塚の対照性が鮮やかに浮かび上がる。

現状への不信が国際政治学の考案に欠かせなかったとすれば、その条件は加藤と有賀にも備わっていなかった。現状の延長線上に「宇内統一国」の成立を展望していた加藤は、大戦の勃発を偶発的な脱線と解するほかなかった。開戦に際して、加藤は「実に不思議と云はなければならぬ」[9]と率直に所感を語っている。もし加藤が戦後まで生き延びていたとしても、国際連盟の創設は世界国家の建設に向かう常道への復帰として特別の感慨を喚起しなかったのではなかろうか。

現状に対する楽観は有賀にも共通する。有賀は国際関係の基調に「已(ママ)(己)れに宜く人に宜きの主義」[10]を見出し、欧米諸国は「既に国際団結を形成しつゝある」[11]と観察していた。開戦に向かいつつあった日露両国も、満州の「門戸解放」さえ保障し合えれば、もはや干戈(かんか)を交える目的が失われると有賀は力説した。この見通しを有賀の創刊した『外交時報』誌上で駁したのが、奇しくも建部と小野塚を率いて早期の開戦を訴えた戸水寛人であった。

同じころに加藤も、有賀と同じく、戦争が無用となる時代の到来を宣告している。交易を通じて利益の共有を図れる以上、少なくとも「開化国」の間では「攻伐的競争は減ずるやうになる」と加藤は見通す。この趨勢に日露いずれの来歴が適合するかを見比べた末、加藤は「吾が日本が適者で露国が不適者であるに相違ない」と断案を下すが、なお一抹の不安ものぞく。加藤は殊更に「余の主張する所は強ち今度の戦争の勝敗に就て言ふのではない」と断っている[12]。

以上の比較を簡単に整理すると、そもそも同時代の国際情勢を楽観していた加藤と有賀には、国際関係の転換を願う動機がなかった。そして建部と小野塚は、同じように国際関係を殺伐とした闘争と見なしたが、その変革を望む意思は小野塚しか持ち合わせていなかった。このような比較より浮かび上がる小野塚の特質なくして、ウィルソンの提唱に呼応する学問は立ち上げられなかったであろう。

2 スペンサーからダーウィンへ

次に問われるのは、広義の進化論を共有していながら、一方の加藤弘之および有賀長雄と、他方の建部遯吾および小野塚喜平次とで、国際関係の見方が割れた理由である。まず指摘されるのは、進化論の典拠として引かれている思想家の違いである。戸水寛人とともに人口の「過剰」を根拠として日露開戦を訴えた建部と小野塚は、直接的にではないにせよ、ダーウィンの進化論を引き継いでいる。とくに建部が、「地球の面積には限り有りて、人口の増殖は限り無い」矛盾に「生存競争」の原因を見出しているのは[13]、まさにダーウィンの学説と符合する。あらためて確認すると、ダーウィンは「どの種でも生存していかれるよりずっと多くの個体がうまれ、したがって頻繁に生存闘争がおこる」[14]と主張していた。この論理にしたがえば、たとえ現状では人口の「過剰」がなくても、国土が一定であるかぎり、いずれ人口は飽和に達する。地球全体でも、面積は増えないのに人口ばかり増えつづければ、「地球上に於いて是れ以上人口を容れ得ないと云ふ時が、一遍は来るに相違ない」[15]。この極限的な状況を指して、建部は「絶対国際競争」と呼ぶ。それは「一七五年と二ヶ月」後に訪れるという[16]。

地球の人口が飽和を迎える時点で擁する人口に応じて、各国の地位が永久的に定まると考えた建部は、それを見据えた積極的な人口の増殖と、相応する版図の拡大とを力説した。したがって建部にとっては、満州と韓国は取るか取られるかの二者択一であり、そこでロシアと利益を折半するなど思いも寄らなかった。建部ほど明快な遠図を描いていなかった小野塚も、ドイツの例を引き合いに出して、「一国民ガ他国ノ境域ニ移住スル」不利を指摘した[17]。土地の得喪がかかった攻防と認識されれば、たしかに日露間で利害の一致点を見出すのは難しくなろう。

これに対して満州の「門戸開放」による利益の共有を説き、開戦の必要性を否定した有賀は、学生時代にスペンサーの哲学に親しんでいた。卒業して間もなく出版した『社会進化論』(一八八三年)では、有賀は序文に「社会の発生と発達とに附き述ふる所は多くスペンセル氏の立論に拠れり」[18]と明記している。競争を通じて分業が進み、そのために調和が成立する仕組みを描き出すスペンサーの進化論は、いかにも通商の擁護に都合がよい。しかも、将来に調和を見通すスペンサーは、もちろん人口の増加を脅威とは認識していない。人口が増えて生活が圧迫されれば、そこから抜け出すために知力は発達し、出生率は低下するため、「人口の圧力と付随する諸悪は、最終的には完全に消滅する」とスペンサーは主張する[19]。いくら戸水が人口の「過剰」を訴えても、有賀が反論すら試みなかったのは、それに現実味を感じられなかったからであろうか。

多くの典拠を挙げる加藤が、とくに誰の進化論に感化されていたのかは判然としない。しかし、世界国家の成立を将来に見通す加藤の展望は、人口の増加による資源や領土の不足を危惧させるダーウィンの進化論からは導き出しにくい。現に加藤がダーウィンの学説を踏襲して「二百年後」の予測を練り直すと、一転して「極めて悲惨なる生存競争の修羅場」が将来像として浮かび上がった[20]。持説とは相容れないためであろう、それは「所謂受売に過き」[21]ないと加藤は評している。ダーウィンとスペンサーを結ぶ直線上に加藤を位置づけるならば、そこはダーウィンよりもスペンサーに近いはずである。

一八六〇年生まれの有賀と、一八七一年生まれの建部および小野塚の間には十年ほどしか年の差はないが、年長の加藤（一八三六年生まれ）と有賀がスペンサーの思想に親和的な進化論をとり、年少の建部と小野塚がダーウィンの学説に近かった事実には、個人の志向を超えた歴史の必然が見え隠れする。周知のとおり、日本においてはダーウィンの生物学に先んじてスペンサーの哲学が普及したからである[22]。有賀と同じく、東京大学でフェノロサにスペンサーの哲学を教わった三宅雪嶺は、伝来したばかりの進化論が人口に膾炙するに至った様子を以下のようにつづっている。

十一年モールスが米国より来つてダーウキン、ハックスレー等を紹介したが、……稍之（ややこれ）に遅れてフエ子ロサ（ママ）（フエノロサ）が来り、スペンサーの社会学を講じ、社会が如何に野蛮より進み初めたかを説くこと掌を見るやうてある、……漠然文明開化の語を使用した者も之で順序を追うて理解し得るやうに心得た。……併し独逸哲学が盛になつて進化といふ名称が使用せられぬのと、進化といへば術語めきて普通用に廉立ちて聞ゆるのと、其の他色々の事情で、普通世間には進化と言はず、進歩と言ふやうになつた[23]。

急激な「文明開化」の進行に適合するスペンサーの論理は、それを目撃した世代には何の抵抗もなく受け入れられたことであろう。しかし、有賀と戸水の論争が後者の勝利に帰した日露開戦の年、奇しくも丘浅次郎の『進化論講話』（一九〇四年）が出版される。その冒頭で丘は、各人が「自分で是が進化論であると思ふもの」を振りかざしているような同時代の混乱を批判したうえで、自分としては「理論の部は一切ダーウィンの考に拠つて述べる積りである」と明記している[24]。第二次大戦後に至るまで版を重ねつづけた同書が、ダーウィン進化論の定着に与えた効果は計り知れない[25]。たとえ小野塚の教えがなかったとしても、神川彦松にはスペンサーに傾倒する選択肢はなかったであろう。

3 「生存競争」の実像

明治期前半の「文明開化」がスペンサー哲学の流布に寄与したのであれば、遅くとも十九世紀末にはダーウィン進化論の台頭に好意的な環境が整っていた。それゆえに加藤弘之は、不承不承ながらもマルサスとダーウィンの論理を取り込み、持説と背馳（はいち）する「二百年後」の展望を試みずにいられなかったのであろう。その文面から判断するに、加藤を駆り立てたのは、人口の「過剰」を憂う風潮の高まりである。人口の一部を海外に送り出すべく、同じころには海外移住同志会や殖民協会が設立されている。移民への期待が高まっていたからこそ、それは「一国内の為めには是なれとも全世界人口の増殖を制限するの策としては何の用をもなさゝるなり」[26]と加藤は横槍を入れたのであろう。

人口の「過剰」が意識されるのは、いかにもダーウィン進化論の流通に都合がよい。すでに指摘したとおり、ダーウィンの図式では、個体数の「過剰」こそ「生存競争」が発生する条件にほかならなかったからである。海外移住同志会の設立趣意書は、ダーウィン進化論の翻案とも読める。そこには「限りある国土の面積を以て限りなき人口の繁殖を致す」[27]無理がつづられている。同じ表現が建部遯吾の著作にも見出せるのは、思想の継承を端的に物語る。

その建部に多くの著名人が耳を傾けていた第一次大戦のころも、人口の「過剰」が口の端に上っていた。そもそも大戦の根本的な原因をドイツの「甚だ急激」な人口増加に帰する見方もあった。従来の「狭小なる国土」にとどまっていては「到底喰へなくなる」と案じたドイツが、それならば「他に取るより外に致シ方無」いと判断して、戦端が開かれたというのである[28]。このように記された志賀重昂の『世界当代地理』(一九一八年)が、じつに「三十余万」[29]の売り上げを記録したとなると、それは単なる妄説としては片づけられまい。

大戦の末期に発生した米騒動も、国内人口の「過剰」を強烈に印象づけた。ワシントン会議を目前に控え、原敬首相は「我が日本は厖大なる人口と物資の欠乏に苦悩しつゝありて、国民生存の困難は次第に其の度を高めつゝある」[30]と世界に訴える意向を表明している。しかし、原の目論見は崩れ、一九二四年にアメリカでいわゆる排日移民法が成立すると、折しも年間の人口増加数が百万人に近づいていた事情が重なり、総合雑誌上では「産児調節」の是非が争われ、経済学上でも「人口論戦」が交わされた。

このように顧みると、加藤が『二百年後の吾人』(一八九四年)を著したころから戦間期にかけ、絶えず日本の人口を「過剰」と見なす風潮があった様子が見て取れよう。それでは、危惧された「過剰人口」とは、具体的に何を指すのであろうか。ここに建部、小野塚喜平次、そして神川彦松が強調した国際的な「生存競争」の本質がひそむ以上、その実体を明らかにする必要があろう。

直截に言えば、まず加藤を悩ませた人口の「過剰」とは「貧民」の堆積を指す。同じころに設立された殖民協会の趣意書には「其限りあるの土地に其限り無き人口繁殖せは」富が不足して「貧民の増加殆んと堪ゆ能はさるに至らん」と明記されている[31]。加藤がダーウィンの説を受け入れて試みに描いた「二百年後」の悲劇も、その実体は「貧民の増加すること年一年に多く」、そのために「社会党共産党虚無党の類非常に蔓衍するに至る」事態であった[32]。

日露開戦の根拠として「過剰人口」の発生を訴えた建部と小野塚も、同じく貧困者の存在を想定していた。真に「絶対国際競争」の時代に突入する「一七五年と二ヶ月」後は別として、建部が同時代に指摘した

「過剰人口」の兆候とは、法律学校出身の「浪人」であった[33]。小野塚は何も具体例を挙げていないが、たとえ「小面積の状態が久しく継続して」も、人口の増加に「産業の顕著な進歩」がともなうならば、それによって「人口過剰の状態」は避けられると示唆しているのは[34]、職にありつけない人々の析出を「過剰人口」と認識していたからであろう。そもそも建部も小野塚も、さらには「七博士」を率いた戸水寛人も、広がりつつあった「貧富の懸隔」を憂える社会政策学会に所属していた事実を見逃してはならない。

さらに時代が下って、一九二〇年代なかばに人口が世上の耳目を集めたころも、実際に「過剰」の指標として想定されていたのは窮乏者の増加であった。たとえば、『外交時報』の編集長と社長を兼ねていた半澤玉城は、「日本の現状は、人口が過剰だといふことよりも、仕事が過少だと云うた方が適切ではあるまいかと思ふ」[35]と率直に語っている。人口をめぐる百家争鳴の総括を試みた矢内原忠雄も、現実に恐れられているのは「食糧の飢饉ではなくして職業の飢饉である。就職難及び失業の脅威である」[36]と言いきった。

以上の考察を総合すると、小野塚が描いた国家間の「生存競争」とは、職にあぶれた困窮者に食い扶持を稼ぐための新天地を提供する名目で、各国が版図の拡張を競い合うさま、となろう。小野塚がダーウィンより学んだのは「過剰人口」が「生存競争」を惹起する論理であり、その「過剰人口」が現実には貧困者を意味していた以上、これが「国際競争」の実像として浮上する[37]。

戦争の原因として「過剰人口」、すなわち国内の貧困に注目した小野塚の認識は、以後の日本が実際に歩んだ足跡と見事に符合する。というのも「十五年戦争」の期間を通じて、貧困の解消を口実に版図の拡張を正当化する主張が繰り返されたからである。本格的な恐慌の只中で満州の領有を画策していた陸軍の鈴木貞一は、当時は満州を「日本の人口問題の解決の契機にする」[38]考えであったとのちに振り返っている。あるいは満州事変の立役者となる石原莞爾は、作戦主任参謀として満州に赴任したころ、満蒙の開発によって

「日本ノ景気ハ自然ニ恢復シ有識失業者亦救済セラルヘシ」[39]と見通した。満州に存する資源の獲得は、国防上の要請にこたえるだけではない。このような発想が共有されていたからこそ、日本政府による満州国の承認に際し、新国家は「国防上、資源上、人口問題上大なる貢献をなす」[40]と陸軍次官の柳川平助が誇ったのであろう。同様の見方は外国にもあり、太平洋問題調査会の初代研究部長であったコンドリフは、恐慌によって貿易による発展が閉ざされた日本では、「多くの人々が古風にして単純な征服による拡大という代替策にひかれずにいられない」と満州事変が勃発したあとに書いている[41]。

満州事変後も「過剰人口」への懸念は収まらなかった。一九三三年に開催された太平洋問題調査会のバンフ会議では、首席代表の新渡戸稲造が警告を発している。世界には一方で「天然資源の豊富にして而もその割合に人口の少ない国々」があり、他方で「その正反対の事情の下におかれた国々」があるが、もし前者が「国産自給の経済政策」を追求すれば、後者は「何かの方法により自国以外の領土をその政治的範囲のうちに取入れて、そこに一つの経済的ブロックを樹立し、これによって僅かに国民経済の安定を計らんとする」ほかなくなる。そのために世界が複数の「政治的経済的陣営」に分かれれば、その間の抗争が「人類の一大不幸」を招くであろうと新渡戸は見通す[42]。

同じ会議で、イギリスのサミュエルも「若しも各国が自国民の消費する物資を悉く国内で生産せねばならぬとすれば、日本の如き国民が已むを得ず進撃的帝国主義的になる。さすれば世界は戦争時代の到来を予期せねばなるまい」と応じたという[43]。日本の「人口問題」をめぐって戦争の脅威が率直に語られている。

実際にも大陸で戦端が開かれると、戦争を通じた貧困の解消、すなわち「人口問題」の解決に忌憚なく期待が表明される。小野塚の門下では、日中戦争が始まった当時に資源局長官の地位にあった松井春生が、今後の「販路及原料供給地」としても、また「移植民地」としても、満州および中国に「多大の期待」をかけざるをえないと戦時下に吐露している[44]。さらに少し時代を下れば、河合栄治郎の後任として東京帝国大学で社会政策講座を引き継いだ北岡寿逸は、満州事変から「大東亜共栄圏」確立に至る過程は「人口扶養力拡大運動」の顕著なあらわれにほかならないと表現した[45]。北岡が考えるには、ほかに「人口扶養能力増大を図る方法」がない場合には、国家が「領土拡大を図るに至る事今も昔も異る所はない」[46]。

4 カーと神川彦松

第一次大戦を招いた現状からの脱却を期待していた小野塚喜平次は、それゆえに「過剰人口」の発生を国際的に抑え込む枠組みの考案を国際政治学に託したのではなかろうか。現に小野塚の企画を引き継いだ神川彦松は、国際連盟の役割として経済の調整を重視している。そもそも「経済的原因」こそ「国際平和を破壊する最も重大な原因である」ため、その「緩和又は排除」なくしては国際平和の確立は「所詮不可能事に属する」と神川は言いきる[47]。それゆえ神川は「従来列強の自由競争に任ぜられたる経済活動の各範域に亘」って「国際連盟の共同的管理」を求め[48]、たとえば関税の撤廃を主張しつつも、他方で「産業上の後進国が先進国に圧倒せられ其犠牲となるが如き場合を生ぜざる為め連盟は必要なる措置を講ぜねばならぬ」と指摘している[49]。さらに神川は、大胆にも「原料品の公平なる分配」[50]や移民を意味する「国際移転の管理」[51]にも論及した。

これらの意見は必ずしも神川の独創ではない。個々の案件は国際連盟で実際に審議に上っていた。原料の公正な分配や移民の自由を平和の決定的な要件と見なす発想も、国際連盟の場で表明されていた。たとえば、

第五回総会でフランス代表のポール・ボンクールは、次のような警世の言葉を発している。

我々は平和の殿堂に安住するつもりであれば、原料、市場、そして移民の分配という巨大かつ深刻な問題が、いつかは国際連盟の金融経済機構や総会で取り上げられなければならない。未解決のまま放っておくと、――はっきりとさせておこう――それは我々が編み上げてきた布地を台なしにする国内の分断を引き起こす[52]。

この演説をカーが自著に引いているのは意外であろうか[53]。じつは国際政治学の古典として長く読み継がれてきた『危機の二十年』(*The Twenty Years' Crisis, 1919-1939*)(一九三九年)でも、神川の認識と同様、経済的な平等が平和の礎として位置づけられている。第二次大戦の火蓋が切って落とされるなか、新たな国際秩序は道義的に構築されなければならないと切言するカーは、具体的に富の再分配の問題に踏み込んだ。国内でも国家間でも「恵まれた人々や国家の相当な消費の削減をともなう実質的な犠牲」なくしては衝突の回避は免れない、とカーは力説している[54]。

このように国境の内と外を往還して思索をめぐらすカーは、「ほとんどの国々(とりわけアメリカ)で近年、利潤を得る経済的な目的のためにではなく、雇用を創出する社会的な目的のために大規模な資本投下が実施されている」情勢に明るい兆しを見出していた。社会的な目的を経済的な利益に優先する必要性が深く認識されるに至れば、同じ社会的な目的を国境外にまで広げる必要性にも認識が広がるであろうとカーは期待していた[55]。

ウィルソンを称賛する神川と酷評するカーとは、一見すると対極的な立場にある。しかし、一切の規制を排した完全な自由競争を否定する点において二人に差はない。神川の『国際連盟政策論』(一九二七年)とカーの『危機の二十年』とで、とりわけ国際連盟に対する評価が鋭く対立するのは、書かれた時期が十年以上離れているせいもあろう。国際連盟の行き詰まりが鮮明になったあと、ウィルソンが「未開地同然の国際政治に十九世紀的な合理主義者の信条を移植した」[56]と手厳しく叱責したカーとは違い、神川は、まだ帰趨の見えていない国際連盟に「自由貿易制度に伴ふが如き弊害」の除去を期待していた[57]。国際連盟が貿易に対する「監督権」を行使してこそ自由貿易が「無害に行はれ得る」と説く神川は[58]、国際関係に社会政策の概念を持ち込んでいたものと考えられる。

国際連盟への期待が潰(つい)えると、もはや神川とカーとの間に対立はなくなる。一九四二年に神川に「国際政治学」の特別講義を依頼された矢部貞治が[59]、ポール・ボンクールの発言を引用したカーの『平和の条件』(*Conditions of Peace*)(一九四二年)を読み、カーが「数年前から僕の言ってゐると同じやうなことを論じてゐる」[60]と喜んだのは、このような神川とカーの思想的な近さを傍証していよう。神川と同じく小野塚の門下より出た矢部は、やはり国際的な富の再分配を断行する必要を訴えていた。

凡そ貧富の溝渠の大にして、成員の生存の保障なき社会に平和のないことは、資本主義社会の既に深刻に体験せる所である。世界の富が二三国に偏寄し、貧しい民族の生存のための平和的要求が拒否せらるゝ如き世界にも、永く平和は保たれ得ぬ。結局社会正義による富の分配を不可避とした如く、国際社会にも、帝国主義の集積による既得権と領域の絶対神聖のドグマに拠つて、国際正義による富の分配が拒否せらるゝ限り、持たざる民族の生存のための闘争は止まないのである[61]。

5 挫折と封印

矢部貞治の用語を借りれば、小野塚喜平次が危惧した事態とは「持たざる民族の生存のための闘争」であった。その克服を託された草創期の国際政治学が「国際正義による富の分配」を重んじたのは、その論理的な帰結にほかならない。しかし結局は、矢部が案じたように日本も「持たざる民族」として「生存のための闘争」に身を投じると、小野塚の古い教えが説得力を取り戻す。ラッツェルに感化された小野塚の「領土ノ政治的観察」を学んだ者たちは、同じくラッツェルの学説に由来するドイツの地政学に次々とひきつけられた。

文明ではなく「武暗」に賭け、第一次大戦後も「平和主義運動」を排斥した建部遯吾の思想も、戦争の時代によみがえった。一方で「過剰人口」の解消を求めつつ、他方では兵員を補充するために出産を奨励した建部の矛盾が、じつに国家の政策に再現されたからである。一九四一年一月に第二次近衛文麿内閣の下で閣議決定された「人口政策確立要綱」には、「我国人口の急激にして且つ永続的なる発展増殖」がうたわれている。その立案に関与した北岡寿逸は、貿易の縮小で「人口扶養力」を失った日本が「自滅」を回避するには「益々人口を増殖して国力を養ふ」ほかないと主張した[62]。この撞着(どうちゃく)を解く唯一の方途は「領土拡大」[63]であった。それにしても、学生時代には小野塚邸で暮らし、河合栄治郎の後継者となった北岡の口上が建部と重なるさまは、いかにも小野塚と建部がそろって戸水寛人に与した日露開戦前を想起させる。

しかし、「持たざる民族の生存のための闘争」への傾倒は、単純に「国際正義による富の分配」の放棄とはならなかった。要するに神川彦松も矢部も、軍事的に囲い込まれた自給自足的な新天地のうえに理想を投射しなおしたのである。その土台を提供した「東亜新秩序」と「大東亜共栄圏」の構想を二つとも近衛文麿が提示していたのは、ただの偶然ではあるまい。第一次大戦の直後に「英米本位の平和主義」を痛烈に批判した近衛は、その代案として英仏の植民地を「製造工業品の市場としても、天然資源の供給地としても」各国に開放する措置を訴えた[64]。日中開戦の直前に首相に就いた一九三〇年代後半にも、近衛は「国際正義に基く平和」を唱え、その条件として「(一)資源獲得の自由、(二)販路開拓の自由、(三)資源開放に要する労力移動の自由」を挙げていた[65]。

ただ、日中戦争下という条件に即した理想の再構成は、単に適用する範囲を地理的に縮小するだけの修正では済まなかった。その実現が公然と軍事力に担保されていた以上、域内諸国の意思は露骨に踏みにじられる[66]。開き直った神川は、「東亜連盟」は国際連盟のような「平等なる諸国家の自由なる連合」ではなく、「本来不平等な諸国諸民族の運命的結合である」と言い放っている[67]。

したがって、敗戦で企図が頓挫した途端、それは封印されなければならない歴史の汚点となった。そこで恰好の覆いとして引っ張り出されたのが、皮肉にもカーの『危機の二十年』であった。この著書を引きつつ、神川は「理念型の国際政治や、理想型の国際政治」を追究する「ユートピアニズム」の弊害を説く。それは「現実において、国際政治の進歩向上にほとんど寄与するものでない」ばかりか、さらには「国際政治の真相の認識をさまたげ、健全な国際政治の発展に対し大なる障害をなす」とまで神川は痛罵している[68]。

時代を超え、国境を越え、単なる「ユートピアニズム」批判に矮小化されたカーの古典は、神川の狙いどおり、戦間期に提起された理想の露呈を阻む障壁として機能してきた。しかし、第二次大戦後の長い年月を経て、神川が取りつかれた不安からは解放された時代が到来したのであろうか。

まだ神川が存命中の一九七二年にも、人口の増加と資源の濫用、さらには環境の破壊により、人類が遠からずして「成長の限界」に突き当たると警告する図書が世に出ている。同じ年には国連人間環境会議が開催されるなど、国際的に協力して危機に備える風潮が芽生えたが、結局は大きな成果なく気運はしぼむ。そして『成長の限界』(一九七二年)が出版されて四〇年がたち、それを「人騒がせ」(alarmism)と罵倒する論考が影響力ある『フォーリン・アフェアーズ』(*Foreign Affairs*)誌に掲載されるに至る[69]。アルミニウムや銅など、四〇年以内の枯渇が予測されていた資源が今も産出されている状況を見るだけでも、『成長の限界』は「明白かつ見事なまでに誤っていた」という。

しかし現在も、世界の各地で、過去に例のない規模にまで達した人口が増えつづけている。しかも「過剰人口」の発生は、第三節でも論じたとおり、単純に人口の増加によって認識されるものではない。それは生産の様式や、富の分配の仕組みにも左右される。一部の人々が引き起こした金融の混乱により、突如として職を追われ、食べ物すら手に入らなくなる人々が出た例は記憶に新しい。それに序章で指摘したとおり、原料や製品が世界中を飛び回る時代にあっても、「持てる者」と「持たざる者」の断層が国境と重なる場合が考えられる。矢部のいう「持たざる民族の生存のための闘争」は、未だに死語になりきれていない。

人口と領土の均衡が崩れる恐怖に取りつかれた国を自力救済にはしらせないための国際的な対策には、それほど多くの選択肢があるわけではないのかもしれない。ローマ・クラブが『成長の限界』のなかで説いた改革には、若干の既視感を禁じえない。先進国と途上国の格差を縮める取り組みと、それを含む広範囲で長期的な国際協力は[70]、いずれも神川が一九二〇年代に『国際連盟政策論』のなかで提唱していた。いつの時代でも起こり得る危機に対する、いつの時代にも通用する処方箋とは、初期の国際政治学が抱いていた理想を評するのに過ぎた表現であろうか。

註

1——市島謙吉『政治原論』万松堂、一八八九年、三頁。

2——小野塚喜平次『現代政治の諸研究』岩波書店、一九二六年、一八九頁。

3——同前、二三一頁。

4——小野塚喜平次は建部遯吾が主宰した日本社会学院の会員であった。また建部は、ときに自著を小野塚に贈呈していたようである。著書『社会動学』(金港堂書籍、一九一八年)について、建部は『日本社会学院年報』上で穂積陳重と福田徳三より受けた批評を紹介したのち、小野塚にも謝意を述べている(建部遯吾「建部遯吾氏「普通社会学第四巻社会動学」」『日本社会学院年報』六巻(一九一九年)、六七八頁)。

なお、建部と小野塚の比較を基軸に据えた論考として、拙稿「進化論と国際秩序——日露戦争から第一次大戦後に至る思想史的素描」酒井哲哉編『日本の外交・第3巻・外交思想』岩波書店、二〇一三年、七一-九三頁。

5——建部遯吾「世界戦乱と平和運動」『日本社会学院年報』五巻(一九一八年)、三三五頁。

6——同前、同所。

7——建部遯吾『世界列国の大勢』四版、同文舘、一九一四年、一四二頁。

8——小野塚喜平次『政治学大綱』下巻、博文館、一九〇三年、三三-三四頁。

9——加藤弘之『新常識論』広文堂書店、一九一四年、五〇六頁。

10——有賀長雄「第廿世紀外交の大勢」『外交時報』二四号(一九〇〇年)、九一頁。

11——有賀長雄「世界大勢通観」『太陽』八巻一号(一九〇二年)、一〇頁。

12——加藤弘之『進化学より観察したる日露の運命』博文館、一九〇四年、三四頁、五七頁、八六頁。

13——建部、前掲『世界列国の大勢』、八八三頁。

14——ダーウィン(八杉龍一訳)『種の起源』上巻(一八五九年)、岩波書店、一九九〇年、一五頁。

15——建部遯吾「人口問題」『日本社会学院年報』三巻(一九一六年)、二三六頁。

16——同前、同所。

17——小野塚喜平次「国家膨脹範囲ノ政治学的研究」『法学協会雑誌』二二巻八号(一九〇四年)、一〇五五頁。

18——有賀長雄『増補社会進化論』牧野書房、一八八七年、凡例二頁。

19——Spencer, Herbert, "A Theory of Population, Deduced from the General Law of Animal Fertility," *Westminster Review*, No. 57 (1852), p. 500.

20——加藤弘之『二百年後の吾人』哲学書院、一八九四年、九二頁。

21——同前、緒言一頁。

22——渡辺正雄『日本人と近代科学』岩波書店、一九七六年、一〇六－一一一頁。スペンサーからダーウィンへの流れは、次のような事実にも見て取れる。一八八九年に『国民之友』誌が識者六十九名に対して実施した「書目十種」という愛読書調査では、スペンサーの著作を挙げた人々が、ダーウィンに言及した者より多かったという。しかし、一九〇二年に丸善広報誌「学燈」が実施した「十九世紀に於ける欧米の大著述」アンケートでは、ダーウィンの『種の起源』が、三位となったスペンサーの『総合哲学大系』に大差をつけて一位に輝いたという。右田裕規『天皇制と進化論』青弓社、二〇〇九年、二八頁。

23——三宅雄二郎『明治思想小史』丙午出版、一九一三年、一〇九－一一三頁。

24——丘浅次郎『進化論講話』（一九〇四年）、筑波常治編『近代日本思想大系9丘浅次郎集』筑摩書房、一九七四年、三－七頁。

25——上野成利「群体としての社会——丘浅次郎における「社会」の発見をめぐって」阪上孝編『変異するダーウィニズム——進化論と社会』京都大学学術出版会、二〇〇三年、三二三頁。

26——加藤、前掲『二百年後の吾人』、八八－八九頁。

27——「海外移住同志会の設立」『大阪朝日新聞』一八九一年七月一八日。

28——志賀重昂『世界当代地理』（一九一九年）、志賀富士男編『志賀重昂全集』六巻、志賀重昂全集刊行会、一九二八年、二九七頁。実際にも、第一次大戦前のドイツには、人口の「過剰」を理由として版図の拡張を求める意見があった。Cox, Harold, *The Problem of Population*, London: Jonathan Cape, 1922, pp. 70-72.

29——「凡例」志賀富士男編『志賀重昂全集』六巻、志賀重昂全集刊行会、一九二八年、一頁。

30——原敬「恒久平和の先決考案」『外交時報』四〇五号（一九二二年）、三八頁。

31——『殖民協会報告』一号（一八九三年）、一〇五頁。

32――加藤、前掲『二百年後の吾人』、九一頁。
33――蔵原惟昶編『日露開戦論纂』旭商会、一九〇三年、八七頁。
34――小野塚喜平次『政治学』国文社、一九二八年、七二頁。
35――「産児調節批判・第二回回答発表」『太陽』三二巻一三号(一九二六年)、一一六頁。
36――矢内原忠雄「時論としての人口問題」『中央公論』四二巻七号(一九二七年)、四五頁。
37――著書『帝国主義論』(*Imperialism*)で知られるホブソン(John Atkinson Hobson)は、同時代に横行する詭弁として「人口の捌け口としての帝国主義」を非難しているが、これも貧困の解消を「帝国主義」に託す発想を指していた。その根拠を掘り崩すため、ホブソンは「最近の人口の増加に伴って、それよりも遥かに大きい富の、従って食糧その他の生活資料に対する購買力の増大が起った」(ホブソン(矢内原忠雄訳)『帝国主義論』上巻(一九〇二年)、岩波書店、一九五一年、九二頁)と指摘している。これはホブソンが「人口の捌け口としての帝国主義」の真因を貧困の発生に見出していたからにほかならない。
38――木戸日記研究会・日本近代史料研究会『鈴木貞一談話速記録』上巻、日本近代史料研究会、一九七一年、三頁。
39――石原莞爾「国運転回ノ根本国策タル満蒙問題解決案」角田順編『石原莞爾資料――国防論策――』原書房、一九六七年、四〇頁。
40――柳川平助「満蒙問題の再認識」『外交時報』六六八号(一九三二年)、四八頁。
41――Condliffe, J. B., "The Pressure of Population in the Far East," *The Economic Journal*, Vol. 42, No. 166 (1932), p. 205.
42――上田貞次郎「太平洋会議と日本の人口問題」『改造』一五巻一一号(一九三三年)、一七–一八頁。
43――同前、一八頁。
44――松井春生『日本資源政策』千倉書房、一九三八年、六九頁。
45――北岡寿逸『人口政策』日本評論社、一九四三年、一二二頁。
46――同前、同所。
47――神川彦松『国際連盟政策論』(一九二七年)、神川彦松『神川彦松全集』一巻、勁草書房、一九六六年、六三一–六三二頁。
48――同前、六三二頁。

49――同前、六四二頁。

50――同前、六三九頁。原料の公平な分配が失業対策の一環として提起されていたのは、本章の観点から興味深い。一九一九年十一月の国際労働機関総会では、イタリアの労働者代表が次のような動議案を提出している。「失業の問題は原料の分配および海上輸送の費用と深く関連し、また後者の問題は国際労働機関自身では検討しえないことに鑑み、それを国際連盟に付託して検討と解決とを勧告する」(League of Nations, Provisional Economic and Financial Committee, *Report on Certain Aspects of the Raw Materials Problem (with the relevant documents submitted to the Committee by Professor Gini)*, Geneva, 1921, p. 16)。この動議は否決されているが、このような意見が国際連盟に汲み取られ、第五章第二節でふれた報告書の作成につながる。

51――神川、前掲『国際連盟政策論』、六二〇頁。

52――League of Nations, *Verbatim Record of the Fifth Assembly of the League of Nations Twenty Eight Plenary Meeting*, 1924, p. 4.

53――Carr, Edward Hallett, *Conditions of Peace*, London: Macmillan, 1942, p. xvii.

54――Carr, Edward Hallett, *The Twenty Years' Crisis, 1919-1939: An Introduction to the Study of International Relations*, New York: Harper Collins, 1964, p. 237.

55――*Ibid.*, pp. 237-239. 利害の対立や力関係を重視する国際関係の分析を踏まえ、しかしながら内政と外交を貫く社会政策の提唱に至る展開に遠藤誠治はカーの「ユニークさ」を見出しているが(遠藤誠治「『危機の二〇年』から国際秩序の再建へ――E・H・カーの国際政治理論の再検討――」『思想』九四五号(二〇〇三年)、五七頁)、この特徴は小野塚にも当てはまる。

なお、小野塚とカーの読んだ文献にも多少の重なりが見て取れる。第四章で取り上げたノヴィコウ(Jacque Novicow)著『国際政治』(*La politique internationale*)、ナウマン(Friedrich Naumann)著『中欧』(*Mitteleuropa*)、チェレーン(Rudolf Kjellen)著『生活形態としての国家』(*Der Staat als Lebensform*)は、いずれもカーの『危機の二十年』にも引用されている(Carr, *The Twenty Years' Crisis*, pp. 48, 66, 229)。

小野塚とカーの思想が似通う背後には、二〇世紀の知識人に通有する自由主義への批判があろう。この忘れられた「国際関係思想史における社会民主主義」を近代日本の文脈で掘り起こした酒井哲哉は、その系譜上に小野塚を位置づけている(酒井哲哉「社会民主主義は国境を越えるか?――国際関係思想史における社会民主主義再考

――」『思想』一〇二〇号(二〇〇九年)、一三八―一三九頁)。しかし酒井のふれていない「国際政治学」の構想にこそ、国境を越えた社会民主主義が見て取れる。

56――Carr, *The Twenty Years' Crisis*, p. 27.

57――神川、前掲『国際連盟政策論』、六四一頁。

58――同前、同所。

59――矢部の日記には一九四二年の九月に「学部長と神川さんから特別講義をしてくれと交渉され、第二学期に考慮を約す」(日記刊行会編『矢部貞治日記・銀杏の巻』読売新聞社、一九七四年、五五六頁)とだけ書き留められているが、たしかに翌月に東京帝国大学法学部では矢部の担当で「国際政治学」と題した特別講義の開講が承認されている(東京大学百年史編集委員会編『東京大学百年史・部局史一』、東京大学、一九八六年、二四二頁)。ただし本講義は実際には開かれなかったのかもしれない。それに関する記述が以後は見当たらない。次の学期で矢部が自ら「五回「世界新秩序論の研究」といふ題目で特別講義をすることを承認を求め」(日記刊行会、前掲書、六〇六頁)たのは、その罪滅ぼしであろうか。これについては全五回の記録が日記に残されている(同前、六一三頁、六一五頁、六一七頁、六一九頁、六二〇頁)。なお講義の内容は、矢部貞治『新秩序の研究』弘文堂書房、一九四五年に反映されていると思われる。

60――日記刊行会編、前掲書、五八三頁。なお酒井哲哉は、矢部がカーの『平和の条件』を読んで共感を受けたであろう諸点として、総力戦の社会変革作用についての認識、自由放任主義批判、民族自決主義批判、協同体倫理の四つを挙げている。酒井哲哉「戦後外交論の形成」『近代日本の国際秩序論』岩波書店、二〇〇七年、三六―三九頁。

61――矢部貞治『最近日本外交史』日本国際協会、一九四〇年、九八頁。

62――北岡、前掲書、二二九頁。

63――同前、一二二頁。

64――近衛文麿「英米本位の平和主義を排す」(一九一九年)伊藤武編『近衛文麿清談録』千倉書房、一九三六年、二四〇頁。

65――近衛文麿「元老重臣と余」『改造』三〇巻一二号(一九四九年)、三五頁。

66――垂直的な国家間関係を背景として「共栄」が語られるのは、「十五年戦争」期の日本だけに特有の問題ではない。

イギリスで国際連盟を尊重したギルバート・マレー(Gilbert Murray)やアルフレッド・ジマーン(Alfred Zimmern)も、垂直的な帝国の秩序を与件とした国際関係の認識から自由ではなかったと指摘されている。Morefield, Jeanne, *Covenants Without Swords: Idealist Liberalism and the Spirit of Empire*, Princeton: Princeton University Press, 2005.

67——神川彦松「東亜連盟概論——三度び東亜連盟を説く——」(一九四〇年)神川彦松『神川彦松全集』一〇巻、勁草書房、一九七二年、八二七頁。

68——神川彦松「国際政治学の課題と現状」(一九七〇年)神川彦松『神川彦松全集』七巻、勁草書房、一九六九年、一一四―一一五頁。単純化された「現実主義」の範疇には収まらないカーの実像を浮かび上がらせる研究は、近年の日本でも相次いで出版されている。遠藤誠治、前掲論文、山中仁美「新しいヨーロッパ」の歴史的地平——E・H・カーの戦後構想の再検討——」『国際政治』一四八号(二〇〇七年)、一―一四頁、西村邦行『国際政治学の誕生——E・H・カーと近代の隘路——』昭和堂、二〇一二年。

69——Lomborg, Bjørn, "Environmental Alarmism, Then and Now: The Club of Rome's Problem – and Ours," *Foreign Affairs*, Vol. 91, No. 4 (2012), pp. 24-40.

70——ドネラ・H・メドウズほか(大来佐武郎監訳)『成長の限界——ローマ・クラブ「人類の危機」レポート——』ダイヤモンド社、一九七二年、一七九頁、一八二頁。

あとがき

序章と終章で言及したローマクラブの『成長の限界』(一九七二年)は、筆者が工学部都市工学科に所属していた時分に出会った書籍である。それから専攻を移し、二十年近くがたって再び同じ著書を手に取るのは、いかにも〝come full circle〟の感がある。ただ、一周するのに要した年月が物語るとおり、その行路は紆余曲折に富んでいた。それだけに多くの先生方のご指導を賜ったが、ここではごく一部のお名前をあげつつ謝辞を述べたい。

工学部都市工学科時代の大西隆先生。大学院総合文化研究科に入学してからは、社会科学の素養を少しも持ち合わせていない筆者を辛抱強く育ててくださった山本吉宣先生。的はずれな発言を繰り返す筆者をゼミに出席させてくださった古城佳子先生。そして、本書のもとになった学位論文(「進化論から地政学へ――近代日本における国際政治学の形成――」)を書き上げるまで、十年にわたってご指導くださった酒井哲哉先生。筆者がようやく学位論文の提出にこぎつけたのは、学生の身分を失って何年もたってからである。高校でも大学でも日本近代史を勉強していなかった筆者ほど酒井先生の手を煩わせた学生は、後にも先にもいないであろう。

大学院の博士課程に進んでからも関心が定まらなかったため、学位論文の審査委員には右記の三先生にくわえ、学生時代にはご指導を賜る機会のなかった川島真先生と森政稔先生に入っていただいた。審査の際には、どの先生からも貴重なご意見を頂戴した。まず以上の先生方に厚くお礼を申し上げたい。

なかなか研究が深まらず、研究者サークルにも加われなかった筆者を、研究会や学会に誘ってくださった川田稔先生、出原政雄先生、服部龍二先生にも感謝したい。研究が進まないにもかかわらず教育の経験を積むことができたのは、天川晃先生のご厚意にくわえ、大学院に入学して以来の友人である金敬黙先生の助力があったおかげである。酒井門下の先輩でもある浅野豊美先生には、渡邉昭夫先生に引き合わせていただいた。二ヶ月に一度、多彩なご専門の先生方が集う渡邉先生の私的な研究会から、どれほど知的な刺激を受けてきたことか。同研究会は今も筆者の楽しみである。

そこで知遇を得た森田吉彦先生を介して、葛谷彩先生を中心とする同世代の研究会に加えていただいた。また、本書の編集を担当してくださった千倉書房の神谷竜介氏とも、渡邉先生の研究会で出会った。このご縁なくして、本書は刊行に至らなかったかもしれない。さまざまなかたちでお力添えをいただいた多くの方々に、この場を借りて感謝の言葉を述べたい。

なお、本書の出版にあたっては、神谷氏のご助力にくわえ、渋沢栄一記念財団より出版助成をいただいた。木村昌人先生をはじめとする財団の皆様、そして拙い原稿の査読を引き受けてくださった先生に謝意を表したい。

さきに筆者は自分の現状を「元の木阿弥」と評したが、これだけ多くの先生方に手を引いていただき、背中を押していただいた末にたどり着いた地点は、もちろん二十年前と同じ場所ではない。大学院に入って学んだ国際関係論への疑問から取りかかった学説史研究を通じ、序章で紹介した神川彦松の文章にふれたのが本書のはじまりである。なぜ神川が進化論に頼ったのか、その答えを探し回っているうちに、またしても『成長の限界』に遭遇したのである。

ただし「偶然の再会」とはいえ、そこに必然の要素が少しもなかったわけではない。かつて工学部の学生として『成長の限界』に手をのばしたのは、いわゆる「発展途上国」の都市に集約的に表れた「過剰人口」の問題に興味を抱いていたからである。それから十年ほどたち、神川や小野塚喜平次、あるいは建部遯吾に関心が向かったのも、彼らが進化論を立論の方便として用立てつつ、「過剰人口」の発生を恐れていたからにほかならない。筆者は彼らが提示した処方箋には同意しない。マルサスやダーウィンを持ち出したところで、もはや説得力はない。しかし、人口の増減や構成の変容に注目する視角は、第二次大戦後の日本で、より多くの政治学徒に共有されていても良かったのではあるまいか。

戦後初期には、まだ人口の動向に配慮する風潮があった。一九六〇年に池田勇人首相が「国民所得倍増計画」を立てた際、最初の三年間について「年平均九％」の高い経済成長率を掲げたのは、その間に第一次ベビー・ブーム世代の職探しが始まると想定していたからであったという（伊藤昌哉『池田勇人とその時代』）。多くの若者が労働市場に参入する前に経済の規模を拡大しておかないと、大量の「過剰人口」が発生すると池田は案じたのである。

しかし池田の「計画」が成功しすぎたせいか、その後、人口の悩みは日本人の脳裏から消えてしまう。そして一九九〇年代に至ると、国民の大多数は突如「少子化」の進行に気づくのである。間もなく発生した若者の就職難も事前に予想がつく事態であり、それは一九九〇年代の初頭に「バブル」が崩壊したせいばかりではなかった。たとえ景気の冷え込みがなくても、終身雇用と年功賃金を特徴とする「日本的経営」の下で第一次ベビー・ブーム世代が五十代を迎え、同時に第二次ベビー・ブーム世代が労働市場に参入すれば、何が起こるかは推測できたはずであろう。

ベビー・ブーム世代の加齢にともなって日本社会が直面する危機の諸相は、早くも一九七〇年代なかばに堺屋太一が展望していた（『団塊の世代』）。のちに堺屋が長官をつとめた経済企画庁も、大量の「団塊二世たち」が学校を卒業するころには、企業に雇用されずに「アルバイト等」に甘んじざるをえない若者が出てくると指摘している（経済企画庁総合計画局編『21世紀のサラリーマン社会』）。果たせるかな、それから十数年たって「フリーター」や「パラサイト・シングル」、あるいは「ニート」の出現が世間を賑わす。

このような日本の経験に思いを致しつつ、筆者はいま世界各地から日本に学びに来た留学生たちと向き合っている。東京外国語大学留学生日本語教育センターには、一年限りの予定で留学に来た学生もいれば、ここで一年間の予備教育を受けたあと全国の国立大学に飛び立ち、さらに四年間を日本で過ごす学生もいる。好奇心と向学心にあふれた彼女／彼らを、いかに知的に満足させるか。これを最大の課題として、今後も教育と研究に励みたい。

幸いにも筆者には、頼りがいのある仲間が大勢いる。予備教育と学部留学生教育が並置され、来年度からは大学院教育が加わる複雑な組織のなかで、これまで自分の役割を見失わずに済んできたのは、ひとえに周囲からいただく的確な助言のおかげである。留学生日本語教育センターでは、教員と職員の垣根を越えた緊密な連携が確立されている。常に学生を第一に考える教育熱心なスタッフのみなさんに、敬意を表しつつ感謝を申し上げたい。

留学生教育に特有の難しさについては、同僚の先生方にくわえ、母・万紀子の経験も助けになっている。日本語教師として日々忙しく学生の作文を添削していた母と、期せずして筆者も同じ作業に取り組んでいる。授業の内容を考えるうえでは、父・幹男から多くの示唆を受けてきた。そもそも、国際情勢に通じたジャーナリストを父にもったからこそ、筆者は国際政治学を志したのであろう。両親には、これまでの支援に心からの感謝を伝えたい。

筆を擱くにあたり、本書の執筆にあたって最大の苦労をかけた妻に謝辞を記したい。思えば彼女も、もともとは留学生として来日している。異国の地で奮闘する妻の支えなくして、本書の完成どころか、研究の継続もかなわなかったであろう。感謝を胸に次の仕事に取り掛かりたい。

二〇一五年六月一五日

春名展生

主要参考文献

参考文献は一次資料と二次資料に分けて掲載する。全集や選集の類(『加藤弘之文書』、『近衛文麿清談録』なども含む)に収録されている資料については、個々の論文・記事を表記せず、それらを全集ないしは選集の下に一括した。また復刻版の図書については、原版の発行年が括弧内に表示されている。

一　一次資料

【和文】

阿部市五郎『地政治学入門』古今書院、一九三三年。

有賀長雄「社会と一個人との関係の進化」『東洋学芸雑誌』一九号、一八八三年。

――――『増補国家学』牧野書房、一八八九年。

――――『帝国憲法篇』弐書房、一八八九年。

――――『万国戦時公法』陸軍大学校、一八九四年。

――――「社会学研究の範囲」『社会』一巻一号、一八九九年。

――――「第廿世紀外交の大勢」『外交時報』二四号、一九〇〇年。

――――「国家と社会との関係」『社会』二巻一二号、一九〇〇年。

――――「洋行談」『太陽』六巻一四号、一九〇〇年。

――――「国際道徳論」『外交時報』三九号、一九〇一年。

――――「外交時報の将来」『外交時報』四六号、一九〇一年。

――――『国法学・上』東京専門学校出版部、一九〇一年。

――「世界大勢通観」『太陽』八巻一号、一九〇二年。

――「戦機既に熟したるか」『外交時報』六四号、一九〇三年。

――「今日の事亦多言を要せず」『外交時報』六九号、一九〇三年。

――「所謂満韓交換の実相及批評」『外交時報』七〇号、一九〇三年。

――「夢に遺露大使を送る」『外交時報』七一号、一九〇三年。

――「時事雑感」『外交時報』九五号、一九〇五年。

――「満洲の実業戦争」『外交時報』九七号、一九〇五年。

――『有賀博士陣中著述・満洲委任統治論』早稲田大学出版部、一九〇五年。

――『保護国論』早稲田大学出版部、一九〇六年。

――「保護国の類別論」『外交時報』一一〇号、一九〇七年。

――「清国留学生に忠告」『外交時報』一二五号、一九〇八年。

――「韓国併合所感」『外交時報』一五四号、一九一〇年。

――「我が国思想界の前途」『太陽』一八巻六号、一九一二年。

――「歴史に於ける社会政策」『日本社会学研究所論集』八編、発行年不明。

飯本信之「人類争闘の事実と地政学的考察（一）」『地理学評論』一巻九号、一九二五年。

石川千代松「生物学から見た移民問題」『太陽』二六巻一〇号、一九二〇年。

――「生存競争と相互扶助」『中央公論』三五巻四号、一九二〇年。

石橋五郎「政治地理学と地政学」『地学雑誌』五〇〇号、一九三〇年。

石原莞爾「国運転回ノ根本国策タル満蒙問題解決案」角田順編『石原莞爾資料――国防論策――』原書房、一九六七年。

板垣守正編『板垣退助全集』原書房、一九六九年。

市島謙吉『政治原論』万松堂、一八八九年。

一條忠衛「「競争」の倫理と「協同」の倫理――現代生活を象徴する二大思潮の考察」『中央公論』三九巻一三号、一九二四年。

伊藤武編『近衛文麿清談録』千倉書房、一九三六年。

稲田周之助「日本民族の将来」『日本人』一八五号、一九〇三年。

――「日露両国民の要求」『日本人』一九八号、一九〇三年。

井上哲次郎「人口ノ増殖ハ懼ルヽニ足ラス」『東洋学芸雑誌』一二号、一八八二年。

井上哲次郎・有賀長雄『西洋哲学講義』一巻-六巻、阪上半七、一八八三-一八八五年。

今井清一・伊藤隆編『現代史資料44国家総動員2』みすず書房、一九七四年。

今井時郎「地球上人口発展の限度」『日本社会学院年報』一巻、一九一四年。

――「仏国の人口問題」『日本社会学院年報』一巻、一九一四年。

――「世界の人口」『日本社会学院年報』二巻、一九一五年。

――「仏国の人口率」『日本社会学院年報』六巻、一九一九年。

植木枝盛「大野蛮論」(一八八〇年)『植木枝盛集』一巻、岩波書店、一九九〇年。

上田勝美・福島寛隆・吉田曠二編『加藤弘之文書』一巻、同朋舎出版、一九九〇年。

上田貞次郎「我国の人口及食糧問題」『企業と社会』一一号、一九二七年。

――「太平洋会議と日本の人口問題」『改造』一五巻一一号、一九三三年。

浮田和民「国家問題として見たる産児調節」『太陽』三二巻一二号、一九二六年。

内村鑑三『地人論』警醒社書店、一八九四年。

江澤讓爾「地政学の基本問題」『思想』二二一号、一九四〇年。

大隈重信「欧洲現代文明の弱点」『日本社会学院年報』六巻、一九一九年。

大沢正直編『大杉栄全集』四巻、現代思潮社、一九六四年。

――『大杉栄全集』一〇巻、現代思潮社、一九六四年。

丘浅次郎「戦後に於ける人類の競争」『太陽』二四巻九号、一九一八年。

――「生物学より観たる世界平和」『朝鮮公論』八巻八号、一九二〇年。

岡百世「社会学史」『社会』二巻一一号、一九〇〇年、三巻一号‐二号、一九〇一年。

小川琢治「人文地理学の一科としての政治地理学」『地球』九巻四号、一九二八年。

――「政治学者の観たる国家」『地球』九巻五号‐六号、一九二八年。

――『戦争地理学研究』古今書院、一九三九年。

落合直文『ことばの泉』大倉書店、一八九八年‐一八九九年。

小野塚喜平次「政治学ノ系統」『国家学会雑誌』一一六号、一八九六年。

――「対外政策概論」『国家学会雑誌』二〇〇号、一九〇三年。

――『政治学大綱』上下巻、博文館、一九〇三年。

――「国家膨脹範囲ノ政治学的研究」『法学協会雑誌』二二巻八号、一九〇四年。

――「学問ノ独立ト学者ノ責任(戸水教授休職事件ニ就テ)」『国家学会雑誌』一九巻一〇号、一九〇五年。

――『欧洲現代政治及学説論集』博文館、一九一六年。

――『現代政治の諸研究』岩波書店、一九二六年。

――『政治学』国文社、一九二八年。

海江田信義聴講『須太因氏講義筆記』(一八八九年)信山社、二〇〇六年。

戒能通孝「現代史の忠実な追究――支配者の愚劣さが力強く描かれぬ憾み――」『日本読書新聞』七四四号、一九五四年。

外務省編『日本外交年表並主要文書』原書房、一九六六年。

片上伸「クロポートキンに就て」『改造』二巻三号、一九二〇年。

加藤弘之「社会ニ起レル人為淘汰ノ一大疑問」『東洋学芸雑誌』二九号、一八八四年。

――「政事を以て任ずる者(当局者政談家等ヲ総称ス)は社会学を修めざる可らず」『東京学士会院雑誌』

一一巻二号（一八八九年）。

――『二百年後の吾人』哲学書院、一八九四年。

――『道徳法律進化の理』博文館、一九〇〇年。

――『道徳法律進化の理』三版、博文館、一九〇三年。

――『進化学より観察したる日露の運命』博文館、一九〇四年。

――『新常識論』広文堂書店、一九一四年。

――『覆刻・加藤弘之自伝』（一九一三年）長陵書林、一九七九年。

金井延「スタイン先生の一周忌」『六合雑誌』一三二号、一八九一年。

――「講和条約に就て」『外交時報』九五号、一九〇五年。

――『社会経済学』一一版、金港堂書籍、一九〇八年。

――「殖民としての日本人性格論」『太陽』一六巻一五号、一九一〇年。

――「社会政策ト個人主義」『法学協会雑誌』三〇巻九号、一九一二年。

神川彦松「伊太利の旅の印象」『経済往来』一巻八号、一九二六年。

――「連盟主要機関の構成に関する理想と現実――国際政治の進化は漸進的であれ――」『国際知識』六巻七号、一九二六年。

――「日支経済同盟の急用」『経済往来』二巻二号、一九二七年。

――「民族主義の考察」吉野作造編『政治学研究』岩波書店、一九二七年。

――「国際主義を理解せよ」『外交時報』五八四号、一九二九年。

――「国際政治」社会思想社編『社会科学大辞典』改造社、一九三〇年。

――「満洲新国家の国際政治的展望」『経済往来』七巻四号、一九三二年。

――「国際連盟は如何に我国に対する乎」『経済往来』七巻一一号、一九三二年。

――「満洲は如何に帰結するや」『経済往来』八巻一号、一九三三年。

――「欧洲国際戦線の異状と中欧の危機を語る」『経済往来』九巻四号、一九三四年。

――「第二次世界戦争は必至なる乎」『日本評論』一二巻一三号、一九三七年。

――「海南島の占領と其の軍事的、国際的意義」『太平洋』二巻三号、一九三九年。

――「世界新秩序と大地域主義」『地政学』一巻一号、一九四二年。

――「大東亜政治の指導的理念」『日本評論』一八巻一一号、一九四三年。

――「「世界国家」の考察」武藤和夫編『藤井先生還暦記念・法政の諸問題』有斐閣、一九五三年。

――「中立主義概観」日本国際問題研究所『中立主義の研究(上)』日本国際問題研究所、一九六一年。

――『神川彦松全集』一巻、勁草書房、一九六六年。

――『神川彦松全集』三巻、勁草書房、一九六七年。

――『神川彦松全集』五巻、勁草書房、一九六八年。

――『神川彦松全集』六巻、勁草書房、一九六九年。

――『神川彦松全集』七巻、勁草書房、一九六九年。

――『神川彦松全集』九巻、勁草書房、一九七一年。

――『神川彦松全集』一〇巻、勁草書房、一九七二年。

河上肇「本邦に於ける人口増殖及び男女数の比例に関する所感」『社会学雑誌』四巻一二号、一九〇二年。

――『人口問題批判』叢文閣、一九二七年。

韓非(金谷治訳注)『韓非子』岩波書店、一九九四年。

北岡寿逸『人口政策』日本評論社、一九四三年。

――『人口問題と人口政策』有斐閣、一九四八年。

――『真の平和への道』日本及日本人、一九五三年。

――『我が思い出の記』北岡寿逸、一九七六年。

木戸日記研究会・日本近代史料研究会『鈴木貞一氏談話速記録』下巻、日本近代史料研究会、一九七四年。

木村久一「生存競争と相互扶助」『中央公論』三五巻四号、一九二〇年。

九條道秀「文学博士建部遯吾文学士山内雄太郎『平和問題』」『社会学研究』一巻二号、一九二五年。

グムプロウィツ「社会学の概念、研究の範囲、及び必要」『社会』三巻七号、一九〇一年。

グムプロウ井ツ「社会法則の概念及び本質」『社会』三巻八号、一九〇一年。

グムプロウキツツ（新見吉治訳）「社会学と政治」『社会』三巻一二号、一九〇一年。

グムプロ井ツチ述・岡訳「国家論」『社会学雑誌』四巻五号、一九〇二年。

蔵原惟昶編『日露開戦論纂』旭商会、一九〇三年。

桑田一夫編『桑田熊蔵遺稿集』、一九三四年。

桑田熊蔵「帝国主義と社会政策」『太陽』七巻三号、一九〇一年。

――「社会政策に関する政策の自覚」『太陽』二五巻一三号、一九一九年。

煙山専太郎編著・有賀長雄校閲『近世無政府主義』東京専門学校出版部、一九〇二年。

近衛文麿「講和会議所感」『日本社会学院年報』七巻、一九二〇年。

――「米国の排日に就て」『日本社会学院年報』七巻、一九二〇年。

――「元老重臣と余（未発表遺稿）」『改造』三〇巻一二号、一九四九年。

近衛文麿・今井時郎『革命及宣伝』冬夏社、一九二一年。

近衛文麿・近衛秀麿・久米正雄・山本有三・菊池寛「近衛文麿公閑談会」『文藝春秋』一四巻七号、一九三六年。

木場貞長「外交政略論」『学芸志林』五三号、一八八一年。

小林龍夫「国際政治史学の金字塔」『神川彦松全集月報』二号、一九六七年。

小山正武「国際競争に於る準備の必要」『太陽』第一一巻第一六号、一九〇五年。

佐藤鋼次郎『国民的戦争と国家総動員』二酉社、一九一八年。

――「戦争と国家組織」『日本社会学院年報』六巻、一九一九年。

澤田謙『国際政治の革命』厳松堂書店、一九二二年。

――『国際連盟概論』厳松堂書店、一九二三年。

――『ムッソリニ伝』大日本雄弁会講談社、一九二七年。

――『独裁期来！』千倉書房、一九三三年。

――『ヒットラー伝』大日本雄弁会講談社、一九三四年。

――『太平洋資源論』高山書院、一九三九年。

――『大南洋』豊文書院、一九四〇年。

――『南洋民族誌』日本放送出版会、一九四二年。

――『宝庫ミンダナオ』六興商会出版部、一九四三年。

澤村真「国家と土地」『太陽』四巻八号、一八九八年。

志賀冨士男編『志賀重昂全集』一巻、志賀重昂全集刊行会、一九二八年。

――『志賀重昂全集』三巻、志賀重昂全集刊行会、一九二七年。

――『志賀重昂全集』四巻、志賀重昂全集刊行会、一九二七年。

――『志賀重昂全集』六巻、志賀重昂全集刊行会、一九二八年
資源局『資源の統制運用準備と資源局』一九三〇年。

信夫淳平「有賀長雄博士の十三回忌に際し」『外交時報』六八五号、一九三三年。

――「従軍所感と国際法」『国際法外交雑誌』四二巻七号、一九四三年。

社会政策学会編『社会政策学会論叢第一冊・工場法と労働問題』同文舘、一九〇八年。

――『社会政策学会論叢第三冊・移民問題』同文舘、一九一〇年。

シュモラー（正木一夫訳）『重商主義とその歴史的意義』伊藤書店、一九四四年。

昭和研究会事務局『日本は何処へ行くか（要綱）』、一九三七年。

――『協同主義の哲学的基礎――新日本の思想原理続篇――』昭和研究会、一九三九年。

杉森孝次郎「生存競争説と相互扶助説」『中央公論』三五巻四号、一九二〇年。

鈴木文治「我国の人口問題と労働問題」『太陽』二七巻三号、一九二一年。

千賀鶴太郎「日本の欧洲戦乱に対する地位」『太陽』二三巻一二号、一九一七年。

副島義一「移民政策振興の必要」『太陽』二八巻五号、一九二二年。

添田寿一「人口概論　上篇」『東洋学芸雑誌』一三号、一八八二年。

――「人生の奮闘」『太陽』一〇巻五号、一九〇四年。

――「清韓経営管見」『太陽』一〇巻一〇号、一九〇四年。

ダーウィン（八杉龍一訳）『種の起源』上下巻、岩波書店、一九九〇年。

高田保馬『人口と貧乏』日本評論社、一九二七年。

高野岩三郎「輓近本邦人口増加ノ比較研究」『国家学会雑誌』一九巻七号、一九〇五年。

――『かっぱの屁』法政大学出版会、一九六一年。

高橋亀吉「日本資本主義の帝国主義的地位」『太陽』三三巻四号、一九二七年。

高橋是清「全世界の門戸解放」『外交時報』四三六号、一九二三年。

高橋作衛「満洲問題の解決」『日本人』一九三号、一九〇三年。

――『満洲問題之解決』高橋作衛、一九〇四年。

――『日米之新関係』清水書店、一九一〇年。

竹越与三郎『支那論』民友社、一八九四年。

建部遯吾『社会理学』金港堂書籍、一九〇五年。

――『戦争論』金港堂書籍、一九〇六年。

――「尚武論」『中央公論』二二巻一号、一九〇七年。

――「起てよ青年諸君」帝国軍事協会編輯局編『名家講話集』帝国軍事協会出版部、一九一二年。

――『世界列国の大勢』四版、同文舘、一九一四年。

――「帝国の国是と世界の戦乱」『日本社会学院年報』二巻、一九一五年。

――「国際同盟に就て」『外交』二巻二号、一九一六年。

――「外政問題研究法」『外交』二巻一〇号、一九一六年。

――「国際政策としての同盟」『外交時報』二七一号、一九一六年。

――「人口問題」『日本社会学院年報』三巻、一九一六年。

――「帝国教育の根本方針について」『日本社会学院年報』四巻、一九一七年。

――「高野岩三郎氏「本邦人口の現在及将来」」『日本社会学院年報』四巻、一九一七年。

――「世界戦乱と平和運動」『日本社会学院年報』五巻、一九一八年。

――「ナウマン氏「中欧帝国」」『日本社会学院年報』五巻、一九一八年。

――『社会学序説』五版、金港堂書籍、一九一八年。

――『社会動学』金港堂書籍、一九一八年。

――「建部遯吾氏「普通社会学第四巻社会動学」」『日本社会学院年報』六巻、一九一九年。

――『国体国是及現時の思想問題』弘道館、一九二〇年。

――「内政と外政」『外交時報』四〇一号、一九二一年。

――「悲しむべき民族頽廃の現象」『大正公論』二巻二号、一九二二年。

――「人口問題の経綸的考察」『大正公論』二巻一一号、一九二二年。

――「近衛文麿氏「戦後欧米見聞録」」『日本社会学院』九巻、一九二二年。

――「多数政治と軍国主義」『大正公論』四巻一一号、一九二四年。

――『食糧問題』同文舘、一九二五年。

――『優生学と社会生活』雄山閣、一九三二年。

――「熱河博士と開戦論と南佐荘との憶ひで」一又正雄・大平善梧編『時局関係国際法外交論文集』厳松堂書店、一九四〇年。

立作太郎「有賀博士の保護国論」『外交時報』一〇七号、一九〇六年。

――「保護国の類別論」『国際法雑誌』五巻四号、一九〇六年。

――「保護国論に関して有賀博士に答ふ」『国際法雑誌』五巻六号、一九〇七年。

――「有賀博士につき思ひ出づるまゝに」『外交時報』五四〇号、一九二七年。

――「有賀博士の十三回忌に際して」『外交時報』六八五号、一九三三年。

田畑忍編『強者の権利の競争』日本評論社、一九四二年。

ルドルフ・チェレーン（阿部市五郎訳）『生活形態としての国家』叢文閣、一九三六年。

塚本晃弘・蔵並省自校注『本多利明　海保青陵　日本思想大系44』岩波書店、一九七〇年。

筑波常治編『近代日本思想大系9丘浅次郎集』筑摩書房、一九七四年。

寺尾亨「進取の国是と満洲問題」『東洋』二号、一九〇一年。

――「日英同盟の拡張に就て」『外交時報』九五号、一九〇五年。

徳富猪一郎『大日本膨脹論』民友社、一八九四年。

戸田貞三「学究生活の思い出」『思想』三五三号、一九五三年。

戸水寛人「侵略主義と道徳」『倫理界』二号、一九〇一年。

――「露国に対する大覚悟」『日本人』一三一号、一九〇一年。

――「韓国に於ける日露の角逐」『外交時報』六二号、一九〇三年。

――「満州の撤兵と日本民族の奮起」『外交時報』六三号、一九〇三年。

――「宋襄の仁」『外交時報』六四号、一九〇三年。

――「満州の撤兵と満州の開放」『外交時報』六五号、一九〇三年。

――「親露派の貿易論」『外交時報』六七号、一九〇三年。

――「政府果して戦意有るか」『外交時報』六八号、一九〇三年。

――「満州問題討究の見地」『外交時報』六九号、一九〇三年。

――「小村「ローゼン」協約の内容」『外交時報』七〇号、一九〇三年。

――「関税戦争と殖民政策」『外交時報』七八号、一九〇四年。

――「亜細亜東部の覇権」『外交時報』八三号、一九〇四年。

――『回顧録』戸水寛人、一九〇四年。

――「屈辱の原因」『外交時報』九五号、一九〇五年。

内藤久寛『春風秋雨録』民友社、一九一九年。

――「石油」牧野輝智編『世界産業大観』日本評論社、一九二九年。

中曽根康弘『中曽根康弘が語る戦後日本外交』新潮社、二〇一二年。

永田鉄山「満蒙問題感懐の一端」『外交時報』六六八号、一九三二年。

那須皓「人口食糧問題」井上準之助『太平洋問題――一九二七年　ホノルヽ会議』太平洋問題調査会、一九二七年。

南原繁「カントに於ける国際政治の理念」吉野作造編『政治学研究』一巻、岩波書店、一九二七年。

中村進午「韓国に於ける露西亜」『外交時報』六五号、一九〇三年。

――「満洲善後策」『外交時報』七九号、一九〇四年。

――「批准拒否の法理」『外交時報』九五号、一九〇五年。

――「日英同盟と黄禍」『外交時報』九五号、一九〇五年。

――「斉彬公に耻ぢよ」『外交時報』九五号、一九〇五年。

西田長寿・植手道有編『陸羯南全集』一巻、みすず書房、一九六八年。

日記刊行会編『矢部貞治日記・銀杏の巻』読売新聞社、一九七四年。

日本近代史料研究会『亀井貫一郎氏談話速記録』日本近代史料研究会、一九七〇年。

日本社会学院調査部「帝国教育の根本方針」『日本社会学院年報』四巻、一九一七年。

K・ハウスホーファー「民族の生活空間(二)」『地政学』一巻九号、一九四二年。

ハウスホーファー(佐藤荘一郎訳)『太平洋地政学』岩波書店、一九四二年。

原敬「恒久平和の先決考案」『外交時報』四〇五号、一九二一年。

半沢玉城「日本陸軍の使命――支那を抱擁して東亜の自給自足を図り平戦両時を通じて極東平和の担保者たれ」『外交時報』四一一号、一九二一年。

蟠龍居士「貧民存在ノ原因」『国民之友』一九三号、一八九三年。

菱田友三「財界異聞」『改造』一七巻一二号、一九三五年。

兵頭徹・大久保達正・永田元也編『昭和社会経済史料集成』三五巻、大東文化大学東洋研究所、二〇〇八年。

――『昭和社会経済史料集成』三八巻、大東文化大学東洋研究所、二〇一一年。

福沢諭吉『福沢諭吉全集』第五巻、岩波書店、一九七〇年。

藤澤親雄「ルドルフ、チェレーンの国家に関する学説」『国際法外交雑誌』二四巻二号、一九二五年。

保坂正康監修『50年前の憲法大論争』講談社、二〇〇七年。

穂積重遠「法学部総説」東京帝国大学『東京帝国大学学術大観・法学部経済学部』東京帝国大学、一九四二年。

ホブソン(矢内原忠雄訳)『帝国主義論』上巻、岩波書店、一九五一年。

増井光蔵・蠟山政道『賠償問題・世界恐慌とブロック経済』日本評論社、一九三二年。

松崎蔵之助「新重商主義及所謂世界ノ三大帝国」『国家学会雑誌』一六五号、一九〇〇年。

ロバート・マルサス(高野岩三郎・大内兵衛訳)『初版人口の原理』改版、岩波書店、一九六二年。

松井春生『経済参謀本部論』日本評論社、一九三四年。

――『日本資源政策』千倉書房、一九三八年。

――「日本より観たる太平洋の資源」『太平洋』二巻五号、一九三九年。

松井春生ほか「日本行政の回顧(その二)」『行政と経営』昭和三六年四号。

――「日本行政の回顧(その三)」『行政と経営』昭和三七年二号。

――「日本行政の回顧(その四)」『行政と経営』昭和三七年三号。

――「日本行政の回顧(その五)」『行政と経営』昭和三八年一号。

――「日本行政の回顧（その七）」『行政と回顧』昭和三八年三号。

松岡洋右『動く満蒙』先進社、一九三一年。

松村松年「生存競争と相互扶助」『改造』一〇巻六号、一九二八年。

真鍋藤治「有賀博士と委任統治論」『外交時報』五四五号、一九二七年。

丸山眞男・福田歓一編『聞き書南原繁回顧録』東京大学出版会、一九八九年。

三宅雄二郎『明治思想小史』丙午出版、一九一三。

三宅雪嶺「優勝劣敗と相互扶助」『中央公論』三五巻四号、一九二〇年。

武藤章「国防国家完成の急務」『東亜食糧政策』週刊産業社、一九四一年。

明治文化研究会編『明治文化全集』二巻、日本評論社、一九六七年。

――『明治文化全集』補巻（二）、日本評論社、一九七一年。

ドネラ・H・メドウズほか（大来佐武郎監訳）『成長の限界――ローマ・クラブ「人類の危機」レポート――』

ダイヤモンド社、一九七二年。

トマス・モア（澤田昭夫訳）『改版ユートピア』中央公論社、一九九三年。

森戸辰男「クロポトキンの社会思想の研究」『経済学研究』一巻一号、一九二〇年。

矢内原忠雄「時論としての人口問題」『中央公論』四二巻七号、一九二七年。

――『人口問題』日本評論社、出版年不明。

柳川平助「満蒙問題の再認識」『外交時報』六六八号、一九三二年。

矢部貞治『最近日本外交史』日本国際協会、一九四〇年。

――『新秩序の研究』弘文堂書房、一九四五年。

山路愛山『山路愛山集』筑摩書房、一九六五年。

山田一郎『政治原論』一八八四年。

山梨半造「国防哲学の概念」『外交時報』四六二号、一九二四年。

由比濱省吾訳『フリードリッヒ・ラッツェル人類地理学』古今書院、二〇〇六年。

横田喜三郎「国際政治」中山伊知郎・三木清・永田清編『社会科学新辞典』河出書房、一九四一年。

横山又次郎「列国の領域膨脹の上に現るゝ地理的傾向」『太陽』一七巻八号、一九一一年。

吉野作造『吉野作造選集』一二巻、岩波書店、一九九五年。

ラートゲン（李家隆介・山崎哲蔵訳）『政治学一名国家学』明法堂、一八九二年。

蠟山政道「国際政治学の指導原理」『国際法外交雑誌』二三巻四号、一九二四年。

――『政治学の任務と対象』巌松堂、一九二五年。

――「大東亜広域圏論――地政学的考察――」太平洋協会編『太平洋問題の再検討』朝日新聞社、一九四一年。

――「ゲオポリティーク」中山伊知郎・三木清・永田清編『社会科学新辞典』河出書房、一九四一年。

――「科学としての地政学（ゲオ・ポリティーク）の将来」『社会地理』四号、一九四八年。

――「ジュリアン・ハックスレーの社会思想」社会思想研究会編『現代社会思想十講』社会思想研究会出版部、一九四九年。

綿貫哲雄「この人とともに」『神川彦松全集月報』七号、一九六九年。

渡辺光「所謂地政学の内容と将来性」『知性』昭和十七年九月号。


（未公刊資料）

小野塚喜平次『政治学完・大正十二年度東京帝国大学講義』、一九二四年、国立国会図書館蔵。

神川彦松『小野塚博士・政治学講義』東京大学大学院法学政治学研究科附属近代日本法政史料センター原資料部蔵。

（著者不明資料）

「自然淘汰法及ヒ之ヲ人類ニ及ボシテハ如何ヲ論ス」『東洋学芸雑誌』四号、一八八一年。

「嗚呼此の遊民を奈何すべきや」『東京経済雑誌』五〇一号、一八八九年。

「会事報告」『東邦協会報告』一号、一八九一年。

「加奈太に於ける日本人と支那人の競争」『東京日日新聞』一八九一年四月二三日。

「婦女労働者増加の奇顕象」『東京日日新聞』一八九一年四月三〇日。

「海外移住同志会の設立」『大阪朝日新聞』一八九一年七月一八日。

「国際政治の中心点」『国民之友』三六八号、一八九八年。

「立法学士の洋行」『外交時報』三六号、一九〇一年。

「国際社会学」『社会』三巻一一号、一九〇一年。

「立法学士を迎ふ」『外交時報』七五号、一九〇四年。

「社会党の戦争観」『平民新聞』四一号、一九〇四年。

「大会記事」『日本社会学院年報』一巻－一〇巻、一九一四年－一九二三年。

「ウェールス大学の国際政治学講座」『東洋学芸雑誌』四四九号、一九一九年。

「世界の人口分布」『社会学研究』一巻二号、一九二五年。

「産児調節批判・第一回発表回答（ママ）」『太陽』三二巻一二号、一九二六年。

「産児調節批判・第二回回答発表」『太陽』三一巻一三号、一九二六年。

「クーデンホーフ・カレルギ伯の国際連盟改造案」『国際知識』一四巻三号、一九三四年。

「編集後記」『太平洋』二巻二号、一九三九年。

「巻頭言」『太平洋』二巻三号、一九三九年。

「編集後記」『太平洋』二巻一〇号、一九三九年。

「巻頭言」『太平洋』三巻八号、一九四〇年。

「巻頭言」『太平洋』三巻一一号、一九四〇年。
「訊問調書（大川周明）」高橋正衛編『現代史資料』五巻、みすず書房、一九六六年。

【欧文】

Bluntschli, J. C., *Allgemeine Statslehre*, Stuttgart: Verlag der J. G. Cotta'schen Buchhandlung, 1875.

Buckle, Henry Thomas, *History of Civilization in England*, London: Oxford University Press, 1903.

Burns, C. Delisle, *International Politics*, London: Methuen, 1920.

Carr, Edward Hallett, *Conditions of Peace*, London: Macmillan, 1942.

———, *The Twenty Years' Crisis, 1919-1939: An Introduction to the Study of International Relations*, New York: Harper Collins, 1964.

Condliffe, J. B., "The Pressure of Population in the Far East," *The Economic Journal*, Vol. 42, No. 166, 1932.

Cox, Harold, The Problem of Population, London: Jonathan Cape, 1922.

Darwin, Charles, *The Descent of Man, and Selection in Relation to Sex*, Vol. 1-2, London: John Murray, 1871.

Haushofer. Karl, "Atemweite, Lebensraum und Gleichberechtigung auf Erden," *Zeitschrift fur Geopolitik*, Jahrg. 11, Heft 1 (1934).

Holls, Frederick W., *The Peace Conference at the Hague: And Its Bearings on International Law and Policy*, New York: Macmillan, 1900.

Gerstner, L. Joseph, *Die Bevölkerungslehre*, Würzburg: Druck und Verlag der Stahel'schen Buch- und Kunsthandlung, 1864.

Gumplowicz, Ludwig, *Annals of the American Academy of Political and Social Science*, Vol. 5, No. 5, 1895.

League of Nations, *Verbatim Record of the Fifth Assembly of the League of Nations Twenty Eighth Plenary Meeting*, 1924.

———, Provisional Economic and Financial Committee, *Report on Certain Aspects of the Raw Materials Problem (with the relevant documents submitted to the Committee by Professor Gini)*, Geneva, 1921.

Lorimer, James, *The Institutes of the Law of Nations: A Treatise of the Jural Relations of Separate Political Communities*, Vol. 2, Edinburgh and London: William Blackwood and Sons, 1884.

Lorwin, Lewis L., *The Need for World Economic Planning*, American Council, Institute of Pacific Relations, 1931.

Mackinder, Halford J., "The Round World and the Winning of the Peace," *Foreign Affairs*, Vol. 21, No. 4, 1943.

Mahan, Alfred T., *The Influence of Sea Power upon History 1660-1783*, Boston: Little Brown, 1923.

Mohl, Robert von, *Die Geschichte und Literatur der Staatswissenschaften: in Monographieen dargestellt*, Bd. I, Erlangen: Verlag von Ferdinand Enke, 1855.

Novicow, J., *La politique internationale*, Paris: Felix Alcan, 1886.

———, *La critique du darwinisme social*, Paris: Felix Alcan, 1910.

Novicow, Jacques, "The Mechanism and Limits of Human Association: The Foundations of a Sociology of Peace," *American Journal of Sociology*, Vol. 23, No. 3, 1917.

Ratzel, Friedrich, "The Territorial Growth of States," *Scottish Geographical Magazine*, Vol. 12, No. 7, 1896.

———, *Politische Geographie, Dritte Auflage*, München und Berlin: Druck und Verlag von R. Oldenbourg, 1923.

———, *Der Lebensraum: Eine biogeographische Studie*, Tübingen: Verlag der H. Laupp, 1901.

Spencer, Herbert, "A Theory of Population, Deduced from the General Law of Animal Fertility," *Westminster Review*, No. 57, 1852.

———, *The Principles of Biology*, Vol. 2, London: Williams and Norgate, 1867.

———, *Social Statics, or, the Conditions Essential to Human Happiness Specified, and the First of Them Developed*, New York: D. Appleton, 1880.

———, *Principles of Sociology*, Vol. 2, New York: D. Appleton and Co., 1884.

———, *An Autobiography*, Vol. 1, London: Williams and Norgate, 1904.

二　二次資料

【和文】

明石欽司「立作太郎の国際法理論とその現実的意義――日本における国際法受容の一断面――」『法学研究』八五巻二号、二〇一二年。

秋山ひさ「有賀長雄の『文学論』について」『神戸女学院大学論集』三四巻二号、一九八七年。

――「有賀長雄の中国観」『Ｌｏｔｕｓ』一四号、一九九四年。

安世舟「明治初期におけるドイツ国家思想の受容に関する一考察――ブルンチュリと加藤弘之を中心として――」日本政治学会編『日本における西欧政治思想』岩波書店、一九七六年。

飯塚浩二『飯塚浩二著作集』六巻、平凡社、一九七五年。

飯塚靖「満鉄撫順オイルシェール事業の企業化とその展開」『アジア経済』四四巻八号、二〇〇三年。

伊澤多喜男伝記編纂委員会編『伊澤多喜男』羽田書店、一九五一年。

石井修『世界恐慌と日本の「経済外交」――一九三〇－一九三六年』勁草書房、一九九五年。

石田雄『明治政治思想史研究』未來社、一九五四年。

板橋拓己『中欧の模索』創文社、二〇一〇年。

市川正明「神川先生と日本国際問題研究所」神川彦松『近代日本国際政治史』原書房、一九八九年。

――「神川彦松先生と私――日本国際政治学会草創期のころ――」『JAIR Newsletter』四九号、一九八九年。

市原亮平「日本人口論小史――その特質と原型に関する周辺的考察――」『関西大学経済論集』四巻七・八号、一九五五年。

――「日本人口論小史㈠社会有機体説、社会ダーウィニズムの日本イデオロギー化（1）」『関西大学経済論集』五巻三号、一九五五年。

一又正雄『日本の国際法学を築いた人々』日本国際問題研究所、一九七三年。

伊藤信哉『近代日本の外交論壇と外交史学――戦前期の『外交時報』と外交史教育』日本経済評論社、二〇一一年。

伊藤不二男「国際法」野田良之・碧海純一編『近代日本法思想史』有斐閣、一九七九年。

鵜浦裕「近代日本における社会ダーウィニズムの受容と展開」柴谷篤弘・長野敬・養老孟司編『講座進化②進化思想と社会』東京大学出版会、一九九一年。

上野成利「群体としての社会――丘浅次郎における「社会」の発見をめぐって」阪上孝編『変異するダーウィニズム――進化論と社会』京都大学学術出版会、二〇〇三年。

遠藤誠治「『危機の二〇年』から国際秩序の再建へ――E・H・カーの国際政治理論の再検討――」『思想』九四五号、二〇〇三年。

大崎仁「日本学術振興会の歩み――財団法人の35年と特殊法人の30年――」『学術月報』五〇巻一一号、一九九七年。

岡利郎「明治日本の「社会帝国主義」――山路愛山の国家像――」日本政治学会編『近代日本の国家像』一九八三年。

岡林信夫「人口問題と移民論――明治日本の不安と欲望――」『同志社法学』六四巻八号、二〇一三年。

小野沢永秀「日本学術振興会70年の歩み――学術振興に関する理念の確立と事業展開の歴史――」『学術月報』五五巻五号、二〇〇二年。

小原敬士「ゲオポリティクの発展とその現代的課題」『思想』二二一号、一九四〇年。

片桐庸夫「渋沢栄一と国民外交――米国に於ける日本人移民排斥問題への対応を中心として――」『渋沢研究』一号、一九九〇年。

苅部直「平和への目覚め――南原繁の恒久平和論」『思想』九四五号、二〇〇三年。

河合栄治郎『金井延の生涯と学蹟』日本評論社、一九三九年。

川合隆男「建部遯吾の社会学構想――近代日本社会学のひとつの底流――」『法学研究』七二巻五号、一九九九年。

川田侃・二宮三郎「日本における国際政治学の発達」『国際政治』九号、一九五九年。

川田稔『浜口雄幸と永田鉄山』講談社、二〇〇九年。

――『昭和陸軍の軌跡――永田鉄山の構想とその分岐』中央公論新社、二〇一一年。

北垣徹「社会ダーウィニズムとは何だったのか――19世紀後半、フランス――」阪上孝・上野成利編『ダーウィン以後の人文・社会科学』京都大学人文科学研究所、二〇〇一年。

――「社会ダーウィニズムという思想」『現代思想』三七巻五号、二〇〇九年。

鬼頭宏『文明としての江戸システム』講談社、二〇〇二年。

木村毅「『国法汎論』解題」明治文化研究会編『明治文化全集』補巻(二)、日本評論社、一九七一年。

木村昌人『渋沢栄一』中央公論社、一九九一年。

倉沢愛子『資源の戦争――「大東亜共栄圏」の人流・物流』岩波書店、二〇一二年。

黒田俊夫「フランス社会学における人口論」南亮三郎編『人口論史――人口学への道――』勁草書房、一九六〇年。

纐纈厚『総力戦体制研究』社会評論社、二〇一〇年。

小林啓治『国際秩序の形成と近代日本』吉川弘文館、二〇〇二年。

小山哲「闘争する社会――ルドヴィク・グンプロヴィチの社会学体系」阪上孝編『変異するダーウィニズム』京都大学学術出版会、二〇〇三年。

斉藤光「個体としての生物、個体としての社会――石川千代松における進化と人間社会」阪上孝編『変異するダーウィニズム――進化論と社会』京都大学学術出版会、二〇〇三年。

酒井三郎『昭和研究会――ある知識人集団の軌跡』講談社、一九八五年。

酒井哲哉「「植民政策学」から「国際関係論」へ――戦間期日本の国際秩序論をめぐる一考察」浅野豊美・松

田利彦編『植民地帝国日本の法的展開』信山社、二〇〇四年。

――「帝国のなかの政治学・法学・植民政策学」『岩波講座「帝国」日本の学知』一巻、岩波書店、二〇〇六年。

――『近代日本の国際秩序論』岩波書店、二〇〇七年。

――「社会民主主義は国境を越えるか?――国際関係思想史における社会民主主義再考――」『思想』一〇二〇号、二〇〇九年。

坂本多加雄『山路愛山』吉川弘文館、一九八八年。

――『市場・道徳・秩序』筑摩書房、二〇〇七年。

佐藤仁『「持たざる国」の資源論――持続可能な国土をめぐるもう一つの知』東京大学出版会、二〇一一年。

佐藤太久磨「加藤弘之の国際秩序構想と国家構想――「万国公法体制」の形成と明治国家――」『日本史研究』五五七号、二〇〇九年。

清水幾太郎『日本文化形態論』サイレン社、一九三六年。

ヨハネス・シュタインメツラー(山野正彦・松本博之訳)『ラッツェルの人類地理学』地人書房、一九八三年。

クリスティアン・W・シュパング(中田潤訳)「日独関係におけるカール・ハウスホーファーの学説と人脈 1909-1945」『現代史研究』四六号、二〇〇〇年。

庄司潤一郎「近衛文麿像の再検討――対外認識を中心に――」近代日本外交史研究会編『変動期の日本外交と軍事――史料と検討――』原書房、一九八七年。

――「日中戦争の勃発と近衛文麿「国際正義」論――東亜新秩序への道程――」『国際政治』九一号、一九八九年。

――「近衛文麿の対米観――「英米本位の平和主義を排す」を中心として――」長谷川雄一編『大正期日本のアメリカ認識』慶應義塾大学出版会、二〇〇一年。

新明正道「建部遯吾博士の片影――明治社会学史の一齣――」『社会学論叢』三七号、一九六七年。

杉田奈穂『人口・家族・生命と社会政策――日本の経験――』法律文化社、二〇一〇年。

鈴木善次『日本の優生学――その思想と運動の軌跡』三共出版、一九八三年。

バーナード・センメル（野口建彦・野口照子訳）『社会帝国主義史』みすず書房、一九八二年。

曽田三郎「中華民国憲法の起草と外国人顧問」『近きに在りて』四九号、二〇〇六年。

曽村保信『地政学入門』中央公論社、一九八四年。

高岡裕之『総力戦体制と「福祉国家」――戦時期日本の「社会改革」構想』岩波書店、二〇一一年。

田口富久治「蠟山行政学の一考察」『年報行政研究』一七号、一九八三年。

――『日本政治学史の源流――小野塚喜平次の政治学』未來社、一九八五年。

竹内啓一「日本におけるゲオポリティクと地理学」『一橋論叢』七二巻二号、一九七四年。

武田時昌「加藤弘之の進化学事始」阪上孝編『変異するダーウィニズム――進化論と社会』京都大学学術出版会、二〇〇三年。

田所昌幸「人口論の変遷」『法学研究』八四巻一号、二〇一一年。

田中慎一「保護国問題――有賀長雄・立作太郎の保護国論争――」『社会科学研究』二八巻二号、一九七六年。

田中浩「明治前期におけるヨーロッパ政治思想の受容状況――「社会契約論」（天賦人権論）から「社会進化論」（政治的保守主義）へ」『近代日本と自由主義』岩波書店、一九九三年。

玉井金五・杉田菜穂「日本における〈経済学〉系社会政策論と〈社会学〉系社会政策論――戦前の軌跡――」『経済学雑誌』一〇九巻三号、二〇〇八年。

筒井若水・広部和也「学説百年史・国際法」『ジュリスト』四〇〇号、一九六八年。

角山幸洋『榎本武揚とメキシコ殖民移住』同文舘、一九八六年。

寺崎昌男『東京大学の歴史――大学制度の先駆け』講談社、二〇〇七年。

東京大学百年史編集委員会編『東京大学百年史・部局史一』東京大学、一九八六年。

東京大学文学部社会学研究室開室五十周年記念事業実行委員会編纂兼発行人『東京大学文学部社会学科沿革

七十五年概観』、一九五四年。

等松春夫「満州国際間理論の系譜――リットン報告書の背後にあるもの――」『国際法外交雑誌』九九巻六号、二〇〇一年。

戸塚順子「近現代日本における国際法学者の帝国拡張論――有賀長雄と松下正寿の比較から」『ヒストリア』二〇八号、二〇〇八年。

富田富士夫「アメリカ社会学における人口論」南亮三郎編『人口論史――人口学への道――』勁草書房、一九六〇年。

永井馨「神川彦松の権力政治思想形成に関する一考察」『大東法政論集』五号、一九九七年。

永井義雄・柳田芳伸編『マルサス人口論の国際的展開』昭和堂、二〇一〇年。

長岡新吉「「プチ・帝国主義」論争について」『経済学研究』二七巻一号、一九七七年。

中西寛「近衛文麿「英米本位の平和主義を排す」論文の背景――普遍主義への対応――」『法学論叢』一三二巻四・五・六号、一九九三年。

中野目徹「志賀重昂の思想――「国粋主義」とその変容――」犬塚孝明編『明治国家の政策と思想』吉川弘文館、二〇〇五年。

――「日露戦争後における志賀重昂の国際情勢認識――蒲郡市小田家所蔵史料の紹介を兼ねて――」『近代史料研究』一一号、二〇一一年。

中村研一『地球的問題の政治学』岩波書店、二〇一〇年。

中山善仁「海老名弾正の政治思想――儒学的キリスト教・「共和国」・「帝国主義」」『国家学会雑誌』一一三巻一・二号、二〇〇〇年。

南原繁・蠟山政道・矢部貞治『小野塚喜平次』岩波書店、一九六三年。

西村邦行『国際政治学の誕生――E・H・カーと近代の隘路――』昭和堂、二〇一二年。

二宮三郎「戦後日本における国際政治学の動向」『国際政治』二五号、一九六三年。

――「日本の国際政治学の開拓者たち」『流通経済大学論集』二七巻一号、一九九二年。

波多野澄雄「「東亜新秩序」と地政学」三輪公忠編『日本の一九三〇年代――国の内と外から』創流社、一九八〇年。

春名展生「国際政治学の生物学的基礎――神川彦松の忘れられた一面――」『国際政治』一四八号、二〇〇七年。

――「進化論と国際秩序――日露戦争から第一次大戦後に至る思想史的素描」酒井哲哉編『日本の外交・第3巻・外交思想』岩波書店、二〇一三年。

久武哲也「ハワイは小さな満州国――日本地政学の系譜」『現代思想』二七巻三号、一九九九年、二八巻一号、二〇〇〇年。

広重徹『科学の社会史』上巻、岩波書店、二〇〇二年。

福田忠之「中華民国初期の政治過程と日本人顧問有賀長雄」『アジア文化交流研究』四号、二〇〇九年。

福間良明「「大東亜」空間の生産――地政学における空間認識の動態性とナショナリティの再構築――」『政治経済史学』四四〇号、四四一号、二〇〇三年。

船山信一『船山信一著作集』六巻、こぶし書房、一九九九年。

ピーター・J・ボウラー（鈴木善次ほか訳）『進化論の歴史』上下巻、朝日新聞社、一九八七年。

堀松武一「わが国における社会進化論および社会有機体説の発展――加藤弘之を中心として――」『東京学芸大学紀要1部門』二九巻、一九七八年。

本田逸夫「明治中期の「国際政治学」――陸羯南「国際論」とNovicow, J., *La politique internationale*をめぐって」『法学』五九巻六号、一九九五年。

松井芳郎「伝統的国際法における国家責任法の性格――国家責任法の転換（一）――」『国際法外交雑誌』八九巻一号、一九九〇年。

松下佐知子「清末民国初期の日本人法律顧問――有賀長雄と副島義一の憲法構想と政治行動を中心として

――」『史学雑誌』一一〇巻九号、二〇〇一年。

――「国際法学者の朝鮮・満洲統治構想――有賀長雄の場合――」『近きに在りて』四二号、二〇〇二年。

――「中国における『国家』の形成――有賀長雄の構想――」『日本歴史』六六五号、二〇〇三年。

――「日露戦後における満洲統治構想――有賀長雄『満洲委任統治論』の受容をめぐって――」『ヒストリア』二〇八号、二〇〇八年。

――「一九〇〇年前後における法学者有賀長雄の国家構想――研究史の現状と課題――」『新しい歴史学のために』二七四号、二〇〇九年。

松田宏一郎『江戸の知識から明治の政治へ』ぺりかん社、二〇〇八年。

松原洋子「日本――戦後の優生保護法という名の断種法」米本昌平ほか『優生学と人間社会――生命科学の世紀はどこへ向かうのか』講談社、二〇〇四年。

松本三之介「加藤弘之における進化論の受容」『社会科学論集』九号、一九六二年。

――「近代日本における社会進化論思想（三）――有賀長雄の社会進化論――」『駿河台法学』一六巻一号、二〇〇二年。

右田裕規『天皇制と進化論』青弓社、二〇〇九年。

三谷太一郎『大正デモクラシー論――吉野作造の時代とその後』中央公論社、一九七四年。

南亮三郎「ドイツ社会経済学における人口論」南亮三郎編『人口論史――人口学への道――』勁草書房、一九六〇年。

三宅正樹『スターリン、ヒトラーと日ソ独伊連合構想』朝日新聞社、二〇〇七年。

宮地正人「森戸辰男事件――学問の自由の最初の試煉――」我妻栄編『日本政治裁判史録・大正』第一法規出版、一九六九年。

三輪公忠「志賀重昂（一八六三－一九二七）〈一明治人の国際関係理解について〉」東京大学教養学部日本近代化研究会編『日本近代化とその国際的環境』東京大学教養学部日本近代化研究会、一九六八年。

――『松岡洋右――その人と外交』中央公論社、一九七一年。

――『日本・1945年の視点』東京大学出版会、一九八六年。

森靖夫『永田鉄山――平和維持は軍人の最大責務なり――』ミネルヴァ書房、二〇一一年。

安岡昭男「東邦協会についての基礎的研究」『法政大学文学部紀要』二二号、一九七六年。

矢野暢『「南進」の系譜――日本の南洋史観』千倉書房、二〇〇九年。

山影進「日本における国際政治研究の100年」国際法学会編『日本と国際法の100年　1国際社会の法と政治』三省堂、二〇〇一年。

山口利昭「国家総動員序説――第一次世界大戦から資源局の設立まで――」『国家学会雑誌』九二巻三・四号、一九七九年。

山下重一「明治初期におけるスペンサーの受容」日本政治学会編『日本における西欧政治思想』岩波書店、一九七六年。

――『スペンサーと日本近代』御茶の水書房、一九八三年。

山中仁美「新しいヨーロッパ」の歴史的地平――E・H・カーの戦後構想の再検討――」『国際政治』一四八号、二〇〇七年。

熊達雲「有賀長雄と民国初期の北洋政権との関係について」『山梨学院大学法学論集』二九号、一九九三年。

――「有賀長雄と民国初期の北洋政権における憲法制定との関係について」『山梨学院大学法学論集』三〇号、一九九四年。

横田喜三郎「わが国における国際法の研究」東京帝国大学『東京帝国大学学術大観　法学部・経済学部』東京帝国大学、一九四二年。

吉村正「ゲオポリティークの起原、発達及本質」『早稲田政治経済学雑誌』三〇号、三二号、一九三三年。

――『政治科学の先駆者たち』サイマル出版会、一九八二年。

読売新聞社編『昭和史の天皇16』読売新聞社、一九六一年。

李修二「国際原料問題」藤瀬浩司編『世界大不況と国際連盟』名古屋大学出版会、一九九四年。

李廷江「民国初期における日本人顧問――袁世凱と法律顧問・有賀長雄――」『国際政治』一一五号、一九九七年。

蠟山政道『日本における近代政治学の発達』(一九四九年) 新泉社、一九六八年。

デーヴィッド・ロング/ピーター・ウィルソン編(宮本盛太郎・関静雄監訳)『危機の20年と思想家たち――戦間期理想主義の再評価――』ミネルヴァ書房、二〇〇二年。

早稲田大学大学史編集所編『東京専門学校校則・学科配当資料』早稲田大学出版部、一九七八年。

――――『早稲田大学百年史』三巻、早稲田大学出版部、一九八七年。

――――『早稲田大学百年史』四巻、早稲田大学出版部、一九九二年。

渡辺正雄「明治初期のダーウィニズム」芳賀徹・平川祐弘・亀井俊介・小堀桂一郎編『講座比較文学第五巻・西洋の衝撃と日本』東京大学出版会、一九七三年。

――――『日本人と近代科学』岩波書店、一九七六年。


【欧文】

Ashworth, Lucian M., "Did the Realist-Idealist Great Debate Really Happen? Revisionist History of International Relations," *International Relations*, Vol. 16, No. 1, 2002.
Bannister, Robert C., *Social Darwinism: Science and Myth in Anglo-American Social Thought*, Philadelphia: Temple University Press, 1979.
Barnes, Harry E., "The Struggle of Races and Social Groups as a Factor in the Development of Political and Social Institutions," *Journal of Race Development*, Vol. 9, No. 4, 1919.
Clark, Linda L., *Social Darwinism in France*, Alabama: The University of Alabama Press, 1984.
Clinton, David, "Francis Lieber, Imperialism, and Internationalism," David Long and Brian C. Schmidt, Imperialism

and Internationalism in the Discipline of International Relations, Albany: State University of New York Press, 2005.

Crook, Paul, *Darwinism, war and history: The debate over the biology of war from the 'Origin of Species' to the First World War*, Cambridge: Cambridge University Press, 1994.

Dorpalen, Andreas, *The World of General Haushofer: Geopolitics in Action*, New York: Farrar and Rinehart, 1942.

Mayr, Ernst, *The Growth of Biological Thought: Diversity, Evolution, and Inheritance*, Cambridge: Belknap Press, 1982.

Gasman, Daniel, *The Scientific Origins of National Socialism*, New Brunswick: Transaction Publishers, 2004.

Gong, Gerrit W., *The Standard of 'Civilization' in International Society*, Oxford: Clarendon Press, 1984.

Hemleben, Sylvester John, *Plans for World Peace through Six Centuries*, Chicago: The University of Chicago Press, 1943.

Hinsley, F. H., *Power and the Pursuit of Peace: Theory and Practice in the History of Relations between States*, Cambridge: Cambridge University Press, 1967.

Hofstadter, Richard, *Social Darwinism in American Thought*, Rev. ed., Boston: Beacon Press, 1955.

Kahler, Miles, "Inventing International Relations: International Relations Theory after 1945," in Doyle, Michael and G. John Ikenberry eds., *New Thinking in Internationl Relations Theory*, Boulder: Westview, 1997.

Kawata, Tadashi, and Saburo Ninomiya, "The Development of the Study of International Relations in Japan," *Development Economies*, No. 2, 1964.

Kelly, Alfred, *Descent of Darwin: The Popularization of Darwinism in Germany, 1860-1914*, Chapel Hill: The University of North Carolina Press, 1981.

Koskenniemi, Martti, *The Gentle Civilizer of Nations: The Rise and Fall of International Law 1870-1960*, Cambridge: Cambridge University Press, 2001.

Lomborg, Bjørn, "Environmental Alarmism, Then and Now: The Club of Rome's Problem – and Ours," *Foreign Affairs*, Vol. 91, No. 4, 2012.

Mattern, Johannes, *Geopolitik: Doctrine of National Self-sufficiency and Empire*, Baltimore: Johns Hopkins Press, 1942.

Morefield, Jeanne, *Covenants Without Swords: Idealist Liberalism and the Spirit of Empire*, Princeton: Princeton University Press, 2005.

Murphy, David Thomas, *The Heroic Earth: Geopolitical Thought in Weimar Germany, 1918-1933*, Kent: The Kent State University Press, 1997.

Onuma, Yasuaki, "'Japanese International Law' in the Prewar Period," *Japanese Annual of International Law*, Vol. 29, 1986.

Osiander, Andreas, "Rereading Early Twentieth-Century International Relations Theory: Idealism Revisited," *International Studies Quarterly*, Vol. 42, No. 3, 1998.

Peel, J. D. Y., *Herbert Spencer: the evolution of a sociologist*, London: Heinemann, 1971.

Quirk Joel, and Darshan Vigneswaran, "The Construction of an Edifice: The Story of a First Great Debate," *Review of International Studies*, Vol. 31, No. 1, 2005.

Schmidt, Brian C., "Lessons from the Past: Reassessing the Interwar Disciplinary History of International Relations," *International Studies Quarterly*, Vol. 42, No. 3, 1998.

———, *The Political Discourse of Anarchy: A Disciplinary History of International Relations*, Albany: State University of New York Press, 1998.

Smith, Woodruff D., "Friedrich Ratzel and the Origins of Lebensraum," *German Studies Review*, Vol. 3, No. 1, 1980.

Strausz-Hupé, Robert, *Geopolitics: The Struggle for Space and Power*, New York: G. P. Putnam's Sons, 1942.

Suganami, Hidemi, *The Domestic Analogy and World Order Proposals*, Cambridge: Cambridge University Press, 1989.

Wanklyn, Harriet, *Friedrich Ratzel: A Biographical Memoir and Bibliography*, Cambridge: Cambridge University Press, 1961.

Weikart, Richard, *From Darwin to Hitler: Evolutionary Ethics, Eugenics, and Racism in Germany*, New York: Palgrave Macmillan, 2004.

Wilson, Peter, "The Myth of the 'First Great Debate'," *Review of International Studies*, Vol. 24, Special Edition, 1998.

Young, Robert M., "Malthus and the Evolutionists: the Common Context of Biological and Social Theory," *Past and Present*, No. 43, 1969.

Zmarzlik, Hans-Gunter, "Social Darwinism in Germany, Seen as a Historical Problem," Hajo Holborn ed., *Republic to Reich: The Making of the Nazi Revolution*, New York: Pantheon Books, 1972.

主要事項索引

ア

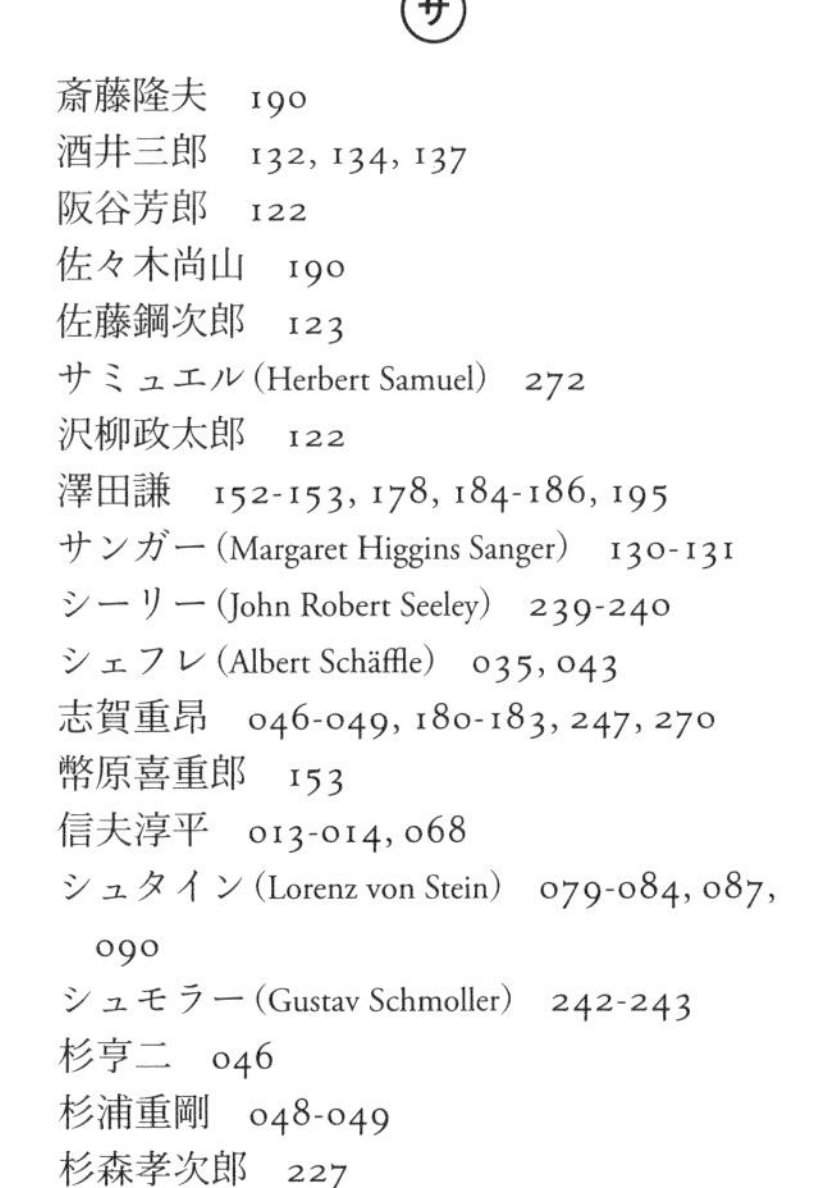

サ

タ

主要人名索引

［著者略歴］

春名展生（はるな・のぶお）

東京外国語大学大学院国際日本学研究院・留学生日本語教育センター専任講師

一九七五年生まれ。東京大学工学部卒業。東京大学大学院総合文化研究科単位取得満期退学。博士（学術）。中京大学講師、放送大学講師などを経て、二〇一五年より現職。専攻は国際政治学、近代日本政治外交史。共著に『日本の外交　第3巻　外交思想』（酒井哲哉編、岩波書店）、『国際政治哲学』（小田川大典ほか編、ナカニシヤ出版）など。

叢書　21世紀の国際環境と日本　004

人口・資源・領土　近代日本の外交思想と国際政治学

二〇一五年八月三〇日　初版第一刷発行

著者　春名展生

発行者　千倉成示

発行所　株式会社 千倉書房
〒一〇四-〇〇三一　東京都中央区京橋二-四-一二
電話　〇三-三二七三-三九三一（代表）
http://www.chikura.co.jp/

印刷・製本　中央精版印刷株式会社

写真　尾仲浩二

造本装丁　米谷豪

©HARUNA Nobuo 2015　Printed in Japan〈検印省略〉

ISBN 978-4-8051-1066-9 C1331

乱丁・落丁本はお取り替えいたします

JCOPY ＜（社）出版者著作権管理機構 委託出版物＞

本書のコピー、スキャン、デジタル化など無断複写は著作権法上での例外を除き禁じられています。複写される場合は、そのつど事前に、（社）出版者著作権管理機構（電話 03-3513-6969、FAX 03-3513-6979、e-mail: info@jcopy.or.jp）の許諾を得てください。また、本書を代行業者などの第三者に依頼してスキャンやデジタル化することは、たとえ個人や家庭内での利用であっても一切認められておりません。

叢書「21世紀の国際環境と日本」刊行に寄せて

本叢書は、二十一世紀の国際社会において日本が直面するであろう、さまざまな困難や課題に対して、問題解決の方策をさぐる試みと言い換えることができます。その糸口は、歴史に学びつつ、現況を精緻に分析することでしか見出すことはできないでしょう。先人たちが「死の跳躍」に挑んでから一五〇年、今あらためて国際環境と日本を俯瞰するテーマを多角的に掘り下げていきたいと考えています。

多くの場合、合理的・秩序形成的な日本ですが、折々の国際環境や、それを映した国内の政治・経済状況といった変数の下で、ときに予期せぬ逸脱を見せることがありました。近代以後、数度にわたる逸脱の果てを歴史として学んできた世代が、そのことを踏まえて日本と世界を語ることには深い意義があるはずです。

多くのプレーヤー・諸要素に照らし分析することで、果たして如何なる日本が、世界が、立ち現れるのか。透徹した史眼を持つ執筆陣によって描きだされる、新しい世界認識のツール。小社創業八十周年を期にスタートする本叢書に、読者のみなさまの温かいご支援を願ってやみません。

二〇〇九年九月

千倉書房

日本は衰退するのか

五百旗頭真 著

大きな歴史の中で現代をとらえる時評集。危機に瀕した時、日本はどのようにそれを乗り越えてきたのか。

❖四六判／本体 二四〇〇円＋税／978-4-8051-1049-2

表象の戦後人物誌

御厨貴 著

戦後史を表象する人物の足跡をたどり、我々の人生をすっぽりと覆うほど長い「戦後」の変遷と変質に迫る。

❖四六判／本体 二四〇〇円＋税／978-4-8051-0912-0

外交的思考

北岡伸一 著

様々な出会い、自身の学問的遍歴と共に語られる、確かな歴史認識に裏打ちされた日本政治・外交への深い洞察。

❖四六判／本体 一八〇〇円＋税／978-4-8051-0986-1

千倉書房

表示価格は二〇一五年八月現在

「死の跳躍」を越えて

佐藤誠三郎 著

西洋の衝撃という未曾有の危機に、日本人は如何に立ち向かったか。近代日本の精神構造の変遷を描いた古典的名作。

❖Ａ５判／本体 五〇〇〇円＋税／978-4-8051-0925-0

「南進」の系譜

矢野暢 著

南方へ向かったひとびとの姿から近代日本の対外認識をあぶり出す。続編『日本の南洋史観』も併せて収録。

❖Ａ５判／本体 五〇〇〇円＋税／978-4-8051-0926-7

清談録

近衛文麿 著

昭和十一年に小社から刊行された近衛の代表的論集を復刊。「英米本位の平和主義を排す」「貴族院論」などを収める。

❖四六判／本体 三二〇〇円＋税／978-4-8051-1065-2

千倉書房

表示価格は二〇一五年八月現在

大正政変　小林道彦 著

初めて大陸に領土を得た近代日本は、それを如何に経営しようとしたのか。激突する国家構想は劇的政変の引き金を引く。

❖A5判／本体 五八〇〇円＋税／978-4-8051-1059-1

「八月の砲声」を聞いた日本人　奈良岡聰智 著

民間人が大量に抑留された初めての戦争、第一次世界大戦。異邦の地で拘束された日本人の想いと行動の記録。

❖四六判／本体 三二〇〇円＋税／978-4-8051-1012-6

松岡外交　服部聡 著

異端の外相・松岡洋右は日米開戦を巡る熾烈な外交戦に如何に挑んだのか。新資料によって再構成される、その全体像とは。

❖A5判／本体 五七〇〇円＋税／978-4-8051-1007-2

表示価格は二〇一五年八月現在

千倉書房

叢書 21世紀の国際環境と日本

001
同盟の相剋
水本義彦 著

比類なき二国間関係と呼ばれた英米同盟は、なぜ戦後インドシナを巡って対立したのか。超大国との同盟が抱える試練とは。

❖A5判／本体 三八〇〇円＋税／978-4-8051-0936-6

002
武力行使の政治学
多湖淳 著

単独主義か、多角主義か。超大国アメリカの行動形態を左右するのは如何なる要素か。計量分析と事例研究から解き明かす。

❖A5判／本体 四二〇〇円＋税／978-4-8051-0937-3

003
首相政治の制度分析
待鳥聡史 著

選挙制度改革、官邸機能改革、政権交代を経て「日本政治」は如何に変貌したのか。二〇一二年度サントリー学芸賞受賞。

❖A5判／本体 三九〇〇円＋税／978-4-8051-0993-9

千倉書房

表示価格は二〇一五年八月現在